中央财经大学
Central University of Finance and Economics

中央财经大学中央高校基本科研业务费专项资金资助
Supported by the Fundamental Research Fund for the Central University, CUFE

中国特色社会主义理论体系研究

新时代人大预算监督理论与实践研究

李 燕 等著

The Theory and Practice of National People's Congress Budget Supervision in the New Era

中国财经出版传媒集团

经济科学出版社
Economic Science Press

图书在版编目（CIP）数据

新时代人大预算监督理论与实践研究/李燕等著
. -- 北京：经济科学出版社，2023.2
（中国特色社会主义理论体系研究）
ISBN 978 - 7 - 5218 - 4539 - 6

Ⅰ.①新… Ⅱ.①李… Ⅲ.①地方各级人民代表大会
- 预算 - 财政监督 - 财政制度 - 研究 - 中国 Ⅳ.
①F812.700.2

中国国家版本馆 CIP 数据核字（2023）第 032491 号

责任编辑：王 娟 李艳红
责任校对：蒋子明
责任印制：张佳裕

新时代人大预算监督理论与实践研究

李 燕 等著

经济科学出版社出版、发行 新华书店经销
社址：北京市海淀区阜成路甲 28 号 邮编：100142
总编部电话：010 - 88191217 发行部电话：010 - 88191522
网址：www.esp.com.cn
电子邮箱：esp@ esp.com.cn
天猫网店：经济科学出版社旗舰店
网址：http://jjkxcbs.tmall.com
北京季蜂印刷有限公司印装
710 × 1000 16 开 22 印张 340000 字
2023 年 5 月第 1 版 2023 年 5 月第 1 次印刷
ISBN 978 - 7 - 5218 - 4539 - 6 定价：88.00 元
（图书出现印装问题，本社负责调换。电话：010 - 88191545）
（版权所有 侵权必究 打击盗版 举报热线：010 - 88191661
QQ：2242791300 营销中心电话：010 - 88191537
电子邮箱：dbts@ esp.com.cn）

前　言

　　党的十九大报告提出了中国发展新的历史方位——中国特色社会主义进入了新时代，这是一个重大历史判断，是从国家发展全局视野，从改革开放以来取得的历史性成就，特别是党的十八大以来取得的全方位、开创性、深层次、根本性变革的历史方位上所作出的科学判断。中国特色社会主义进入新时代，标志着中华民族站在实现"强起来"的新的历史起点上，也意味着国家将在更高起点上实现经济、政治、社会等全方位的国家治理现代化，其中包括新时代中国特色社会主义的人民代表大会制度及其人大预算监督制度的变革。

　　人民代表大会制度是我国的根本政治制度，我国宪法规定：中华人民共和国的一切权力属于人民。人民行使国家权力的机关是全国人民代表大会和地方各级人民代表大会。党的十八届三中全会决议指出，要"推进国家治理体系和治理能力现代化"，同时指出，要"推动人民代表大会制度与时俱进，坚持人民主体地位，推进人民代表大会制度理论和实践创新，发挥人民代表大会制度的根本政治制度作用。党的十九大报告明确指出：坚持党的领导、人民当家作主、依法治国有机统一是社会主义政治发展的必然要求。必须坚持中国特色社会主义政治发展道路，坚持和完善人民代表大会制度。习近平总书记在2014年9月庆祝全国人民代表大会成立60周年大会上的讲话中深刻指出：人民代表大会制度是中国特色社会主义制度的重要组成部分，也是支撑中国国家治理体系和治理能力的根本政治制度。2021年10月召开了首次中央人大工作会议，习近平总书记深刻阐述了人民代表大会制度的性质、特征和功能，提出了"发展更加广泛、更加充分、更加健全的全过程人民民主""不断推进社会主义民主政治制度化、规范化、程序化"的要求。2022年10月，党的二十大报告将"发展全过程人民民主，保障人民当家作主"作为专章阐释，提出支持和保证人民通过人民代表大会行使国家权力，保证各级人大都由民主选举产生、对人民负责、受人民监督。支持和保证人大及其常委会依法行使立法权、监督权、决定权、任免权。

财政预算是人大预算审查监督的对象和内容，审查批准政府预算决算、监督预算执行，是宪法和法律赋予人大及其常委会的重要职责。因此，人大预算审查监督制度是人民代表大会制度的重要组成部分，是人大履行预算法、监督法等法定职权的重要载体、重要任务和重要体现，人大对政府预算报告和预算草案的审查批准程序及审查内容，充分体现着我国全过程人民民主在预算审查监督过程中的生动实践。人大通过依法履行预算审查监督职责，对坚持和完善人民代表大会制度，推进依法行政、依法理财，建立现代财政制度以及推进国家治理体系和治理能力现代化发挥着重要作用。

就现代预算制度来说，其产生就源于政府收支活动要在代表公众利益的权力机关监督约束下进行，这是现代预算制度之魂。由于政府预算收支活动涉及对有限财政资源的分配，在此过程中，围绕预算分配有着众多的利益相关方，涉及资金供给方、需求方以及监督方，他们都会以某种方式参与到预算过程之中。所以，法治化的预算过程就是要通过构建一个多元参与及协调的共同治理机制，将这些利益相关主体整合于一个彼此衔接、权责明确、相互制衡的框架之中，使各相关方的不同利益偏好经过讨论达成基本共识，在共同利益最大化的前提下实现各自的诉求，从而实现多元共治的现代国家治理，这也集中体现在一国权力机关代表公众对政府的预算收支行使审批权和监督权，具体体现在收入汲取与支出的配置要取之于民、用之于民。

一个国家和社会依靠什么运转，是治理国家和社会运行的基本问题。党的十八届四中全会通过的《中共中央关于全面推进依法治国若干重大问题的决定》提出，善于使党的主张通过法定程序成为国家意志。党的十八大以来，中央对人大工作、人大制度提出了一系列新论断、新要求，要求之多、之明确是前所未有的。党的十八大报告提出，"支持人大及其常委会充分发挥国家权力机关作用""加强对政府全口径预算决算的审查和监督"。这是首次在党代会的报告中如此具体地要求各级人大及其常委会加强对政府财政预算监督，严格对政府"钱袋子"的控制。党的十八届三中全会又进一步提出，加强人大预算决算审查监督、国有资产监督职能。为贯彻落实这项改革任务，一系列涉及人大预算监督的法律法规及规范性文件密集出台，建立起了全面系统的人大预算监督的法律及制度体系。主要包括：2014年，完成了预算法的修正，明确了预算监督主体，清单式列出人大对预算、决算审查监督的重点。2015年，全国人大常委会党组提出，中央深改组审议通过、中共中央办公厅转发实施《关于改进审计查出突出问题整改情况向全国人大常委会报告机制的意见》，这是全国人大常委会推动审计查出突出问题整改工作，做好审计的后半篇文章，更有效地发挥审计监督作用的有力举措。2016年，全国人大常委会党组审议通过，全国人大常委会办公厅发布实施《关于建立预算审查前听取人大代表和社会各界意见建议的机制的意见》，这是积极听取人大代表和社会各界意见建议，加强和改进人大预算审查监督的一项重要措施。2017年，《中共中央关于建立国务院向全国人大常委会报告国有资产管理情况制度的意见》出台，这是党中央加强人大国有资产监督职能的重要决策部署，是党和国家加强国有资产管理和治理的重要基础工作，对于增加国有资产管理公开透明度、提升国有资产管理公信力，对于巩固和发展中国特色社会主义基本经济制度、管好人民共同财富、加强人大依法履职等，具有重要意义。2017年，全国人大常委会办公厅印发了《关于推进地方人大预算联网监督工作的指导意见》，对丰富监督的方式方法，推进预算联网监督工作，对进一步加强和改进预算审查监督，推动深化财政预算改革起着重要的基础保障作用。2018年，中共中央办公厅印发了《关于人大预算审查监督重点向支出预算和政策拓展的指导意见》，对推进人大预算审查监督的重点从以往的规模及预算收支平衡状况，向对支出预算和政策以及财政资金使用绩效和政策实施效果拓展，以发挥政策对编制支出预算的指导和约束作用，加强对政府预算的全口径审查和全过程监管，提高人大预算审查监督的针对性和有效性等起着核心指导作用。2021年，中共中央办公厅印发了《关于加强地方人大对政府债务审查监督的意见》，就推动完善政府预算决算草案和报告中有关政府债务的内容、规范人大审查监督政府债务的内容和程序、加强人大对政府债务风险管控的监督等作出了明确规定，提出了工作要求，对压实地方政府债务管理主体责任，打好防范化解重大风险攻坚战，更好统筹发展和安全，实现经济持续健康发展和社会大局稳定，具有重要意义。2021 年，全国人大及其常委会还分别修改了《中华人民共和国全国人民代表大会议事规则》《全国人民代表大会常务委员会关于加强中央预算审查监督的决定》。

可以看出，上述系列举措是做好做实人大预算审查监督工作的一套法律及制度的组合拳，体现了预算全口径监督并覆盖了预算全过程，对用好宪法赋予人大的监督权，实行正确监督、有效监督、依法监督具有十分重大的意义。对此，各级地方党委及人大也纷纷跟进发布有关人大预算审查监督的地方性法规及制度规章。

综上，中国改革开放特别是进入新时代以来，人大预算审查监督制度在开放中不断汲取国际国内先进经验，同时根植于中国本土的改革创新步伐从未停歇，通过民主法治、公开透明、强化监督、提高绩效、全面管理等系统化的法制及制度建设，形成了具有鲜明中国特色的人大预算审查监督模式。从守住政府的"钱袋子"到支撑国家治理体系和治理能力现代化，从监督收支账本到推动民主法治进步，人大预算监督的作用在不断凸显。本书的写作正是在党的十八大、十八届三中全会、十九大提出来的全面深化改革，实现国家治理体系和治理能力现代化以及中国特色社会主义进入新时代的大背景下进行的。在理论层面试图研究建立和完善新时代中国特色社会主义人大预算审查监督制度，探索新时代人大对预算决算的审查监督在整个预算监督体系中的地位，阐释如何通过加强和改善人大对政府预算的审查监督从而更好地发挥人民代表大会的根本政治制度作用；在实践层面，本书通过系统梳理和总结中国进入新时代以来人大预算审查监督的顶层设计、改革经验及特色实践，研究具有新时代中国特色人大预算审查监督的制度构建和机制创新。

本书共分十章，分别是：第一章新时代中国特色人民代表大会制度与人大监督，第二章政府预算监督体系与新时代人大预算监督，第三章人大预算审查监督的组织架构、程序及依据，第四章我国人大预算审查监督的发展历程，第五章建立人大预算审查监督重点拓展制度，第六章建立政府向人大常委会报告国有资产管理制度，第七章建立加强地方人大对政府债务审查监督制度，第八章建立人大对审计查出问题整改情况监督制度，第九章新时代人大预算监督的创新实践，第十章新时代人大预算监督的改革成效。

参与本书写作的人员来自中央财经大学人大预算审查监督研究中心（北京市人大财经委预算监督研究基地）的研究人员，各章基础稿的撰写者为：肖鹏教授第一、五章；王淑杰副教授第二、四章；姜爱华教授第三、八章；郭维真副教授第六章；温来成教授第七章；卢真副教授第九、十章。李燕教授对全书进行了总纂，并对各章内容及专栏等进行了调整、补充和修改完善。

新时代以来，虽然我国围绕人大预算审查监督，在如何用好宪法法律赋予人大的监督权，实行正确监督、有效监督、依法监督方面有了长足的进步，但不可否认的是，与人民的期望相比还有许多地方需要进一步与时俱进地完善和创新。同时，由于本书研究范围所限，加之参加本书编写的学者虽然都有自己擅长的财政预算研究领域，并且近些年也参与了地方人大预算审查监督及改革实践，但是总体而言，对人大预算审查监督领域的研究开展时间不长，积淀也还不够深厚，因此还有许多内容尚未涉及，或者研究有不够深入的地方，难免有疏漏及不足之处，也恳请广大有着丰富人大预算审查监督理论及实践的人士给予批评指正。

本书在写作过程中也参考及引用了许多文献，包括有关法律法规、制度文件、学者文章、地方实践，在此表示感谢！

同时对全国人大常委会预算工作委员会预决算审查室主任何成军、北京市人大常委会预算工作委员会主任刘星、北京市朝阳区人大财经委副主任委员任敬东在本书写作框架的研讨中给予的建设性意见和建议表示感谢！

感谢中央财经大学标志性科研成果培育项目对本书的资助！

感谢经济科学出版社王娟、李艳红的精心编辑。

李　燕

2022 年 11 月

目　录

第一章

新时代中国特色人民代表大会制度与人大监督

本章导读：人民代表大会制度是中国特色社会主义制度的重要组成部分，是支撑国家治理体系和治理能力现代化的根本政治制度，是理论探索和实践创新紧密结合的伟大创造，是中国优势的重要体现。在新时代，了解人民代表大会制度的丰富内涵、发展历程、基础地位、制度优势，进一步掌握人大监督制度的内涵、特点、方式和重要意义，对坚持和完善人民代表大会制度，实现坚持党的领导、人民当家作主、依法治国三者有机统一，推进党和国家治理体系和治理能力现代化有重要作用。本章阐述了新时代中国特色人民代表大会制度、中国特色人民代表大会的监督制度。

第一节 新时代中国特色人民代表大会制度思想精髓

一、新时代中国特色人民代表大会制度思想精髓

党的十九大通过的党章修正案把习近平新时代中国特色社会主义思想确立为党的行动指南，这是党的十九大的一个突出亮点和重大历史贡献。习近平新时代中国特色社会主义思想是对马克思列宁主义、毛泽东思想、邓小平理论、"三个代表"重要思想、科学发展观的继承和发展，是马克思主义中国化最新成果，是党和人民实践经验和集体智慧的结晶。

（一）党对中国特色人民代表大会制度的重要表述

中国的人民代表大会制度（以下简称人民代表大会制度）是一座民主政治的富矿，是"中国之治"蕴含的重要制度密码，对此，我国几代党的领导人都有过重要阐述。早在 1940 年 1 月，毛泽东同志在《新民主主义论》中首次提出"人民代表大会"构想，指出"中国现在可以采取全国人民代表大会、省人民代表大会、县人民代表大会、区人民代表大会直到乡人民代表大会的系统，并由各级代表大会选举政府"。① 邓小平同志曾经说过："我们实行的就是全国人民代表大会一院制，这最符合中国实际。如果政策正确，方向正确，这种体制益处很大，很有助于国家的兴旺发达，避免很多牵扯"。② 江泽民同志强调：人民代表大会制度"是我们党长期进行人民政权建设的经验总结，也是我们党对国家事务实施领导的一大特色和优势"③。胡锦涛同志指出："人民代表大会制度是中国人民当家作主的重要途径和最高实现形式，是中国社会主义政治文明的重要制度载体"④。习近平同志提出："人民代表大会制度是坚持党的领导、人民当家作主、依法治国有机统一的根本制度安排"⑤。这些重要阐述为充分发挥我国国家制度和国家治理体系的优势提供了科学指引和行动指南。

（二）新时代中国特色人民代表大会制度的重要理念

1. 新时代的重要内涵

2017 年 10 月 18 日，在中国共产党第十九次全国代表大会上，习近平总书记郑重宣示："经过长期努力，中国特色社会主义进入了新时代，这是我国发展新的历史方位。"党的十九大报告中，习近平总书记深刻揭示了新时

---

① 毛泽东选集：第二卷 [M]. 北京：人民出版社，1991：677.
② 邓小平文选：第三卷 [M]. 北京：人民出版社，1994：220.
③ 人民代表大会制度重要文献选编（三）[M]. 中国民主法制出版社、中央文献出版社，2015：797.
④ 胡锦涛. 在首都各界纪念全国人民代表大会成立五十周年大会上的讲话 [M]. 北京：人民出版社，2004.
⑤ 习近平. 决胜全面建成小康社会 夺取新时代中国特色社会主义伟大胜利——在中国共产党第十九次全国代表大会上的报告 [M]. 北京：人民出版社，2017：37.

代的内涵，指出：新时代是承前启后、继往开来、在新的历史条件下继续夺取中国特色社会主义伟大胜利的时代，是决胜全面建成小康社会、进而全面建设社会主义现代化强国的时代，是全国各族人民团结奋斗、不断创造美好生活、逐步实现全体人民共同富裕的时代，是全体中华儿女勠力同心、奋力实现中华民族伟大复兴中国梦的时代，是我国日益走近世界舞台中央、不断为人类作出更大贡献的时代。① 站在新的历史起点上，我国社会主要矛盾已经转化为人民日益增长的美好生活需要和不平衡不充分的发展之间的矛盾。这就要求我们必须坚持和完善人民代表大会制度，助力实现为中国人民谋幸福、为中华民族谋复兴的初心和使命。

2. 新时代关于人民代表大会制度的思想理论创新

自党的十八大以来，在坚持和完善人民代表大会制度、全面依法治国、发展社会主义民主政治等方面，习近平总书记提出了一系列新思想新论断新要求，具有重大理论和实践创新意义，为我们在新的历史条件下长期坚持、全面贯彻、不断发展人民代表大会制度，推进社会主义民主法治建设，提供了科学理论指导和行动指南。党的十八届三中全会指出，要推动人民代表大会制度与时俱进，坚持人民主体地位，推进人民代表大会制度理论和实践创新，发挥人民代表大会制度的根本政治制度作用②。党的十九大报告进一步强调，党的领导是人民当家作主和依法治国的根本保证，人民当家作主是社会主义民主政治的本质特征，依法治国是党领导人民治理国家的基本方式，三者统一于我国社会主义民主政治伟大实践③。必须长期坚持、不断完善人民代表大会制度。党的二十大报告深刻指出，我国是工人阶级领导的、以工农联盟为基础的人民民主专政的社会主义国家，国家一切权力属于人民。人民民主是社会主义的生命，是全面建设社会主义现代化国家的应有之义。

2021 年 7 月 1 日，在庆祝中国共产党成立 100 周年大会上，习近平站在人民创造历史的高度，强调"践行以人民为中心的发展思想，发展全过程人

---

① 习近平. 决胜全面建成小康社会 夺取新时代中国特色社会主义伟大胜利——在中国共产党第十九次全国代表大会上的报告［M］. 北京：人民出版社，2017：37.
② 中共中央关于全面深化改革若干重大问题的决定［J］. 前线，2013（12）：5－19，27.
③ 习近平. 在中国共产党第十九次全国代表大会上的报告［M］. 北京：人民出版社，2017：37.

民民主"。

2021年10月13日，中央人大工作会议在北京召开，习近平总书记发表重要讲话，提出全过程人民民主的重大理念。

习近平对"全过程人民民主"作出深刻阐释，指出其鲜明特色和显著优势。即不仅有完整的制度程序，而且有完整的参与实践。实现了过程民主和成果民主、程序民主和实质民主、直接民主和间接民主、人民民主和国家意志相统一，是全链条、全方位、全覆盖的民主，是最广泛、最真实、最管用的社会主义民主。习近平强调，人民代表大会制度是实现我国全过程人民民主的重要制度载体。

如何发挥好人民代表大会制度作为实现我国全过程人民民主的重要制度载体作用？习近平提出三方面要求：一是要在党的领导下，不断扩大人民有序政治参与，加强人权法治保障，保证人民依法享有广泛权利和自由。二是要保证人民依法行使选举权利，民主选举产生人大代表，保证人民的知情权、参与权、表达权、监督权落实到人大工作各方面各环节全过程，确保党和国家在决策、执行、监督落实各个环节都能听到来自人民的声音。三是要完善人大的民主民意表达平台和载体，健全吸纳民意、汇集民智的工作机制，推进人大协商、立法协商，把各方面社情民意统一于最广大人民根本利益之中。

二、人民代表大会制度内容概述

（一）人民代表大会制度的内涵

我国的人民代表大会制度自确立起已超过70年，为发展社会主义民主、健全社会主义法治，为推进改革开放和社会主义现代化建设发挥了重大作用。党的十八大以来，在推进国家治理体系和治理能力现代化进程中，人民代表大会制度与时代同步，与时势俱进，拥有更加丰富、更加充实、更加深刻的内涵。全面理解和准确把握人民代表大会制度的含义，对于坚持和完善、巩固和发展人民代表大会制度具有重要意义。

我国的人民代表大会制度是以人民代表大会为核心和主要内容的国家政

权组织形式。人民代表大会制度是宪法确立的国家根本政治制度，是以《中华人民共和国宪法》（以下简称《宪法》）为根基，以《中华人民共和国全国人民代表大会组织法》（以下简称《全国人民代表大会组织法》）、《中华人民共和国地方各级人民代表大会和地方各级人民政府组织法》（以下简称《地方各级人民代表大会和地方各级人民政府组织法》）、《中华人民共和国全国人民代表大会和地方各级人民代表大会代表法》（以下简称《全国人民代表大会和地方各级人民代表大会代表法》）、《中华人民共和国立法法》（以下简称《立法法》）、《中华人民共和国各级人民代表大会常务委员会监督法》（以下简称《各级人民代表大会常务委员会监督法》）等法律为主体的一整套制度体系，如图1-1所示。

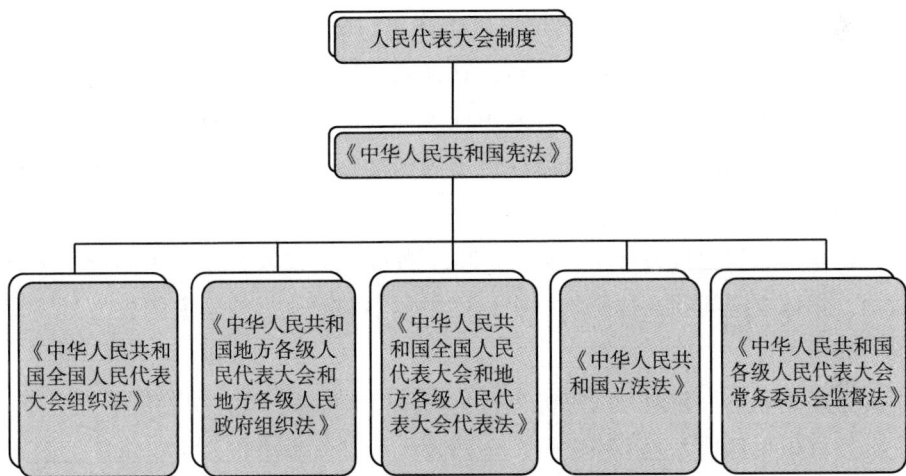

图1-1　人民代表大会制度体系的法律支撑

（二）人民代表大会制度的内容总括

我国人民代表大会制度的内容主要包括以下几点。

一是我国国家制度的核心和基本原则。在我国，人民是国家和社会的主人。《宪法》第二条规定："中华人民共和国的一切权力属于人民。"这是我国国家制度的核心和基本原则。

二是人民掌握和行使国家权力的组织形式与制度。《宪法》第二条规定："人民行使国家权力的机关是全国人民代表大会和地方各级人民代表大会。"《宪法》第三条规定："全国人民代表大会和地方各级人民代表大会都由民主选举产生，对人民负责，受人民监督。"选民或者选举单位有权依法罢免自己选出的代表。

三是确立国家权力机关的地位。我国的权力机关是全国人民代表大会和地方各级人民代表大会。全国人民代表大会是国家最高权力机关，地方各级人民代表大会是地方各级国家权力机关，县级以上的地方各级人大设立常委会。国家行政机关、审判机关、检察机关都由人民代表大会产生，对它负责，受它监督。在人民代表大会统一行使国家权力的前提下，明确划分国家的行政权、审判权、检察权和武装力量领导权。法律的制定和重大问题的决定等，都必须由国家权力机关充分讨论、民主决定；它们的贯彻实施由国家行政、审判、检察等机关按其职责去执行。这样既能使国家的行政、审判、检察机关不脱离人民代表大会或者违背人民代表大会的意志而进行活动，又能使各个国家机关在法律规定的各自职权范围内独立负责地进行工作，形成一个统一的整体。

四是国家权力机关行使职权的原则。各级人大及其常委会集体行使国家权力，集体决定问题，行使职权实行民主集中制原则，使国家的权力最终掌握在全体人民手中。

五是划分中央和地方国家机构的职责和相互关系。在中央的统一领导下，充分发挥中央和地方两个积极性。全国人大及其常委会审议决定全国性的重大事项，通过的法律和作出的决议、决定，对全国具有普遍的约束力。地方各级人大及其常委会保证宪法、法律、行政法规在本行政区域内的遵守和执行，审议决定本行政区域内的重大事项。

六是民族区域自治制度。我国是一个统一的多民族国家，在维护国家统一的前提下，在少数民族聚居地区实行民族区域自治。这样就能把各民族紧密团结在一起，保障各民族的共同发展、繁荣。

七是特别行政区制度。《宪法》第三十一条规定："国家在必要时得设立特别行政区。"香港和澳门特别行政区享有高度自治权，直辖于中央人民政府,除外交、国防由中央负责外,享有行政管理权、立法权、独立的司法权和终审权。它们不实行社会主义制度和政策,保持原有的资本主义制度和生活方式,五十年不变。

专栏 1-1 我国人民代表大会制度与西方三权分立制度的区别

我国的人民代表大会制度与西方国家的三权分立制度存在本质区别。

一是理论基础不同。我国的人民代表大会制度建立在"马克思主义国家学说"和"人民主权论"基础之上,强调国家的一切权力属于人民,人民是国家的主人。正如习总书记所说"江山就是人民,人民就是江山"。而西方国家的三权分立制度建立在"分权学说"基础之上,"分权学说"的背后所代表的仍然是资产阶级的实质利益。

二是权力模式不同。我国奉行单一制的国家权力结构模式,建立的政权组织结构模式是人民代表大会制度,即由人民选举产生全国人民代表大会和地方各级人民代表大会,作为行使国家权力的机关,并由其产生"一府一委两院"①等其他国家机关,这些机关向它负责,受其监督。而西方国家奉行三权分立的权力结构模式,国家权力一般被分为立法权、行政权和司法权,三者是平行的权力。

三是制约机制不同。三权分立学说之下的立法权、行政权和司法权是三种平行的权力,三者之间相互制衡。而在我国,全国人民代表大会作为最高的国家权力机关,单向监督制约行政权、监察权、审判权、检察权等其他国家权力,同时又支持它们行使各自的权力。

资料来源:参考相关文献资料整理而成。

(三)我国人民代表大会制度的发展历程

制度是事关一个国家的根本性、全局性、战略性、基础性、长期性的问题。人类制度作为一般性社会存在,是一个社会历史范畴,是一个历史选择和历史变迁过程。习近平总书记指出:"在中国实行人民代表大会制度,是

---

① "一府"是指各级人民政府;"一委"是指国家与地方各级监察委员会;"两院"是人民法院和检察院的合称,前者是审判机关,后者是法律监督机关。

中国人民在人类政治制度史上的伟大创造，是深刻总结近代以后中国政治生活惨痛教训得出的基本结论，是中国社会一百多年激越变革、激荡发展的历史结果，是中国人民翻身作主、掌握自己命运的必然选择"。①

1. 立制建国，构建和支撑中华人民共和国的"高楼大厦"

人民代表大会制度从酝酿、确立到发展、完善，简单可以概括为经历了立制建国、建章立制两个阶段。在立制建国这一阶段中，创立一个什么样的新国家、如何创立一个新国家，成为近现代以来我国有识之士苦苦思索的问题。

1840 年鸦片战争后，中国逐渐沦为半殖民地半封建国家。面临空前危机，围绕建立什么样的政治制度和政权组织形式，中国人民进行了长期探索。历史上清朝末年曾经尝试过君主立宪制，由于历史条件的限制没有成功。辛亥革命推翻了清王朝，中国效仿西方民主制度建立了资产阶级共和国，议会制、多党制、总统制等政治制度和政治模式在中国轮番上演，由于它们既没有社会基础，又没有阶级基础，最后也以失败告终。中国共产党成立后，以毛泽东为代表的中国共产党人深刻认识到，中国的发展道路必须符合中国国情，彻底推翻剥削阶级统治广大人民群众的政治制度，从而领导人民经过长期的艰辛探索和伟大斗争找到了中国共产党领导的、人民当家作主的、民主集中制的人民代表大会制度。在 1921 年 7 月中国共产党第一次全国代表大会通过的党的第一个纲领中明确提出，"本党承认苏维埃管理制度，把工人、农民和士兵组织起来"。大革命时期，党领导工农运动，在城市建立罢工工人代表大会和市民代表会议，在农村组建农民协会，进行了政权建设的最初探索。到了土地革命战争时期，党领导人民建立苏维埃政权，实行工农兵代表大会制度，形成了人民代表大会制度的基本形态。在抗日战争时期，党领导建立了抗日民族统一战线政权，陕甘宁边区实行以"三三制"为原则的参议会制度。1939 年在延安召开陕甘宁边区第一届参议会，正式选举成立陕甘宁边区政府。根据中共中央的指示精神，晋察冀边区和其他抗日根据地也陆续建立起了政权组织。中国共产党和中国人民在革命实践中，不断探索和寻

---

① 习近平. 在庆祝全国人民代表大会成立六十周年大会上的讲话 [J]. 求是，2019 (18).

求与本国国情相适应、体现人民群众当家作主的政权形式。经过这些实践和探索，我们党提出了建立人民代表大会制度的构想。解放战争时期，党在各解放区相继召开人民代表会议，向正式建立人民代表大会制度过渡。1948 年 8 月，华北临时人民代表大会在石家庄召开，选举产生华北人民政府委员会委员。华北临时人民代表大会是新中国成立前唯一以"人民代表大会"命名的地方权力机构，它成为全国人民代表大会的前奏和雏形。

伴随着新民主主义革命的胜利，我们党以马克思主义国家理论为指导，吸收中外政权建设的历史经验，集中人民群众的实践智慧，决定"抛弃君主专制制度，走向民主共和制度；不硬搬西方民主制度，效仿苏维埃民主制度；不照抄苏维埃民主制度，选定人民代表大会制度"①。1949 年 9 月，中国人民政治协商会议第一届全体会议通过的具有临时宪法地位的《中国人民政治协商会议共同纲领》，宣告新中国实行人民代表大会制度。从 1953 年下半年开始，我国举行了历史上第一次规模空前的普选，乡、县、省逐级召开人民代表大会会议。1954 年 9 月，第一届全国人民代表大会第一次会议在北京召开，通过了新中国第一部宪法，确立了新中国的根本政治制度——人民代表大会制度，标志着人民民主专政的国体、人民代表大会制度的政体正式确立。人民代表大会制度实行议行合一的政权结构形式，产生共和国的"一府两院"，建构起新中国的立法、执法、司法系统，成为新中国国家制度的起源和基础，为新中国的国家建设和国家治理现代化构建了制度基石。从此人民代表大会制度在全国范围内建立起来，开辟了中国人民当家作主的历史新纪元。

2. 建章立制，构建支撑中国特色社会主义制度的"四梁八柱"

制度是人类社会关系的反映，是规范和约束社会关系的要素集合。中国特色社会主义制度是科学化、立体化、系统化的制度体系：纵向而言，中国特色社会主义制度与中国特色社会主义道路、理论、文化构成中国特色社会主义的总体结构和根本形态；横向而言，中国特色社会主义制度包含政治制度、经济制度、文化制度、社会制度、生态文明制度，形成"五位一体"的

---

① 浦兴祖. 人大制度优势与国家治理效能［J］. 探索与争鸣，2019（12）：11 – 13.

制度总布局。新中国以人民代表大会制度为根基，构建起中国共产党领导的多党合作和政治协商制度、民族区域自治制度、基层群众自治制度的政治制度体系，形成公有制为主体多种所有制经济共同发展、按劳分配为主体多种分配方式并存、社会主义市场经济体制"三位一体"的基本经济制度，建构起以马克思主义为指导、以社会主义核心价值观为引领的文化制度，形成共建共治共享的社会治理制度及保证人与自然和谐共生的生态文明制度，形成了中国特色社会主义制度的"四梁八柱"。

社会主义现代化建设的实践证明，人民代表大会制度是能够实现中国特色社会主义民主政治道路，奠定社会主义制度正当性、合法性、有效性的根本政治制度，是能够确保中国共产党领导中国人民实现人民当家作主的根本政治制度，是能够保证中国特色社会主义的国家治理体系和治理能力现代化的根本政治制度。

3. 创新发展，新时代不断完善全过程人民民主

民主是全人类的共同价值，民主不是装饰品，不是用来做摆设的，而是要用来解决人民需要解决的问题的。人民代表大会制度是中国特色社会主义制度的重要组成部分，也是支撑中国国家治理体系和治理能力的根本政治制度。2014 年 9 月，习近平总书记在庆祝全国人民代表大会成立 60 周年大会上发表重要讲话指出："新形势下，我们要毫不动摇坚持人民代表大会制度，也要与时俱进完善人民代表大会制度。"①

2014 年以来，通过修改《全国人民代表大会组织法》，完善人大组织、运行等法律制度；修改选举法，适当增加县乡两级人大代表名额，夯实人民代表大会制度基础；建立国务院向全国人大常委会报告国有资产管理情况制度等，完善人大监督制度和工作机制，我国的人民代表大会制度不断发展完善。

在庆祝中国共产党成立 100 周年大会上的重要讲话中，习近平总书记站在人民创造历史的高度，强调"发展全过程人民民主"，发出开辟我国社会主义民主政治建设新征程的动员令。2021 年 10 月 13 日，首次中央人大工作

---

① 习近平. 在庆祝全国人民代表大会成立六十周年大会上的讲话 [J]. 中国人大，2019 (19)：18 – 23.

会议召开，习近平总书记又强调要继续推进全过程人民民主建设。2021 年，中国共产党迎来百年华诞，我国踏上了全面建设社会主义现代化国家、向第二个百年奋斗目标进军的新征程。在这个重要时点，中央召开这个事关我国根本政治制度、新时代发展中国特色社会主义民主政治的重要会议，其重要性不言而喻。在 2022 年 10 月召开的党的第二十次代表大会决议中设专章阐述了发展全过程人民民主，保障人民当家作主。

专栏 1-2 习近平总书记对"全过程人民民主"的深刻阐释

2019 年 11 月 2 日，习近平总书记在上海市长宁区虹桥街道古北市民中心明确指出：我们走的是一条中国特色社会主义政治发展道路，人民民主是一种全过程的民主。

2021 年 7 月 1 日，在庆祝中国共产党成立 100 周年大会上的重要讲话中，习近平总书记站在人民创造历史的高度，强调"发展全过程人民民主"，发出开辟我国社会主义民主政治建设新征程的动员令。

2021 年 10 月 13 日，中央召开首次人大工作会议，在这次会议上，总书记深刻指出我国人民代表大会制度的制度优势和对人类政治制度发展的重大意义：

——人民代表大会制度是符合我国国情和实际、体现社会主义国家性质、保证人民当家作主、保障实现中华民族伟大复兴的好制度。

——人民代表大会制度是我们党领导人民在人类政治制度史上的伟大创造，是在我国政治发展史乃至世界政治发展史上具有重大意义的全新政治制度。

有别于西方形形色色的资产阶级民主，全过程人民民主是社会主义民主的本质特征，体现了国家一切权力属于人民的宪法原则，体现了党全心全意为人民服务的根本宗旨。

为什么说中国式民主是"全过程人民民主"？在这次会议上，总书记对全过程人民民主进行了深刻阐释。

我国全过程人民民主不仅有完整的制度程序，而且有完整的参与实践。我国全过程人民民主实现了过程民主和成果民主、程序民主和实质民主、直接民主和间接民主、人民民主和国家意志相统一，是全链条、全方位、全覆盖的民主，是最广泛、最真实、最管用的社会主义民主。

如何评价一个国家政治制度是不是民主的、有效的？总书记曾用8个"能否"深入阐明。一个国家民主不民主，用什么来衡量？总书记在这次会议上明确指出："关键在于是不是真正做到了人民当家作主"，同时提出"四个要看、四个更要看"标准：

——要看人民有没有投票权，更要看人民有没有广泛参与权；

——要看人民在选举过程中得到了什么口头许诺，更要看选举后这些承诺实现了多少；

——要看制度和法律规定了什么样的政治程序和政治规则，更要看这些制度和法律是不是真正得到了执行；

——要看权力运行规则和程序是否民主，更要看权力是否真正受到人民监督和制约。

中国特色社会主义进入新时代，我国社会主要矛盾发生转化。在这种背景下，发展完善全过程人民民主的发力点在哪里？如何继续推进全过程人民民主建设，总书记从三个方面对"具体地、现实地"践行全过程人民民主提出了要求：

——把人民当家作主具体地、现实地体现到党治国理政的政策措施上来；

——具体地、现实地体现到党和国家机关各个方面各个层级工作上来；

——具体地、现实地体现到实现人民对美好生活向往的工作上来。

2022年10月16日，中国共产党第二十次代表大会在北京召开，习近平总书记在党的二十大报告中指出：

——全过程人民民主是社会主义民主政治的本质属性，是最广泛、最真实、最管用的民主。必须坚定不移走中国特色社会主义政治发展道路，坚持党的领导、人民当家作主、依法治国有机统一，坚持人民主体地位，充分体现人民意志、保障人民权益、激发人民创造活力；

——坚持和完善我国根本政治制度、基本政治制度、重要政治制度，拓展民主渠道，丰富民主形式，确保人民依法通过各种途径和形式管理国家事务，管理经济和文化事业，管理社会事务。支持和保证人民通过人民代表大会行使国家权力，保证各级人大都由民主选举产生、对人民负责、受人民监督。

　　——支持和保证人民通过人民代表大会行使国家权力，保证各级人大都由民主选举产生、对人民负责、受人民监督。支持和保证人大及其常委会依法行使立法权、监督权、决定权、任免权。

　　资料来源： 王海燕，谈燕，张维炜. 上海人大：生动诠释"全过程民主"时代内涵 ［EB/OL］.（2021 - 04 - 07）. http：//www. npc. gov. cn/npc/c30834/202104/7712810bca664553a25b375cc840dbf1. shtml；习近平. 高举中国特色社会主义伟大旗帜 为全面建设社会主义现代化国家而团结奋斗——在中国共产党第二十次全国代表大会上的报告 ［J］. 先锋，2022（10）：12 - 38.

三、人民代表大会制度的基础地位

　　人民代表大会制度是国家的根本政治制度，具有国家政体的意义，体现了人民当家作主的主体地位，是支持人民当家作主的根本制度保障，处于人民当家作主制度体系的核心位置。认识和把握人民代表大会制度的基础地位，必须聚焦国体和政体的关系，准确理解党的领导制度与人民代表大会制度的关系，以及人民代表大会制度与其他民主政治制度的相互关系。

（一）是中国特色社会主义制度的基础部分

　　"中华人民共和国是工人阶级领导的、以工农联盟为基础的人民民主专政的社会主义国家""中华人民共和国的一切权力属于人民。人民行使国家权力的机关是全国人民代表大会和地方各级人民代表大会"。这是宪法对我国国体和政体的主要表述，其中，人民民主专政是我国国体的根本，它的本质就是人民民主；人民代表大会制度是我国政体的核心，它的地位是根本政治制度；中国共产党的领导是中国特色社会主义制度最本质的特征，它的意义是根本领导制度。人民代表大会制度与党的领导、人民民主专政、社会主义"四位一体"，确保我国的国体和政体互联互通，构成中国特色社会主义制度的基础部分。

（二）是支撑国家治理的根本政治制度

中国特色社会主义制度以及由其奠定的国家治理体系，主要是以一系列根本制度、基本制度和重要制度为依托和支撑的，其中的根本制度已成为一个体系，包括根本领导制度、根本政治制度，以及坚持马克思主义在意识形态领域指导地位的根本制度等。人民代表大会制度在国家制度体系中具有基础性质和根本地位，同中国共产党领导的多党合作与政治协商制度、民族区域自治制度、基层群众自治制度这些基本政治制度体系密切关联，对行政制度、监察制度、审判制度、检察制度等国家制度具有规定性。

（三）是人民当家作主制度体系的核心所在

在政体意义上，人民当家作主主要体现为人民通过人大行使权力，这也是人民代表大会制度的核心所在。在人民当家作主制度体系中，除了人民代表大会制度外，还有很多制度创设了民主渠道和形式。这些制度与人民代表大会制度相结合，形成了更为完整成熟的人民当家作主制度体系，在社会主义政治文明建设中相互联动、相得益彰。换言之，"上面，全国人大和地方各级人大认真履行宪法赋予的职责，发展社会主义民主，健全社会主义法制；下面，基层实行直接民主，凡是关系群众利益的事情，由群众自己当家，自己做主，自己决定。上下结合，就会加快社会主义民主的进程"[①]。这不仅会加快民主进程，还会确保民主有效。

四、人民代表大会制度的优势

人民代表大会制度之所以行得通、有生命、有优势、有效能，根本在于它是体现社会主义国家性质的根本政治制度，能实现国体和政体的统一，这是人民代表大会制度最基本的制度优势；关键在于它是体现党的领导的政权

---

① 全国人大常委会副委员长彭真在六届全国人大常委会第二十次会议上的讲话 [N]. 人民日报，1987 – 03 – 17.

组织形式，是中国特色社会主义制度的重要组成部分，这是人民代表大会制度最重要的政治优势；主要在于它是保证人民当家作主的最高实现形式，是人民民主的根本途径，这是人民代表大会制度最本质的民主优势；重点在于它是构建中国特色社会主义法治国家的主导力量，是支撑中国国家治理体系和治理能力的制度枢纽，这是最有效的治理优势。这四大显著优势中，制度优势是根基，政治优势是关键，民主优势是本质，法治优势是保障。四大优势相互作用、相互促进、相辅相成，使人民代表大会制度显示出强大的生命力和显著的优越性。

从人民代表大会制度的性质地位、结构体系、运行机制、治理功能等方面全面认识人民代表大会制度的优势，是坚持和巩固人民代表大会制度的基本前提，也是完善和发展这一根本政治制度的必然要求。

（一）人民代表大会制度的制度优势：坚持中国特色政治制度

人民代表大会制度的性质和地位决定了其作为根本政治制度的最基本优势。从性质上看，人民代表大会制度是人民当家作主的政治制度，是中国特色社会主义的政体形式。政治制度是立国之本，反映一个国家的制度性质，体现一个国家的道路选择。

政治制度的核心问题是国体和政体问题：国体即国家的性质，主要回答和反映"谁是统治阶级""谁掌握国家权力"的问题；政体即政权组织形式，主要回答和反映"怎样掌握国家权力""国家权力如何运行"的问题。国体决定政体，政体反映国体，二者相辅相成、辩证统一。就像毛泽东同志曾说："只有民主集中制的政府，才能充分地发挥一切革命人民的意志，也才能最有力量地去反对革命的敌人。'非少数人所得而私'的精神，必须表现在政府和军队的组成中，如果没有真正的民主制度，就不能达到这个目的，就叫做政体和国体不相适应。"① 我国是工人阶级领导的、以工农联盟为基础的人民民主专政的社会主义国家，因此，同我国国体相适应的政体形式，只能是以民主集中制为原则的人民代表大会制度。人民代表大会制度就是人民当家

① 毛泽东选集：第二卷［M］. 北京：人民出版社，1991：677.

作主的政权组织形式。我国《宪法》明确规定，中华人民共和国的一切权力属于人民，人民是国家的主人。这是我国国家政权实现的最根本、最重要的途径和形式，集中体现了中国特色社会主义的根本性质和根本原则。

从地位上看，人民代表大会制度是坚持党的领导、人民当家作主、依法治国有机统一的根本政治制度安排，是我国其他各项政治制度的基础和源泉。"党的领导是人民当家作主和依法治国的根本保证，人民当家作主是社会主义民主政治的本质特征，依法治国是党领导人民治理国家的基本方式，三者统一于我国社会主义民主政治伟大实践。"① 人民代表大会制度构建和形成了我国的制度框架和结构体系，为三者提供了有效的制度载体、先进的实施平台和可靠的运行轨道。

首先，由人民代表大会产生和组成国家权力体系，配置国家的立法权、行政权、司法权、监督权等；其次，产生和形成国家组织体系，产生国家行政机关、司法机关、监察机关、军事机关等；最后，在权力体系、组织体系基础上，创制和形成国家的政治制度体系，构成一整套系统完备、科学规范、运转高效的制度体系和规范体系。在中国特色社会主义政治制度体系中，人民代表大会制度是国家权力的总系统，居于根本性和全权性的统摄地位。人民代表大会制度的根本属性和地位决定了其制度价值、功能和作用，能有效克服西式民主制度的多元化、分散化带来的国家制度碎片化、冲突性危机。

（二）人民代表大会制度的政治优势：坚持党的领导

中国共产党的领导是中国特色社会主义最本质的特征，是中国特色社会主义制度的最大政治优势。坚持中国共产党的领导是实行人民代表大会制度的内在要求，是人民代表大会制度坚持科学发展的政治保证，也是人民代表大会制度最鲜明的政治特征和最大的政治优势，党的领导优势充分体现在人民代表大会制度的创立、发展、完善、运行、实施之中。

一方面，中国共产党是人民代表大会制度的缔造者、领导者、实施者、发展者。一是从制度创建来看，中国共产党在发展和创新马克思主义国家学

---

① 习近平. 决胜全面建成小康社会 夺取新时代中国特色社会主义伟大胜利——在中国共产党第十九次全国代表大会上的报告 [N]. 人民日报, 2017 - 10 - 28.

说的基础上，汲取人类政治文明的宝贵经验，凝聚人民群众的政治智慧，创造性地设计出人民代表大会制度。中国共产党明确了人民代表大会制度的价值目标和性质地位，确立人民代表大会制度的遵循原则和使命任务，设计了人民代表大会制度的结构框架和制度体系，在人类制度史上具有里程碑和开创性意义。二是从制度运行来看，中国共产党的领导核心作用是通过人民代表大会制度汇集人民意志，把党的意志、主张、路线、方针、政策上升和转化为国家意志，变成国家法律、国家政策及国家行为，实现党的主张、国家意志和人民意愿三者之间的相互转化、相互促进、相互统一，真正保证和实现人民当家作主，这正是党的领导的出发点和落脚点。三是从制度实施来看，党的科学执政依托人大政权机关，民主执政依靠人大制度系统，依法执政通过国家法治体系实施党对国家和社会的全面领导，保证党的路线方针政策和决策部署在国家制度中全面贯彻和有效执行。从制度发展来看，党的领导保证了人民代表大会制度与时俱进，不断进行理论创新、制度创新和实践创新。

另一方面，人民代表大会制度为党的领导提供了制度载体、实施平台、实现渠道和制度保障。人民代表大会制度实现了党的领导、人民目标和国家功能的有机统一。具体而言，就是以人民代表大会制度为实现途径和制度载体，使党的主张通过法定程序成为国家意志，使党组织推荐的人选通过法定程序成为国家政权机关的领导人员，通过国家政权机关实施党对国家和社会的领导。与此同时，人民代表大会制度构建了党领导社会主义国家的制度体系，搭建了党领导国家和社会的实践平台，提供了实现党的领导的基本途径和运行渠道，实现了党的领导的制度化、程序化、法治化。此外，在我国制度体系中，党的领导是我国的根本领导制度，具有统领和核心地位，其他一切制度都是在党的领导下创立的。

因此，中国共产党的领导是人民代表大会制度的最大政治优势。人民代表大会制度只有坚持党的领导，才能更加完善、更加成熟，更加具有生命力和优越性。

（三）人民代表大会制度的民主优势：坚持以人民为中心

人民民主是社会主义的生命，人民当家作主是社会主义民主政治的本质和核心。人民当家作主是人民代表大会制度的本质特征，是最本质的民主优势。人民代表大会制度就是我国人民当家作主的根本途径和最高实现形式，是人民民主的基本实践方式和基本制度形态。人民代表大会制度的产生、发展、完善始终植根于人民、服务于人民，它的显著优势始终体现在坚持以人民为中心，将人民作为国家政治制度的"力量之源"和"制度之基"。

一是在民主政治建设中，人民代表大会制度充分实现和保障人民当家作主。人民代表大会制度把人民民主用国家根本制度形式确定下来，保证了最广大的人民群众参与民主选举、开展民主协商、参加民主决策、实施民主管理、进行民主监督，让人民真正掌握国家权力，充分实现中国特色社会主义民主政治制度的科学性和民主性。二是在人民权利保障上，人民代表大会制度充分实现和保障最广大人民群众的权利自由。人民代表大会制度坚持公平正义、民主法治、自由平等、人权自由，保障了公民依法享有广泛的选举权、财产权、知情权、参与权、表达权、监督权、人格权、隐私权、发展权等。三是在民主制度运行中，人民代表大会制度实现和保证了国家治理体系和治理能力现代化建设。人民代表大会制度坚持民主集中制的原则，保证了国家各项工作顺利开展、科学发展。同时也切实维护了国家的统一、民族的团结和社会的和谐稳定，促进了国家和社会的进步，有效防止西式民主相互掣肘、内耗严重等弊端，生动展现了中国特色社会主义民主制度的有用性和有效性。

（四）人民代表大会制度的法治优势：坚持依法治国

依法治国是坚持和发展中国特色社会主义的本质要求和重要保障，是实现国家治理体系和治理能力现代化的必然要求。党的十九届四中全会提出，建设中国特色社会主义法治体系、建设社会主义法治国家是坚持和发展中国特色社会主义制度的内在要求。

人民代表大会制度构建了中国特色社会主义法治国家的主导力量，是支撑中国国家治理体系和治理能力的制度枢纽。在我国，人民代表大会是权力机关、立法机关、代议机关的统一体，是建设社会主义法治国家、法治政府、法治社会的"制度枢纽"，是实现党领导人民依法执政、依法治国、依法行政的"权力中心"，拥有制定宪法并行使制定、认可、解释、补充、修改或废止法律的立法权力。各级人民代表大会及其常委会既是立法者、法律监督者，又是执法者、法律实施者，也是守法者、法律保护者，它是科学立法、严格执法、公正司法、全民守法的"总制度枢纽"，主导中国特色社会主义法治体系建设，影响我国法治体系的健全和完善、法律实施的程度与效果、法律监督的质量和力度、法律保障的成效和水平。

人民代表大会制度的法治化是人大组织发展和制度建设走向成熟的重要标志。新中国成立以来，人民代表大会制度实现了制度功能"由弱到强"、民主形式"由少到多"、治理水平"由低到高"的历史发展，这既是人民代表大会制度自身走向规范化、法治化、科学化的历史过程，同时也是人大制度基于自身法治化主导和推动国家法治化的历史进程，彰显了人民代表大会制度的法治治理优势。

总而言之，治国需要法治，善治需要良法。以人民代表大会制度为主导，实施依法治国方略，形成了中国特色社会主义法治体系，构建起了中国特色社会主义法治国家，是国家治理中保障社会公平正义和人民权利的显著优势，是人民代表大会制度治理优势的集中体现。

五、新时代坚持和完善人民代表大会制度

党的十八大以来，习近平总书记系统地阐述了新时代为什么要坚持人民代表大会制度以及如何坚持人民代表大会制度等问题，为我们理解新时代人民代表大会制度提供了根本指引。

（一）坚持和加强党的全面领导

在新的历史起点上，人民代表大会制度是坚持和加强党的全面领导的内在要求和政治依托。中国共产党领导是中国特色社会主义最本质的特征，是中国特色社会主义制度的最大优势。坚持党对一切工作的领导，是党和国家的根本所在、命脉所在，是全国各族人民的利益所在、幸福所在。

一方面，中国共产党的领导地位，不是自封的，而是历史和人民选择的，是由党的性质决定的，是由我国宪法明文规定的。我国宪法以国家根本法的

形式，确认了中国共产党领导人民进行革命、建设、改革的伟大斗争和根本成就，确认了中国共产党在国家政权结构中总揽全局、协调各方的核心地位，为我们党长期执政提供了根本法律依据。这是人民代表大会制度发挥基本功能的伟大成就。历次宪法修改，均旗帜鲜明坚持中国共产党的领导地位。十三届全国人大一次会议通过的宪法修正案，更是明确将"中国共产党领导是中国特色社会主义最本质的特征"载入宪法第一章总纲的第一条。

另一方面，人民代表大会制度是中国共产党领导和执政的重要实现途径和制度载体。中国共产党的领导就是支持和保证人民实现当家作主，其主要实现途径和制度载体就是人民代表大会制度。中国共产党是人民代表大会制度的创造者、领导者、实施者和发展者。中国共产党的全面领导，是通过人民代表大会制度和由其所决定的党的执政地位，将党的路线方针政策和决策部署转化为具体的法律制度和政策法规，在国家治理中得到全面贯彻、充分体现和有效执行而得以实现的。由此可见，党是为了人民而领导和执政，人民代表大会制度既是"为人民执政"的基本制度，又是"靠人民执政"的基本制度。

党的领导和人民代表大会是领导与被领导、管理与被管理的关系。一方面，中国共产党作为执政党，是我国社会主义事业的领导核心，是国家一切工作的掌舵人，理所应当按照符合领导特征的途径和方式，切实加强对人大的领导。而要切实加强党对人大的领导，从总体上来说，就主要体现为习近平所阐述的"四个善于"，即"要善于使党的主张通过法定程序成为国家意志，善于使党组织推荐的人选通过法定程序成为国家政权机关的领导人员，善于通过国家政权机关实施党对国家和社会的领导，善于运用民主集中制原则维护党和国家权威、维护全党全国团结统一"①。另一方面，中国共产党作为广大人民根本利益的忠实代表，其所拥有的领导权力是人民赋予的，除了人民利益之外没有自己的特殊利益，而且其所有成员同样也是人民的一部分。这就决定了它与其他社会组织一样，也必须接受国家权力机关的管理和监督，在宪法和法律范围内活动。

---

① 习近平. 在庆祝全国人民代表大会成立六十周年大会上的讲话 [J]. 求是，2019 (18).

党的领导指明了国家制度和治理的根本道路和政治方向，这一优势始终贯穿于人民代表大会制度的全领域、全方面、全过程。在新时代，人民代表大会制度充实了党的领导目标，丰富了党的领导内容，二者相辅相成，形成了具有中国特色的制度合力。因此，在新时代，要通过人民代表大会制度，保证党的路线方针政策和决策部署在国家工作中得到全面贯彻和有效执行。要支持和保证国家政权机关依照宪法法律积极主动、独立负责、协调一致开展工作。只有这样才能使得人民代表大会制度更加完善、更具有生命力。

（二）保证和发展人民当家作主

人民当家作主是社会主义民主政治的本质和核心；人民民主是社会主义的生命。在新的历史起点上，人民代表大会制度是保证和发展人民当家作主的根本途径和最高实现形式。

人民代表大会是人民当家作主的最高规范化的组织形式，人民代表大会制度是促进和保障社会主义民主的最好制度形式。人民代表大会制度以人民、党和国家关系理论为指导，是人民为社会主义民主政治及其制度的逻辑起点，是民主政治发展的最终归宿，确立和维护人民在国家政治和社会生活中的主体地位，始终将人民视为国家政治和社会生活的价值主体、制度主体和实践主体。

从一切权力属于人民的宪法原则，到全面依法治国的人民主体地位；从以人民为中心的发展思想，到党的十八大以来人民当家作主制度化、规范化、程序化水平的不断提升，充分显示了新时代国家制度和治理体系的本质所在和趋势所向。党的十九届四中全会通过的《中共中央关于坚持和完善中国特色社会主义制度 推进国家治理体系和治理能力现代化若干重大问题的决定》的一系列重要论断，关于法治为了人民、依靠人民，关于为人民执政、靠人民执政等，更加充分地体现了新时代国家制度和治理体系中的人民主体地位，更充分体现了人民代表大会制度对于支持和保障人民当家作主的基础作用和根本意义。

人民代表大会制度是践行人民当家作主的重要途径。因此，在新时代，我们更加需要坚持以人民为本的立场，保证和发展人民的民主权利，改革和完善人民代表大会制度。一方面，加大人大制度的理论创新，以人民所关心的实际问题为研究导向，加强理论联系实际，围绕习近平总书记的重要思想，深入研究、阐释相关内容，不断增强道路自信和理论自信。另一方面，不断增强人大制度的实践创新，用理论来指导实践，加强人大立法以及监督层面的实践建设，从全局建设出发，完善立法体制，不断提高立法的实效性、可操作性。

（三）全面推进依法治国

在新的历史起点上，人民代表大会制度是推进全面依法治国的制度基础和实践载体。习近平总书记指出："中国特色社会主义法治体系是推进全面依法治国的总抓手。要加快形成完备的法律规范体系、高效的法治实施体系、严密的法治监督体系、有力的法治保障体系，形成完善的党内法规体系。"①其中，完备的法律规范体系的形成离不开人大这一行使立法权的国家权力机关。同时，有力的法治保障体系也离不开行使立法权的人大。

一方面，全面依法治国是坚持和发展中国特色社会主义的本质要求和重要保障，事关我们党执政兴国，事关人民幸福安康，事关党和国家事业发展。建设中国特色社会主义法治体系、建设社会主义法治国家，就要坚决把党的领导贯彻落实到依法治国全过程和各方面，提高党依法治国、依法执政能力，就要健全保证宪法全面实施的体制机制，完善立法体制机制，健全社会公平正义法治保障制度，加强对法律实施的监督。而要实现这些具体任务和目标，必须以坚持和完善人民代表大会制度为前提。

另一方面，人民代表大会制度为依法治国提供有效可靠的制度依托。党的十八大以来，中国特色社会主义进入新的历史方位，新时代社会主要矛盾发生变化，人民对美好生活的新期待需要新法治，国家治理现代化需要新法治。而建设中国特色社会主义法治体系，必须坚持和完善人民代表大会制度。全国人大及其常委会和其他有立法权的国家机关，应当依法行使立法权，不断完善以宪法为核心的中国特色社会主义法律体系，保证国家和社会生活各方面有法可依。此外，人民代表大会制度具备立法监督、执法监督等监督职能，各级人大及其常委会应开展监督使各级国家行政机关依法行政，各级监

---

① 习近平. 坚定不移走中国特色社会主义法治道路 为全面建设社会主义现代化国家提供有力法治保障 [J]. 求是，2021（5）：4-15.

察机关依法监察，各级审判机关、检察机关依法行使审判权、检察权，保证宪法法律全面有效实施，实现国家各项工作法治化，从而加快建立完备的法律规范体系、高效的法治实施体系、严密的法治监督体系、有力的法治保障体系，形成完善的党内法规体系，实现国家治理法治化。

第二节　中国特色人民代表大会及其常委会监督制度[*]

毛泽东同志曾说："只有让人民来监督政府，政府才不敢松懈。只有人人起来负责，才不会人亡政息。"① 习近平总书记强调："人民代表大会制度的重要原则和制度设计的基本要求，就是任何国家机关及其工作人员的权力都要受到监督和制约。"② 人大通过依法行使监督职权，保障各国家机关依法有效开展工作，确保人民赋予的权力真正用来为人民谋幸福。

一、人民代表大会及其常委会的监督职权及其地位

我国人民代表大会及其常委会的职权可以概括为"四权"，即立法权、重大事项决定权（决定权）、选举任命权（任命权）、监督权。

（一）人民代表大会及其常委会职权

1. 立法权

立法权是指全国人民代表大会有权修改宪法，制定和修改刑事、民事、国家机构的和其他的基本法律。立法权是现代国家最重要的政治权利之一。在我国，全国人大及其常委会代表人民行使国家立法权，保证最重要的国家权力牢牢掌握在人民手中，实现法为民所立。新中国成立以来，经过各方面坚持不懈的共同努力，中国特色社会主义法律体系已经形成。截至 2022 年 6

---

*　文中的人大监督是广泛意义上的，有时包含了审查监督。
①　黄炎培. 八十年来［M］. 文史资料出版社，1982：148－152.
②　习近平. 在庆祝全国人民代表大会成立六十周年大会上的讲话［J］. 求是，2019（18）.

23

月 24 日，我国现行有效的法律 292 件；① 根据行政法规制定程序条例集中统一对外公开现行有效行政法规 598 件；② 现行有效的地方性法规 13149 件。③

专栏 1-3 人大行使立法权立法的基本过程

一是将立法项目纳入立法规划或立法工作计划。发挥人大及其常委会在立法工作中的主导作用，是人大作为立法机关代表人民行使立法权的题中之义。根据经济社会发展和改革开放需要，确定立法项目的规划和计划，把准立法方向，选对立法项目，确保有限的立法资源用在最需要的立法项目上，是人大发挥主导作用的重要方式。全国人大常委会一般于每届之初编制立法规划、每年年初制定年度立法工作计划，对立法工作做出统筹安排，增强计划性、针对性、指导性。同时，立法规划、计划是开放和动态的。未列入立法、规划和计划的立法项目，根据实际需要，可适时启动立法程序。

二是起草法律草案。为了更好发挥立法机关在表达、平衡、调整社会利益方面的重要作用，有效防止和克服立法中的部门利益偏向，《立法法》明确规定，综合性、全局性、基础性的重要法律草案，可以由全国人大有关的专门委员会或者常委会工作机构组织起草。对于政府有关部门、有关方面负责起草的法律草案，人大有关专门委员会或工作机构也主动提前参与，了解立法情况，做好审议准备。在起草过程中，无论是确定起草组构成，还是起草中的调研、征求意见、协调论证、反复修改，都体现出法律案起草本身就是汇集民意、表达民意的过程。

三是提出法律案。法律草案形成后，必须由法定的主体向全国人大或常委会提出法律案，才能进入正式立法程序。

四是审议和通过法律案。这是法律出台前的最后一关。审议法律案是立法程序中最重要的环节，其实质是充分发扬民主、集思广益、凝聚共识的过程。目前，常委会审议法律案一般实行三审制；各方面意见比较一致的，可

① 数据来源于中国人大网，http://www.npc.gov.cn/npc/c30834/202206/0069cdb167714546b2157df6e0ee8ee7.shtml。
② 统计数据来源于司法部行政法规库，http://xzfg.moj.gov.cn/search2.html? PageIndex=1。
③ 统计数据来源于国家法律法规数据库，https://flk.npc.gov.cn/index.html。

以经两次常委会会议审议后交付表决；调整事项比较单一或部分修改的法律案，各方面的意见比较一致的，也可经一次常委会会议审议即交付表决。

五是公布法律。

资料来源： 我国立法的基本程序［EB/OL］.（2012－02－17）. http：// www. npc. gov. cn/zgrdw/npc/sjb/2012－02/17/content1688979. htm.

2. 重大事项决定权

讨论决定重大事项是《宪法》和法律赋予人大及其常委会的重要职权，是人民依法管理国家事务、管理经济文化事业、管理社会事务的重要形式。党中央高度重视发挥人大在决定重大事项方面的作用。党的十八届三中全会提出，要健全人大讨论、决定重大事项制度。2017年，党中央出台有关健全人大讨论决定重大事项制度、各级政府重大决策出台前向本级人大报告的文件，为做好讨论决定重大事项工作提供了更有力的制度保障。我国人民代表大会制度建立以来，各级人大及其常委会依照法定职权，围绕经济建设、政治建设、文化建设、社会建设、生态文明建设各方面重大事项，作出一系列决定决议，有力推动了经济社会的健康发展，保障了广大人民群众的根本利益。人大行使重大事项决定权，通常是以决定决议的方式体现，如审查和批准国民经济和社会发展计划和计划执行情况的报告；审查和批准国家的预算和预算执行情况的报告等。在全国人大闭会期间，全国人大常委会审查和批准国民经济和社会发展计划、国家预算在执行过程中所必须作的部分调整方案等。

3. 选举任免权

选举任免国家机关领导人员，包括选举、任命、决定代理、免职、接受辞职、撤职、罢免等多种形式，是各级人大及其常委会决定和免除国家机关领导人员和其他重要工作人员（统称领导人员）的一项重要职权，通常简称为选举任免权。选举任免权首先是一项组织国家机关的权力，同时也是一项对国家机关领导人员实施监督的权力。

各级人大及其常委会依法行使选举和决定任免权，是保证党组织推荐的人选成为国家机关领导人员、保证国家政权真正掌握在人民手中的重要职权。

在我国，人民是国家的主人，国家机关工作人员是人民的公仆。人民通过人民代表大会选举或者决定任免公仆，既是国家机关工作人员权力合法性、权威性的来源和法律保障，也是我国政权人民性的集中体现。习近平总书记指出："一切国家机关工作人员，无论身居多高的职位，都必须牢记我们的共和国是中华人民共和国，始终要把人民放在心中最高的位置，始终全心全意为人民服务，始终为人民利益和幸福而努力工作。"① 人大及其常委会的选举任免权，是各级人民代表大会作为国家权力机关的必然要求和重要体现，是人民当家作主的重要制度保证，是人民代表大会制度的重要特点之一。

赋予人大及其常委会对国家机关主要领导人员行使选举任免权，对于保证人民当家作主，推进依法治国，构建和谐社会，具有重要的作用：有利于防止和克服权力的滥用和腐败，保证国家权力的正确行使和人民的当家作主地位；有利于推进依法治国，建设社会主义法治国家；有利于坚持科学发展观，推进社会主义和谐社会建设。

4. 监督权

监督权是人民代表大会代表人民行使的国家权力之一。从理论上讲，国家监督权力的基础是人民群众的民主监督，广大人民是实施国家监督的根本主体，人大代表人民行使监督权就成为国家监督体系的重要构成部分。在我国的政权体系中，人民通过人民代表大会行使国家权力，各级人大都由民主选举产生，对人民负责，受人民监督。国家行政机关、监察机关、审判机关、检察机关都由人大产生，对人大负责，受人大监督。人大与其他国家机关之间不是相互制衡的关系，而是产生与被产生、决定与执行、监督与被监督的关系。

根据《宪法》和有关法律，人大监督法律的实施情况和"一府一委两院"的工作。人大监督的目的是推动党中央决策部署贯彻落实，确保宪法法律全面有效实施，确保行政权、监察权、审判权、检察权得到正确行使，确保人民利益得到维护和实现。

---

① 习近平. 在第十三届全国人民代表大会第一次会议上的讲话 [M]. 北京：人民出版社，2018：2.

《各级人民代表大会常务委员会监督法》规定了人大常委会开展监督工作的七种法定形式。包括：听取和审议专项工作报告；审查和批准决算，听取和审议计划、预算执行情况报告和审计工作报告；组织执法检查；进行规范性文件备案审查；询问和质询；特定问题调查；撤职案的审议和决定。其中，前四种是经常性的监督形式。相比之下，质询，特定问题调查，撤职案的审议和决定这几种监督形式在实际工作中运用相对较少。

（二）人大监督职权的地位

人大监督权是行使立法权、决定权和任免权的保障。立法权、决定权和任免权的行使，一般是以监督权的行使作为前提，保证了立法权、决定权和任免权的顺利行使。

1. 国家实施宪法、法律法规和法制统一，是由人大监督权来保障的

一切法律法规若有与国家宪法背道而驰的情况，人大监督有权对这种情况加以更正。全国人大常委会对法律理解也有权通过法律解释裁定过程中的分歧。另外，法律、行政法规、各级地方性法规和自治条例的遵守执行情况由各级人大及其常委会逐级依法进行监督。若没有对宪法和法律实施情况的监督，立法权的设立对于人大而言形同摆设。

2. 人大监督权能够保障国家重要事项的决定和落实

国家重大事件只有全国人大及其常委会有权决定，地方各级人大及其常委会有权决定管辖区内的政治、文化、经济、教育、科学、环境、卫生、民政、民族等工作。监督权对保证决定权得以有效实施的关键在于：第一，人大监督可以保证决定的正确性，人民代表大会有权改变或撤销常委会做出不恰当的决定。第二，对决定进行监督。若没有以监督权作为后备保障，那么决定权在行使时就可能会出现不合时宜的决定，甚至做出了适当的决定后也未必能够顺利落实。

3. 人大监督权也能够有效的保障正确的人事任免的决定

国家机构工作人员的选举、任命、罢免和机构领导人的撤销，都是人大及其常委会可以行使的权力。只有在人大监督下的人事任免过程才能保障人

事任免的合法，这就是监督权对任免权的约束。第一，严格行使监督权就能够杜绝人事任免违法情况的出现，就可以保证任免权的法律地位。第二，只有监督国家党内机构人员忠于职守，忠诚为人民服务，把违反法律法规的党内人员清除出组织，提升国家各级政府权力部门和干部队伍的纯洁性和工作效率。

二、人大监督内容及特点

（一）人大监督的内涵

人大监督制度是人民代表大会制度的重要组成部分，在中国特色社会主义监督体系中居于最高位置。根据宪法法律的规定，人大及其常委会享有立法权、重大事项决定权、人事任免权和监督权四大方面的职权。《宪法》《全国人民代表大会组织法》《地方各级人民代表大会和地方各级人民政府组织法》《各级人民代表大会常务委员会监督法》明确规定，全国人大及其常委会有权对国务院、国家监察委员会、最高人民检察院、最高人民法院等国家机关进行监督，同时保证宪法、法律、行政法规在全国范围内的遵守和执行；地方各级人大及其常委会负责监督本行政区域内的"一府一委两院"，同时保证宪法、法律、行政法规在本行政区域内的遵守和执行。

因此，人大监督是人民和国家的最根本的监督，是人大及其常委会为了维护法制统一、宪法和法律的权威以及人民的根本利益，代表人民按照法律规定的内容和程序，对国家行政、监察、审判和检察机关的立法、执法、司法活动及其工作等内容进行监视、督促或管理，并采取监察、调查、纠正、处理等强制行为的权力。人大的监督，其实质是代表国家和人民进行的具有法律效力的监督，体现了国家一切权力属于人民的宪法原则。

（二）人大监督的主要内容

1. 立法监督

我国人大的立法监督指的是人大及其常委会对法律、法规及其他有关文件是否存在违反宪法、法律和人民意志的监督行为。设立立法监督主要目的是使一般法律不违背宪法的内容，各种文件同人民代表大会的法律、决议等相一致，进而维护国家的法制一体化。撤销同宪法、法律相抵触的行政法规、决定和命令，撤销同宪法、法律和行政法规相抵触的地方性法规和决议，撤销省级人大常委会批准的违背宪法和立法法的自治条例和单行条例。针对全国人大及其常委会制定的法律法规决定是否一致，全国人大常委会有权进行裁决，有违背授权目的的法规在必要时可以进行撤销授权。

在立法监督的过程中，当上一级的人大常委会发现效力较低的法规与效力较高的法规出现了相抵触的情况，上级人大常委会可作出撤销或者要求修改的决定；当同一机关制定的法律、行政法规、地方性法规、自治条例和单行条例、规章等，特别规定与一般规定不一致的，适用特别规定；新规定与旧规定不一致的，采用新规定；法律之间、行政法规之间对同一事项新的一般规定与旧的特别规定不一致，不能确定如何适用时，分别由全国人大常委会和国务院裁决；地方性法规与部门规章之间不一致时，由国务院提出意见。

2. 执法监督

人大的执法监督是指人大为了保障法律、法规在社会生活中贯彻执行而采取的手段和方式。全国人民代表大会监督宪法的实施。由各级常务委员会作为执行机关来组织本级人民代表大会的执法检查工作。各级人民代表大会常务委员会，每一年针对有关地方改革、区域发展等与人民利益息息相关以及关注度较高的重要问题，考察这些问题的相关律法条例的实施现状。常委会对照年度考察规划，依据简单、高效等原则，形成实施考察小组。考察小组的人员应该从该级人大常委会以及人大相关专门委员会中产生，同时可以有该级人大代表加入。考察完成后，考察小组应按时提交考察报告书，通过委员长或主任会议决议提交常委会审查。最后，应该向该级人大和公众通报常委会的报告审查说明，以及政府、法院或检察院的相关解决报告。

3. 财政监督

预算体现国家的战略和政策，反映政府的活动范围和方向，政府预算是立法机构监督行政部门施政的重要抓手，因此，对财政的监督在整个人大监督中，处于核心地位。我国的人大财政监督权，是指人大依照宪法的规定对政府财政收支计划的编制、审批、执行和决算等预算管理过程进行立法规范，并据此对政府编制的财政收支预算方案及其调整方案进行民主审查批准，对政府执行预算的过程情况和决算的真实性、合法性和有效性进行的专项检查和综合评价监督的权力。简单来说，人大审查和批准预算，就是使党的主张通过法定程序成为国家意志，保障党中央重大方针政策和决策部署在政府预算编制中得到贯彻；人大监督预算执行，就是通过监督财政资金的规范有效使用，保障党中央重大方针政策和决策部署得到落实。财政监督主要包括对国家和本地区内的经济计划和预算进行审查和批准；监督计划预算执行情况；审查和批准计划和预算执行过程中所做的部分调整和变更；审查和批准决算；听取和审议工作报告。

4. 人事监督

人大的人事监督指的是各级人民代表大会及其常务委员会对国家机关领导人及其工作人员进行的选举、任命、罢免、撤职等权力。人大的人事监督权力体现了人大与其他国家机关的关系，体现了人大作为全国最高权力机关的地位。全国人大有权选举、罢免国家主席、副主席，中央军委主席，国家监察委员会主任，最高人民法院院长和最高人民检察院检察长；可以根据中央军委主席的提名，决定中央军委其他组成人员；根据国家主席的提名，决定国务院总理的人选；根据国务院总理的提名决定国务院其他组成人员的人选。全国人大常委会在全国人大闭会期间，根据国务院总理的提名，有权决定各部部长的人选，但并不能决定副总理和国务委员的名单；根据中央军委主席的提名，决定中央军委其他组成人员；根据最高法院院长的提请，任命最高法院副院长；根据最高人民检察院检察长的提请，任命最高人民检察院副检察长、检查委员会委员、检察员等。

5. 军事和外交监督

全国人大对军队的监督体现在建立最高军事机关向人大报告工作的制度。军队处于国家最高权力机关的领导和监督下，由全国人大产生并对其负责。全国人大有权审批国家的重大军事问题，包括国防发展计划、裁军扩军问题、各种军事制度建立等。全国人大拥有对驻外全权代表的任命权；批准和废除同外国缔结条约和重要协定的权力；决定对外人员衔级的权力；听取国家领导人出访报告和外交报告等权力。

（三）人大监督的特点

1. 法律性

人大监督是依据我国的宪法。我国的宪法不仅规定了人大的地位和性质，还明确地表明了人大的作用和权力。因此，人大监督具有宪法所赋予的强制力和约束力，受其赋予使命的人大监督则具有其他监督不可比拟的权威性。因此，人大的监督从一定意义上来看便是法律的监督，在人大的监督权行使过程中无论是听取政府的工作报告、审计决算抑或是对于领导人员进行罢免等工作都需要严格依照法律法规的界定与规制。

2. 权威性

人民代表大会是我国的权力机关，各级行政机关、审判机关和检察机关由它产生，并对它负责，不受其他国家机关的牵制，在整个国家机构体系中居于最高地位。人民代表大会是我国国家权力机关，拥有最高监督权，这种监督不是平行的相互监督，而是权力机关对这些国家机关实行的单向监督，二者之间有着明确的监督与被监督的关系。凡全国性的重大问题，都由全国人民代表大会及其常务委员会作出决定或者由它授权的国务院作出决定。全国人大常委会有权监督各级国家机关；地方各级人民代表大会及其常务委员会则有权决定地方性的重要事项。全国人大作为最高权力机关处于最高的首要的地位，没有一个国家机关可以超越它，也没有一个国家机关与它并列。因此，人民代表大会代表的是人民的意志，行使的是国家的监督权，人民代表大会的监督权具有权威性。

3. 全面性

在我国，人民代表大会的监督占据着整个监督体系的龙头位置，全国人大作为国家权力机关，不仅拥有制定法律的权力，还有产生国家机关的权力；不仅监督执法机关的工作，还是监督法律的实施；不仅决定党和国家的各种重大战略问题，而且还通过监督来保证方针政策的贯彻实施。人大监督着眼于整个国家经济社会发展全局，及时回应社会公众关注的热点问题，从全局的角度对各个国家机关法律执行情况、工作开展状况进行监督。因此，人大监督具有全面性，国家和社会中的各个方面都属于人大的监督范围。

（四）人大监督的法定方式

1. 听取和审议专项工作报告

人大常委会听取和审议"一府一委两院"的专项工作报告是法定的监督形式，也是使用最多、最经常的一种形式。人大常委会听取和审议专项工作报告既是履行监督职责，也是行使国家权力、参与管理国家事务。人大常委会听取和审议专项工作报告的鲜明特点在于，人民群众关心关注什么，人大就听取哪方面报告，人大监督工作就推进到哪里。根据2022年十三届全国人大五次会议上的全国人大常委会工作报告，2021年全国人大常委会听取审议31个报告，检查6部法律实施情况，进行2次专题询问，开展7项专题调研，作出1项决议。涉及经济、生态环保、社会事业等领域。如在经济领域，常委会听取审议关于国民经济和社会发展计划执行情况的报告，定期分析经济形势，跟踪监督经济运行情况，确保大会批准的计划全面贯彻落实；听取审议关于加快构建新型农业经营体系、推动小农户和现代农业发展有机衔接情况的报告；听取审议关于建设现代综合交通运输体系有关工作情况的报告并开展专题询问。

为了提高审议质量，全面了解客观情况，抓住主要矛盾和矛盾的主要方面，在专项工作报告议题确定后，人大常委会组成人员会提前开展调研，了解实际情况，听取各方意见建议。人大常委会工作机构将常委会组成人员、人大代表调研中了解的情况和问题、以及社会各方对相关工作的意见建议及时汇总交给有关部门，在起草报告时研究并予以回应，以使报告更具有针对性。在审议前，有关专门委员会和常委会工作机构会开展深入调研，具体分析报告所涉问题形成调研报告印发会议，作为常委会组成人员审议发言的重要参考。

常委会组成人员、列席人员对专项工作报告的审议意见汇总整理成常委会会议审议意见，送"一府一委两院"研究处理。"一府一委两院"将研究处理情况向常委会提出书面报告；常委会认为有必要时，可以作出决议，并要求在规定期限内，将执行决议的情况向常委会书面报告。有关专门委员会、常委会工作机构要做好后续跟踪问效工作，督促有关部门认真研究吸纳审议意见和调研报告提出的意见建议，切实加强和改进工作，并按时向人大报告改进落实情况。如有必要，还可安排听取审议改进落实情况的报告，持续开展监督。

2. 组织执法检查

执法检查是人大重要的监督形式之一，是保证法律得到全面有效实施的"利剑"。执法检查首先是对"一府一委两院"实施法律情况的检查，可以督促和推动相关国家机关依法行使职权，保证法律法规全面正确有效实施。执法检查本身也是对人大工作的检查，可以检查人大制定的法律是否符合实际、有效管用。通过检查发现法律实施中的突出问题和薄弱环节，进一步修改完善法律制度。执法检查还是一个法律宣传普及的过程，可以促进政府、企业、公众增强法治观念和法律意识，自觉履行法定责任和法律义务，推动全社会形成尊法守法学法用法的良好氛围。

选好检查项目是执法检查的前提和基础，其重点是要抓住经济社会发展中急需解决的人民群众普遍关心的热点、难点问题。确定检查有关法律法规的实施情况是组织执法检查的重要环节。全国人大常委会组织的执法检查一般由委员长、副委员长担任组长，带队赴地方开展检查；地方人大常委会组织的执法检查则一般由主任、副主任带队。考虑到全国地域广阔，全国人大常委会和省级人大常委会根据需要可以委托下一级人大常委会，对有关法律法规在本行政区域内的实施情况进行检查，以扩大执法检查覆盖面。例如，第十三届全国人大常委会用3年时间先后开展大气污染防治法、水污染防治法、土壤污染防治法的执法检查。2021年3月29日，全国人大常委会固体废物污染环境防治法执法检查组第一次全体会议在京召开。本次固体废物污染环境防治法执法检查是第4年对生态环保领域重要法律实施情况进行的检查，通过执法检查，推动新修订的固体废物污染环境防治法得到全面贯彻落实。

执法检查的方式方法十分灵活。检查组赴地方时常采用前期调研、听取汇报、召开座谈会、个别走访、抽样调查、实地考察等多种形式，多方了解和掌握法律实施的真实情况。近些年还采用了第三方评估、暗查暗访、跟踪、典型案件、法律知识问卷调查等方式，增强监督实效。执法检查报告是解决问题、完善制度的重要依据。执法检查报告用准确、详实、有说服力的案例和数据如实反映法律实施情况，特别是存在的问题，并提出明确具体的落实法律的要求，政府和有关方面必须严格履行的法律责任。执法检查报告提交常委会会议审议时，常委会组成人员充分发表意见，同时选择部分执法检查项目，结合审议开展专题询问，推动解决执法检查中发现的重点问题。人大常委会会议后，常委会组成人员的审议意见连同执法检查报告一并交"一府一委两院"研究处理。"一府一委两院"将研究处理结果送人大专门委员会或常委会有关工作机构征求意见后，向常委会提出报告，常委会根据实际情况安排审议或组织跟踪监督。

3. 审批计划及预决算报告

计划和预算是关系国计民生和人民群众切身利益的大事。根据宪法和有关法律规定，人大常委会审查和批准预算、决算，听取和审议国民经济和社会发展计划、预算执行情况报告、审计工作报告，对五年发展规划情况进行中期评估等。

人大常委会对计划执行情况的监督，主要依据《宪法》《地方各级人民代表大会和地方各级人民政府组织法》《各级人民代表大会常务委员会监督法》等法律开展工作。国务院一般应在每年8月向全国人大常委会报告上半年计划执行情况，当经济运行发生重大变化时，应向全国人大常委会报告并作出说明。全国人大财政经济委员会一般在4月、7月和10月中旬分别召开全体会议，听取国务院有关部门关于一季度、上半年、前三季度国民经济运行情况的汇报，并进行分析研究。《各级人民代表大会常务委员会监督法》对县级以上地方各级人民政府在6月至9月期间向本级人大常委会报告本年度上一阶段国民经济和社会发展执行情况，及各级人大常委会听取审议报告的审议意见的研究处理等提出了明确要求。

4. 规范性文件备案审查

规范性文件是指除宪法和法律以外的政府法令、地方律法、自治区管理规定、国务院章程、地方政府规章以及其他由国家机关制定的决议、决定、命令和司法解释等。《全国人民代表大会组织法》规定了各专门委员会可承担审议常委会交付的被认为是同宪法和法律相抵触的政府法令、地方法律等规定类文件的工作。政府法令、地方法律、自治区管理规定、国务院章程的登记、审核以及撤销等，应该严格依据《立法法》的相关条例进行。人大法律委员会与相关专项委员会通过仔细审核，如果发现最高法院或最高检察院制定的具体法令与现行法律相冲突，但是最高法院或最高检察院不进行更改和废除的，可以提交议案要求最高法院或最高检察院进行更改和废除，也可以提交由人大常委会说明的相关议案，通过委员长会议的决议后，向常委会提交商议。省、自治区、直辖市的人民代表大会有权改变或者撤销其常务委员会制定的和批准的不适当的地方性法规。地方人大常委会有权撤销本级人民政府制定的不适应的规章。根据十三届全国人大四次会议上的全国人大常委会工作报告，2020年全国人大常委会共收到报送备案的规范性文件1310件，逐件进行主动审查；围绕疫情防控、民法典实施等五个方面开展专项审查和集中清理，发现需要修改或废止的规范性文件3372件，为维护宪法法律权威和尊严，促进国家法治统一发挥了重要作用。

5. 询问和质询

询问是指人大常委会会议审议议案和有关报告时，本级人民政府或有关部门、监察委员会、人民法院或人民检察院应派有关负责人到会，听取意见、回答常委会组成人员和列席人员的提问，是一种面对面的监督方式。询问的目的在于提高审议质量，更好发挥监督作用。

专题询问的形式是一问一答，有问有答。根据十三届全国人大四次会议上的全国人大常委会工作报告，自十三届全国人大三次会议以来的10个月，全国人大常委会进行了2次专题询问。在专题询问前，全国人大相关专门委员会和常委会工作委员会围绕议题提前开展调研，认真提出亟须解决的突出问题，作为专题询问的重点。在专题询问中，全国人大常委会组成人员和列席会议的全国人大代表既可事先报名参加询问，也可以现场主动提问，若对回答情况不满意，还可以继续进一步追问。"一府一委两院"的应询人员直面热点难点，回答问题实事求是，对能立即解决的问题当场答复，对需要逐步解决的问题提出改进工作的努力方向，现场不能答复或不能充分答复的，则说明情况并于会后及时书面答复。

质询权是宪法法律赋予各级人大及其常委会的一项重要职权，是人大依法开展监督工作的重要方式，是一种较为刚性的监督形式。质询是指人大常委会组成人员有权依照法律规定的程序对"一府一委两院"工作中不清楚、不理解、不满意的方面提出质询，受质询机关必须负责答复。

6. 特定问题调查

特定问题调查是国家权力机关就某一专门问题所进行的调查活动，是国家权力机关行使监督权的一种非常举措。各级人大常委会对属于其职权范围内的事项需作出决议、决定，但有关重大事实不清的，可组织关于特定问题的调查委员会开展特定问题调查。特定问题调查委员会由本级人大常委会组成人员和本级人大代表组成，可聘请有关专家参加调查工作，是临时设立的组织，非常设机构。根据十三届全国人大四次会议上的全国人大常委会工作报告，2020 年全国人大常委会共开展专题调研 6 项。其中，开展"十四五"专题调研，形成了 22 份专题调研报告，为"十四五"规划纲要编制"支招"。

7. 撤职案的审议和决定

撤职案的审议和决定在实际工作中运用较少。根据《各级人民代表大会常务委员会监督法》规定，可以向本级人大常委会提出撤职案的主体有三类：常委会组成人员五分之一以上联名提出；县级以上地方各级人民政府、人民法院和人民检察院；县级以上地方各级人大常委会主任会议。撤职或罢免适用的对象包括个别政府副职领导人、人大常委会决定任命的本级人民政府其他组成人员；各级人民法院院长、人民检察长以外的由人大常委会任命的审判、检查人员。

（五）人大监督的重要意义

1. 助力推动党中央决策部署贯彻落实

党的十八大以来，党中央围绕社会各个方面陆续部署实施了一系列改革任务，其中，不断健全和完善人民代表大会制度是新时代的一项重点工作。2014 年，习近平总书记指出："新的形势和任务对各级人大及其常委会工作提出了更高要求。要按照总结、继承、完善、提高的原则，推进人民代表大会制度理论和实践创新，推动人大工作提高水平。"健全和完善人大监督工作制度，支持和保证人大依法独立行使监督权，成为健全、发展和完善人民代表大会制度的重要内容，有利于加快推动党中央决策部署贯彻落实，充分发挥人民代表大会制度在国家治理体系中的根本政治制度作用。

2. 确保宪法法律全面有效实施，推进全面依法治国建设

根据宪法法律的规定，各级人大及其常委会负有对"一府一委两院"执法、司法、行政工作等事项的监督职权，通过监督以督促宪法法律得到切实有效的贯彻执行，从而实现维护法制统一和宪法法律权威的目的。人大监督权在中国特色社会主义监督制度体系中居于最高位置，如果离开人大监督，最高权力机关将失去最有效的治理手段，其地位和权威性将会受到质疑。在新时代，一方面，人大监督职权将全面拓展。例如，《中华人民共和国预算法》（以下简称《预算法》）的修正就是强化人民代表大会制度监督功能的生动诠释。《预算法》加强了人大对政府预算的全方位监督以及实质审查。另一方面，人大监督职能将进一步常态化。人大的监督将不仅仅局限于以往以听取工作报告为主要形式的事后监督，而是不断强化事前监督与事中监督，通过执法监督与工作监督的常态化，实现全过程的监督。因此，也只有不断强化人大监督职权，健全完善人大监督制度，才能为人大及其常委会行使监督权提供制度支撑，才能切实发挥监督实效，保证宪法法律得到贯彻执行，维护法制统一。

3. 确保国家权力得到正确行使，规范权力运行机制

习近平总书记指出："人民代表大会制度的重要原则和制度设计的基本要求，就是任何国家机关及其工作人员的权力都要受到监督和制约。"监督旨在通过察看被监督者进而采取督促、纠正和处理等行为方式促使权力主体依法正确行使权力。要想发挥好监督实效，需赋予监督主体实体性的监督权限，以及适度的、刚性的、有效的监督手段，并以完备的正当法律程序作为制度保障。健全完备的法律制度是制度被有效贯彻落实和权力得以有效运行的前提基础。健全完善人大监督制度能够为人民代表大会制度运行提供规范基础，进而为行使监督权，督促被监督者依法正确行使权力、履行职责提供强有力的后盾。例如，人大作为立法机关进行绩效监督，一方面有利于推动全面预算绩效管理工作提质增效，提高财政部门和主管部门、预算单位对预算绩效管理的重视程度，使得每笔财政资金都产生其应有的效益。另一方面，有利于发挥人大代表的参政议政功能，提升政府执政的公信力，进一步规范权力运行。

4. 确保人民权益得到根本维护和实现

我国的人大监督其根本目的在于维护和实现人民的根本权益，巩固人民当家作主的主体地位。人民代表大会制度是人民的代议机关，人大监督权存在的正当性源于人民的授权，人大监督制度出于维护人民的根本利益而创设。过去，人大代表联系群众缺乏有效的平台与制度支撑，各地根据《全国人民代表大会和地方各级人民代表大会代表法》建立"代表小组"作为联系群众的平台，但由于缺乏常态化的工作机制，导致人大代表与人民群众之间的联系碎片化，人大代表联系群众的效果不佳。① 在新时代，健全完善人大监督制度，进一步提升人民代表大会制度联系人民群众的功能，拓宽和提高人民监督公权力活动的渠道与便利性是人大及其常委会充分实现代表民意的重要举措。只有人民的利益被代议机关充分代表，只有代议机关始终同人民群众保持密切联系，并充分发挥代议机关的传导功能，才能维护好、实现好、满足好人民群众的根本需求。

---

① 储建国. 人大代表如何更好地收集民意 [J]. 人民论坛，2016（10）：6.

▌第二章▐

政府预算监督体系
与新时代人大预算监督

本章导读： 我国人大预算监督具有鲜明的中国特色，跨入新时代人大预算监督的重要地位更加凸显，在构建国家治理能力和治理体系现代化的进程中，财政是国家治理的基础和重要支柱，相应的，人大预算监督在推动国家治理体系现代化中具有重要作用。在预算多元监督中，人大监督与党的监督及其他监督共同发挥作用，从各方面规范政府收支行为，共同推动我国国家治理能力和治理体系现代化。本章阐述了政府预算监督的内涵、特点与监督体系的构成，分析了人大预算监督的定位与特质，以及人大预算监督与国家治理体系现代化。

第一节　我国政府预算监督的内涵及特点

预算参与者可分为两类：预算监管者和预算执行者。预算监管者负责守护国库，并制定对应的规则对预算执行者施加压力，促使他们对有限的公共资源进行合理的配置和使用；预算执行者包括大量的独立预算机构，在我国主要是各级预算部门和预算单位，他们每年都从国库中争取资金以实现其职能。预算执行者的目标是实现其职能范围内可支配预算资源的最大化，预算监管者的目标则是实现不同政策之间预算资源配置的最优化。由于二者目标不完全一致，因此，预算监管者对预算执行者的监督非常必要，只有这样才能确保预算执行者的行为不偏离公共需要。美国预算专家普雷姆詹德①则分

---

① A. 普雷姆詹德. 预算经济学［M］. 周慈铭，等译. 北京：中国财政经济出版社，1989.

析了预算支出中可能存在腐败及其三种情况：即为个人目的而挪用或滥用公款、某个机构的公务员利用拨款权力谋取私利、政府官员改变支出的政策法律或者按照个人或特定团体的利益解释法律。

一、我国政府预算监督的内涵

政府预算监督是指在预算的全过程中，对有关预算主体筹集和供应预算资金等业务活动依法进行的审查、检查、督促和制约，是政府预算管理的重要组成部分。狭义的政府预算监督是指财政机关在财政管理过程中，依照法定的权限和程序，对各级政府预算依法运行所实施的检查、监督等活动。而广义的政府预算监督是指预算监督体系中具有监督权的各主体，依照法定的权限和程序，对各级政府预算的合法性、合规性、真实性、有效性等所实施的审查、检查和监督行为，具体包括立法监督、司法监督、政府监督、财政监督、审计监督和社会监督等。

广义与狭义预算监督的主要区别在于，预算监督主体范围的不同以及由此引出的监督内容和监督方式的不同。两者所指的监督对象是一致的，均为收取与接受财政资金的相关组织与个人，具体包括国家机关、事业单位、国有企业和其他组织及个人等。但两者的监督主体则不完全相同。狭义的预算监督主体比较集中明确，即财政机关，而广义的预算监督主体则不仅限于财政机关，还包括国家立法机关、司法机关、法定的有关国家监督机构、审计机关、社会中介机构、社会公众等，从而构成了一个多元的预算监督体系。①

二、我国政府预算监督的特点

关于对政府预算的监督，不仅在政府及部门内部要有一整套内部监督制度，在政府及部门之外还存在较全面的外部监督体系，因此对政府预算进行的监督与其他行政监督相比，具有其自身的特点。

---

① 本章的政府预算监督指广义的预算监督。

（一）预算监督依据的法律性

政府预算监督是依法进行的监督。政府预算反映了政府活动的范围和方向，体现了很强的政策性，同时必须以国家的财经法律、法规为依据进行。离开了国家的财经法律法规，对政府预算的监督也就失去了监督的依据和标准，预算监督也就会失去其应有的效力。因此，依法监督是政府预算监督必须坚持的基本点，只有做到依法监督，才能不断提高政府预算监督的客观性、公正性和有效性。

（二）预算监督体系的层次性

政府预算监督是多层次、多元化的立体监督，由于政府预算活动的主体是政府机关及预算部门和单位，如果仅靠政府机构自身对预算活动进行内部监督，而缺乏有效的外部监督机制，则难以保证对政府预算监督的客观公正性。因此，除政府层面的内部监督外，还必须有来自立法、司法以及社会监督等层面的外部监督。这些监督主体涵盖了立法层面、司法层面、政府层面和社会层面，在我国还包括党的层面，以体现党的领导。上述各方共同组成了对政府预算进行监督的立体网络，这些不同的预算监督主体从各自的职责出发，既有自身的监督重点，又相互协同地依法对政府预算进行监督，通过这种多层次的、全方位的立体监督，可以构成有效的政府预算监督体系，能够切实保证预算监督的全面、客观、公正。

（三）预算监督对象的广泛性

一国的政府预算随着多级政府的构成一般由中央（联邦）预算和地方预算组成，地方预算又由下级预算汇总而成。可以看出，政府预算活动纷繁复杂，波及面广，对国家和地区的政治、经济和社会生活具有重大的影响。为保证政府预算的合理、合法和高效，必须对其活动内容进行全面、系统的监督，使政府的预算活动真正处于公众的有效监督之下，从而体现出公共财政体系下政府预算的公共性。正因为如此，对政府预算进行监督的对象具有广泛性的特点。

(四) 预算监督过程的全面性

政府预算活动是一项大的系统工程。它既涉及预算政策的制定，也涉及预算的编制与执行、预算的调整与决算。这中间的每一个环节都关系到社会经济生活的正常运行，都需要对其进行有效的监督，以免出现不应有的失误。政府预算监督是对预算主体的预算活动进行全过程的监督。这种监督活动是通过预算业务活动而实现的，这中间既包括对预算主体的决策行为即预算编制环节的监督，也包括对预算执行、预算调整、决算、绩效等各个环节的监督，这种监督贯穿于整个预算活动的始终，因而是一种全过程、全方位、多环节的监督。

(五) 预算监督形式的多样性

政府预算政策性强，涉及不同的利益和分配格局，对预算进行监督，只靠单一的形式是无法满足监督需要和保证监督效果的，因此，必须采取多种监督形式，多渠道进行监督。各个监督主体可以根据各自的工作性质和工作特点，采取不同的形式进行预算监督。如立法监督可以采取的监督形式有：审查和批准政府预算、预算调整及决算、对重大事项或特定问题组织调查、对政府预算提出询问或质询、听取预算执行情况的报告等；政府监督可以采取进行监督检查、进行专题调查、接受执行情况汇报等途径；审计监督要对政府预算进行定期或重点审计等。随着现代信息社会的发展，在互联网、大数据的支持下，预算联网监督将会成为预算监督的重要形式。

政府预算监督具有的这些特点就要求既要根据各预算监督主体不同的工作特点实施各种专业化的监督，又要使预算监督不同主体之间相互协调配合，只有这样，才能不断强化预算监督，提高预算监督的效果。

第二节 我国政府预算监督体系的构成

一、我国政府预算监督体系的构成

进入新时代，在迈向国家治理现代化的过程中，我国形成了多元参与共同治理的政府预算监督体系，主要包括立法监督、司法监督、行政监督（含政府监督、财政监督、财会监督、审计监督等）、社会监督等，在我国还包括党的监督。

（一）党的监督

党的监督体现具有中国特色的预算监督，是完善预算决策机制和程序的重要形式，体现党对政府预算工作的战略定位、方向指引和预算过程的监督。具体表现在，一是有关预算改革的重要指示和文件一般都由党中央提出，体现在党的重要文件中，经过人大立法使得党的主张通过法定程序成为国家意志，再由政府落实，人大监督。如党的十八大提出"加强对政府全口径预算决算的审查和监督"。这是首次在党代会的报告中如此具体地要求各级人大及其常委会加强对政府财政预算监督，严格对政府"钱袋子"的控制。党的十八届三中全会又进一步提出"加强人大预算决算审查监督、国有资产监督职能"，等等，为落实党的主张，在《预算法》中建立了以"四本预算"为标志的全口径预算体系，出台了《关于建立国务院向全国人大常委会报告国有资产管理情况制度的意见》《关于建立预算审查前听取人大代表和社会各界意见建议的机制的意见》《关于改进审计查出突出问题整改情况向全国人大常委会报告机制的意见》《关于人大预算审查监督重点向支出预算和政策拓展的指导意见》等一系列制度规范。在监督程序上，我国各级预算、决算草案提请本级人大或其常委会审查批准前，应当按程序报本级党委和政府审议；各部门预算草案应当报本部门党组（党委）审议。

（二）立法监督

立法机关对政府预算的监督主要是通过两种方式进行：一是通过立法实施监督。立法监督实际上渗透于整个政府预算监督之中。它分为两个层次，即宪法层次的监督和专门法（如我国的《各级人民代表大会常务委员会监督法》《预算法》等）层次的监督。对于立法机关而言，宪法层次的监督是其特有的并且是根本性的，因为宪法直接决定着监督机构的地位和权限。二是通过审查、批准政府预算以及对预算执行及其结果绩效的监督对政府预算施加影响。

（三）司法监督

司法机关主要是指各级检察机关和各级法院。检察机关对政府预算的监督集中体现在：依法对国家机关工作人员和全体公民是否遵守国家财经法律、法规实行监督；对严重违反财经纪律的行为提起公诉；对其他预算监督机关的执法行为是否合法进行监督。人民法院对政府预算的监督主要通过人民法院刑事审判权和审判监督程序来实现。

司法监督的特点是预算监督权控制在司法系统，它能从法制的角度及时、有效地纠正政府预算相关部门及其工作人员的各种违法和不当的行为，能够增强对违法案件的处理力度。与其他监督不同的是，司法监督属于事后监督，即一旦预算主体在预算活动中发生了违法行为，即追究其法律责任，有利于保证预算监督的独立性和权威性。

（四）行政监督

行政监督包括政府监督、财政监督，在我国还包括审计监督。政府监督主要是指一级政府或上级政府对下级政府的预算进行监督的一种方式。财政监督是指财政部门对政府预算的监督，在政府预算编制和执行过程中起重要作用，是整个政府预算监督体系的重要组成部分。财政部门在进行财政管理活动时，依照法律赋予的权限和程序，有权对各预算部门及单位预算是否合法守规、完整真实、节约有效等实施检查、稽核和监督等活动。审计监督，在现代国家治理中发挥着国家利益捍卫者、公共资金守护者的重要作用，是规范权力运行和反腐败的利器。审计机关通过审查和评价政府预算的活动，确定政府预算是否符合法律要求，收支是否准确记录，是否进行了充分的内部控制等，最终达到维护国家财政经济秩序、促进廉政建设、保障国民经济健康发展的目的。审计监督具体是由审计机关的审计人员运用专门的方法对被审计对象，即政府预算部门及单位的预算执行过程和结果进行的检查，其特点是独立性和专业性强，因此审计机关通常独立于政府，目前在我国审计机关还属于行政系列，但随着我国中央审计委员会的组建及运行，我国的审计将由政府审计上升为国家审计，我国审计发展进入新时代。

（五）财会监督

习近平总书记在十九届中央纪委四次全会上发表重要讲话，强调要完善党和国家监督体系，以党内监督为主导，推动人大监督、民主监督、行政监督、司法监督、审计监督、财会监督、统计监督、群众监督、舆论监督有机贯通、相互协调。

财会监督是依法依规对国家机关、企事业单位、其他组织和个人的财政、财务、会计活动实施的监督，是党和国家监督体系的重要组成部分。新时代财会监督不是传统意义的财政监督、财务监督和会计监督的简单加总，而是三者的有机融合和凝练升华，是涵盖了财政、财务、会计监督在内的全覆盖的一种监督行为。要构建起财政部门主责监督、有关部门依责监督、各单位内部监督、相关中介机构执业监督、行业协会自律监督的财会监督体系，在党和国家监督体系中发挥基础性、支撑性作用。

（六）社会监督

预算的社会监督包括的内容非常广泛，贯穿政府预算的每个环节。社会监督包括：（1）社会中介机构（如会计、审计、绩效、资产评估机构等）监督，其对预算部门及单位的监督主要是源于前述监督主体的预算监督职能的部分让渡以及预算部门及单位内部监督社会化的要求。社会中介机构是我国经济监督工作中的一支重要力量，其开展的社会监督工作对维护市场经济秩序和促进政府职能转变具有重要作用。社会中介机构对预算部门及单位的监督是对财政部门监督和审计部门监督的有益补充，在促进预算部门及单位完善内部控制和提高管理水平等方面发挥了积极的作用。（2）社会舆论监督。社会舆论监督贯穿于预算监督的各个环节。社会公众通过发表自己的意愿和看法，对政府的预算进行监督。特别是通过广播、电视、报刊、网络等媒体的监督，对政府预算的合法实施具有十分重要的作用。在政府预算方面，舆论监督主要是监督各级国家机关及其公职人员是否严格遵纪守法。由于舆论监督的影响最广，见效最快，因而其在政府预算监督体系中发挥着不可替代的重要作用。

社会监督的特点是，尽管这种监督并不必然引起某种法律程序或后果，但是有助于及时充分地发现问题、反映情况，并且社会监督主体具有广泛性，是民主政治发展的重要体现。这种监督贯穿于预算监督的各个环节，可以使社会公众发表自己的意愿和看法，是现代预算制度中一种十分重要的监督形式。

专栏2-1　党和国家对监督体系及监督方式的要求

中共中央总书记、国家主席、中央军委主席习近平在中国共产党第十九届中央纪律检查委员会第四次全体会议上发表重要讲话，习近平强调要完善党和国家监督体系，统筹推进纪检监察体制改革，提出了党内监督、人大监督、行政监督、审计监督、社会监督等十种监督是构建党和国家监督体系的重要组成部分。习近平强调，要完善党和国家监督体系，统筹推进纪检监察体制改革。要继续健全制度、完善体系，使监督体系契合党的领导体制，融入国家治理体系，推动制度优势更好转化为治理效能。要把党委（党组）全面监督、纪委监委专责监督、党的工作部门职能监督、党的基层组织日常监督、党员民主监督等结合起来、融为一体。要以党内监督为主导，推动人大监督、民主监督、行政监督、司法监督、审计监督、财会监督、统计监督、群众监督、舆论监督有机贯通、相互协调。纪委监委要发挥好在党和国家监督体系中的作用，一体推动、落实纪检监察体制改革各项任务。① 这是党和国家对强化和坚持党和国家监督体系，强化对权力运行的制约和监督做出的重大制度安排，提出了以党内监督为主导的十大监督体系需有机贯通和相互协调，明确了党和国家监督体系的架构。财政是国家治理的基础和重要支柱，党和国家重大政策的落实、部门与机关的运行都离不开财政。因此，以预算收支为主线进行监督是党和国家监督体系中重要的组成部分。

专栏2-2　对预算监督体系及监督方式的法律规定

《预算法》第八十三条规定：全国人民代表大会及其常务委员会对中央

---

① 2020年1月13日，中共中央总书记、国家主席、中央军委主席习近平在中国共产党第十九届中央纪律检查委员会第四次全体会议上发表重要讲话。

和地方预算、决算进行监督。县级以上地方各级人民代表大会及其常务委员会对本级和下级预算、决算进行监督。乡、民族乡、镇人民代表大会对本级预算、决算进行监督。

第八十四条规定：各级人民代表大会和县级以上各级人民代表大会常务委员会有权就预算、决算中的重大事项或者特定问题组织调查，有关的政府、部门、单位和个人应当如实反映情况和提供必要的材料。

第八十五条规定：各级人民代表大会和县级以上各级人民代表大会常务委员会举行会议时，人民代表大会代表或者常务委员会组成人员，依照法律规定程序就预算、决算中的有关问题提出询问或者质询，受询问或者受质询的有关的政府或者财政部门必须及时给予答复。

第八十七条规定：各级政府监督下级政府的预算执行；下级政府应当定期向上一级政府报告预算执行情况。

第八十八条规定：各级政府财政部门负责监督本级各部门及其所属各单位预算管理有关工作，并向本级政府和上一级政府财政部门报告预算执行情况。

第八十九条规定：县级以上政府审计部门依法对预算执行、决算实行审计监督。

第九十条规定：政府各部门负责监督检查所属各单位的预算执行，及时向本级政府财政部门反映本部门预算执行情况，依法纠正违反预算的行为。

第九十一条规定：公民、法人或者其他组织发现有违反本法的行为，可以依法向有关国家机关进行检举、控告。接受检举、控告的国家机关应当依法进行处理，并为检举人、控告人保密。任何单位或者个人不得压制和打击报复检举人、控告人。

资料来源：《中华人民共和国预算法》。

二、政府预算监督的过程

（一）事前监督

事前监督是指预算监督主体对监督客体中将要发生的经济事项，包括正在酝酿之中的经济事项和准备付诸实施的经济事项，以及与其相关的行为的合法性、合规性、合理性依法进行审核，进而保障经济事项步入预定轨道的一种预算监督管理活动。事前监督是全部预算监督工作的基础环节，对规范政府预算管理具有重要作用。其最大的好处在于可以在先期防范监督客体进行不符合国家法律、行政法规、规章制度的事项，能够较好地起到预防和降低财政风险的作用。同时事前监督也能够起到完善规章制度以及纠正管理工作行为的作用，及时提出改进的合理化建议、措施和方法，促进预算管理工作的科学化、民主化和高效率。

（二）事中监督

事中监督也被称为日常监督，是指通过对预算监督客体中已经发生但尚未完结的经济事项及其运行过程，以及其中发生的各类行为的合法性、合规性依法进行审查，进而保证经济事项在预定的轨道中正常运行的预算监督管理活动。简言之，事中监督是对正在运行中的预算活动进行的监督检查，是政府预算监督的重点环节，对强化预算监督具有重要的作用。政府预算活动的实践证明，在实际工作中，大量的问题往往产生于预算活动的运行过程中，因此需要预算监督主体投入大量的精力来对预算活动的过程加强控制。

（三）事后监督

事后监督是指对预算监督客体中已经完结的经济事项及其运行结果，以及与结果相关的各类行为的合法性、合规性进行审查，进而保障经济活动不脱离运行轨道的一种预算监督管理活动。它是整个政府预算监督过程中的重要补充环节，对于完善预算监督管理具有重要作用。事后监督是以查明监督客体所产生的预算活动结果的真实程度为主要工作内容的，其目标在于研究监督客体的预算管理状况，并且针对其中存在的问题，提出对提高预算管理工作质量有促进作用的完善性措施。

上述按不同监督主体分类的政府预算监督的层次体系以及按时间顺序的政府预算监督流程控制，与政府预算管理的预算准备、预算编制、预算执行、预算评价各环节的关系，见图 2-1。

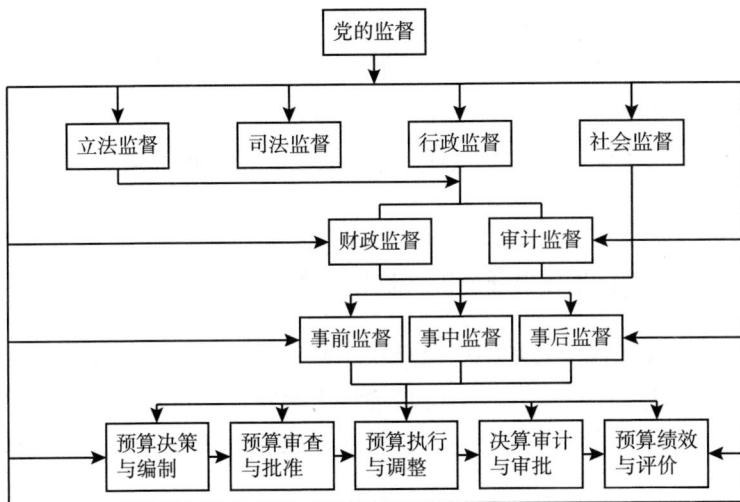

图 2 - 1　政府预算监督层次体系与流程环节控制

第三节　新时代人大预算监督的定位及特质

一、新时代人大预算监督的定位

我国的人民代表大会制度是在坚持中国共产党的领导、坚持中国特色社会主义道路、坚持人民民主专政与坚持依法治国的政治理念中探索出来的，经得起时间的检验，体现中国特色的政治制度，人大预算监督是中国特色人大监督制度的重要内容。

（一）人大预算审查监督在预算监督体系中具有核心地位

我国的政府预算监督体系是在党的领导下，以人大监督为主导依法进行的监督，人大作为立法机关的监督是法律性、权威性、独立性最强的监督形式及途径。人大预算审查监督是人民代表大会制度的重要组成部分，是人大履行《预算法》《各级人民代表大会常务委员会监督法》等法定职权的重要载体、重要任务和重要体现。人大预算监督制度指各级人民代表大会及其常

务委员会、下设的各个专门委员会、各个工作委员会以及人大代表从事的有
关预算监督的活动的制度安排。人大预算审查监督制度作为人民代表大会制
度的一个组成部分，在党的领导下，通过依法履行审查监督职责，对坚持和
完善人民代表大会制度，推进依法行政、依法理财，推进建立现代财政制度，
发挥着重要作用。

（二）人大履行受托责任是监督政府预算的实质

凡是具有委托代理关系的组织都存在监督行为，而监督之所以存在，就
是为了代委托人监督代理人，以维护委托人的利益。可以说，监督就是履行
受托责任的过程。在政府预算这一典型的公共型委托代理关系中，公众以缴
税为对价委托政府提供所需公共产品和服务，然而由于政府在汲取和使用公
共资金的过程中容易产生机会主义行为，因此公众有必要委托代表他们利益
的立法机关来监督和约束政府的收支行为。因此，人大监督政府预算的行为
实质上就是在履行其对公众的受托责任，这对政府预算的监督非常重要。

（三）人大权力的赋予是监督政府预算的保证

监督在某种程度上是权力的代名词，只有拥有相应的权力才能行使有力
的监督。权力与权利的含义不同，根据《辞海》解释，权力是政治上的强制
力量，而权利则与"义务"相对①。对于人大而言，宪法规定的权利只有在
赋予了一定权力后才能得到保障，否则其监督将得不到根本落实。一般来说，
作为被监督的政府预算具有典型的垄断性，特别是集权型国家，一个国家只
有一个政府，不存在不同政府之间的竞争；而政府内部是官僚制组织结构，
是上下级的行政关系，不是平等的竞争关系。因此，政府的垄断性直接导致
了监督政府预算的难度很大，对监督主体的权力提出了更高的要求，只有拥
有相当的权力才能对政府预算开展监督。因此，对于立法监督预算不能仅停
留于权利层面，还应落实到权力层面。在我国主要体现在人大的立法权、决
定权、任免权、监督权之中。

---

① 辞海官方网站，https：//www.cihai.com.cn/search/words? q=%E6%9D%83%E5%8A%9B。

（四）人大预算监督是监督权和决定权的重要体现

习近平总书记指出，人大要把宪法法律赋予的监督权用起来，坚持监督和支持相结合，确保法律法规得到有效实施，确保党中央重大决策部署贯彻落实。人大预算监督就是人大行使监督权和决定权的具体体现，[①] 包括以下方面：一是人民代表大会制度的重要原则和制度设计的基本要求就是国家机关及其工作人员的权力要受到制约和监督。人大的监督权和决定权的合理运用有助于帮助政府管理好自己的"钱袋子"。人大预算审查监督作为人大制度和人大工作的重要组成部分，对推动完善预算制度、深化预算改革、严格预算管理、规范预算行为等都起到了重要作用，是健全党和国家监督体系的内在要求，是把权力关进制度笼子的重要环节和有效措施。二是人大监督权和决定权是宪法及相关法律所赋予的权力，体现了依法治国。各级人大是中央和地方的权力机关，我国的国家机关都由人民代表大会产生，对它负责，受它监督。人大具有监督其他国家机关的权力，是独立于政府机关之外的监督权。这决定了人大监督对其他国家机关的监督具有独立性和权威性。

（五）人大预算监督的目的是监察与督促的统一

按照《辞海》的解释，[②] 监督是指监察督促。监察是指用审视的眼光去察看并发现问题；督促是指发现问题后，积极地提出建议并促使其改进。因此，立法机关对政府预算监督应该包括监察和督促两方面，并且监察只是手段，改进被监督者并实现委托方利益的最大化才是监督行为的最终目的。美国进步时代的改革者们曾提出：预算问题是关系到民主制度是否名副其实的大问题。没有预算的政府是"看不见的政府"，而"看不见的政府"必然是"不负责任的政府"。预算改革的目标，就是要把"看不见的政府"变为"看得见的政府"。在这个意义上，预算是一种对政府和政府官员"非暴力的制

---

① 王晨. 做好新时代人大预算审查监督重点拓展改革工作 [N]. 人民日报，2018 - 12 - 04 (006).

② 辞海官方网站，https：//www. cihai. com. cn/search/words？q = % E7% 9B% 91% E7% 9D% A3。

度控制方法"。① 按照上述分析，也可以认为，人大预算监督就是作为拥有一定权力的监督主体，按照受托责任的要求对政府预算进行监察并督促其改进的过程。

（六）人大预算监督要遵循法治化原则

我国《宪法》规定，中华人民共和国的一切权力属于人民；人民行使国家权力的机关是全国人民代表大会和地方各级人民代表大会；人民依照法律规定，通过各种途径和形式，管理国家事务，管理经济和文化事业，管理社会事务。人民有权对政府掌握的对国家各项事业至关重要的财权进行约束与监督。人大作为人民行使权力的代议机构，在依法的基础上对预算进行监督体现了保障人民行使民主权利的原则。审查批准预算、决算和监督预算执行是《宪法》《预算法》《各级人民代表大会常务委员会监督法》等法律赋予人大的重要职权。人大预算监督制度从"法律制度"的角度来看是宪法、法律、行政法规、地方性法规、规范性文件的集合。1954 年《宪法》已授权各级人大对政府预算进行监督，人大预算监督有了原则性上的指示。目前我国已经出台了专门规范预算管理的《预算法》《中华人民共和国预算法实施条例》（以下简称《预算法实施条例》）和人大《关于加强中央预算审查监督的决定》等，这些为各级人大及其常委会对预算进行审查监督，践行依法监督提供了法律依据。此外，还有一些相关法律、法规、文件的修订与出台都规范了人大预算监督，到目前为止，我国的人大预算监督法律法规及制度体系已经建立并逐步完善，形成了贯穿预算管理全过程的监督法律和制度体系。

二、新时代人大预算监督的特质

（一）人大预算监督坚持党的领导并与中国具体实际相结合

一是我国《宪法》明确阐述了中国共产党的领导是中国特色社会主义的

---

① 王绍光. 美国"进步时代"的启示［J］. 读书，2001（8）：21－25.

本质特征。十三届全国人大一次会议通过宪法修正案，明确将"中国共产党领导是中国特色社会主义最本质的特征"载入我国宪法第一章总纲第一条。人大预算监督作为体现人民民主的重要内容，与坚持中国共产党领导是密不可分的。

二是坚持中国共产党的领导是我们党带领中国人民在长期革命、建设、改革实践之中形成的，具有历史的必然性与独特性。新民主主义革命取得胜利后建立的国家政权，必须实行工人阶级领导的、以工农联盟为基础的人民民主专政的国体；同这一国家政权性质相适应的国家政权形式，只能采取实行民主集中制的人民代表大会制度。新时代背景下，全过程人民民主的重要体现在人大全过程预算监督，人大预算监督体系正是坚持工人阶级领导与新民主主义思想的重要传承。

三是坚持党的领导是实行人民代表大会制度的内在要求，是人民代表大会制度本质特征和政治优势的集中体现。人大预算监督工作必须坚定坚持中国共产党的领导，切实贯彻党的基本理论、基本路线、基本方略，通过预算收支的来源及去向的监督保证党的路线方针政策和决策部署在国家工作和国家治理中得到全面贯彻、充分体现和有效执行。

四是在党的领导下人大预算监督的有效使用和正确使用是人民主权的重要体现。人大预算监督权是动员人民以国家主人翁地位融入经济社会发展，促进国家机关协调高效运转，充分发挥中央和地方两个积极性等的有效保障。人大预算监督权力只有得到正确、有效的使用才能发挥最大效用，彰显人民主权的重要地位。

五是人大代表人民对政府预算监督有助于党和国家了解人民的真实诉求。人大预算监督的一个内在要求是让人民共同参与政府预算的决策之中。为了让政府支出真正使用在有助于提升人民幸福度的项目之中，人大代表要积极建言献策，使政府能够了解民情民意，实现人民对政府预算的监督。总之，在党和中央的支持下，人民群众将通过人民代表大会"自下而上"传达自己的真实诉求。

（二）人大预算监督要坚持走中国特色社会主义道路

一是坚持走中国特色社会主义道路是由中国国情决定的，坚定中国特色社会主义制度自信，首先要坚定对中国特色社会主义政治制度的自信。人民代表大会制度是我国的根本政治制度，我国政府的预算要受到代表人民利益的人民代表大会监督，正是具有中国特色的预算监督制度的最重要体现。

二是坚持走中国特色社会主义道路，让人民通过人大预算监督深度参与政府预算，与社会各界形成监督合力，才能够保证政府预算的合法性与合理性。人大预算监督就是根据中国国情，让人民能够深度参与政府预算的决策、审查与监督。

（三）人大预算监督必须坚持全面依法治国

一是健全的法律体系是人大预算监督能够充分发挥作用的有力保障。人大预算监督之所以能够成为中国特色还在于我国能够坚定不移走中国特色社会主义法治道路，建设中国特色社会主义法治体系，建设社会主义法治国家。我国依法治国的政治理念为各级人大代表行使监督权指明了路径，提供了保障。

二是具有中国特色的人民代表大会制度弘扬了中国社会主义法治精神。各级人大代表依照人民代表大会及其常委会制定的法律法规推进国家各项事业和各项工作，保证人民平等参与、平等发展权利，维护社会公平正义，尊重和保障人权，实现国家各项工作法治化[1]。人民代表大会的立法权、监督权、决定权是由法律赋予的权力，正确行使这些权力是对我国社会主义法治精神的正确弘扬，体现了法律的正确性与公平性。

三是我国法律体系的不断完善能够促进人大代表坚持正确监督和有效监督。人大执法检查是"法律巡视"，要让人大监督"长出牙齿"，不断增强人大监督实效性；推进宪法实施和备案排查，维护法制统一、尊严和权威[2]。人大代表坚持正确监督和有效监督一方面是由于我国法律体系的不断完善给

---

① 栗战书. 加强理论武装增强"四个意识"推动新时代人大制度和人大工作完善发展——在深入学习贯彻习近平总书记关于坚持和完善人民代表大会制度的重要思想交流会上的讲话 [J]. 中国人大，2018（19）：6–11.
② 陈震宁. 强化人大依法监督工作质效的实践与思考 [J]. 人大研究，2020（11）：4–9.

了人大代表参加行使国家权力的法律支撑，而另一方面也能够在实践中推动我国的法律体系不断完善。

第四节　新时代人大预算监督与国家治理现代化

一、国家治理体系现代化

（一）国家治理体系现代化的内涵

一是国家治理体系是一整套紧密相连、相互协调的国家制度。国家治理体系是在党领导下管理国家的制度体系，包括经济、政治、文化、社会、生态文明和党的建设等各领域体制机制、法律法规安排，是一整套紧密相连、相互协调的国家制度。

二是国家治理体系现代化体现的是我国制度设计的能力。国家治理体系现代化就是通过一系列的制度安排和宏观顶层设计，使国家的治理体系日趋系统完备、不断科学规范、愈加运行有效的过程①。

三是国家治理体系和治理能力现代化是我国的一项重大战略任务。习近平总书记指出，国家治理体系和治理能力是一个国家的制度和制度执行能力的集中体现，两者相辅相成。国家治理体系和治理能力现代化是提高党科学执政、民主执政、依法执政水平，提高国家机构履职能力，推动人民群众依法管理国家事务的一项重大战略任务。

四是在社会主义现代化进程的不断探索中，我们党始终在丰富拓展国家治理体系现代化的内涵。党的十八届三中全会提出"国家治理体系和治理能力现代化"这一概念，强调"全面深化改革的总目标，就是完善和发展中国特色社会主义制度、推进国家治理体系和治理能力现代化"。在此基础上，党的十九大提出，到本世纪中叶，我国物质文明、政治文明、精神文明、社会文明、生态文明将全面提升，实现国家治理体系和治理能力现代化，成为

---

① 徐奉臻. 从两个图谱看国家治理体系和治理能力现代化［J］. 人民论坛，2020（1）：68 - 70.

综合国力和国际影响力领先的国家①。党的二十大进一步明确，到二〇三五年，基本实现国家治理体系和治理能力现代化。

总之，我国国家治理体系和治理能力现代化具有特定的内涵，我们不能完全照搬国外的理论。

专栏2-3 中西方国家治理之比较

对于"治理型国家"而言，"国家治理"是应有之义，但在西欧历史经验中却长期缺席。"国家治理"与西方学者主张的那种"治理"存在根本区别。后者所提出的"治理"旨在"去国家化"，倡导所谓"多中心主义"。这种"治理"概念有其合理性，在于指出社会力量参与公共事务之必要性，但是它拒斥国家在治理中的决定性作用，则基于对西欧历史经验做了形而上学的理解。

在西欧，国家向来不是惟一的治理主体。应该说，作为政治权力原型的王权本来是一种高度自主的权力。但是后来的历史发展中，中国将王权长期完整地保留了下来，欧洲的王政传统则中断了。总的来说欧洲那些前现代政治体的"权力"本身并不像中国的王权那么强大，而且更重要的是，它并非惟一的权力形式。除了高高在上的教权，领主、行会、贸易联盟都以"超经济强制"各据一方，形成自己的"政府"。这种政府权力的多元化，是欧洲中世纪之后新的政治传统。

与西欧的经验不同，中国的国家治理从未缺席。但从传统帝制到现代国家，中国同样存在国家转型的挑战，所不同的是，这一挑战更多在于"治理型国家"的自我调适，而不是国家与社会的治理权争夺。

从早期国家形成到近代"三千年未有之大变局"，期间历经北方游牧部落入主中原、佛教延播，中国传统政治文明亦未中断过。一方面，从中原地区发源的农业社会结构，在鸦片战争之前没有发生根本性的变化。另一方面，虽然经历了王朝更迭和制度革新，但是王政传统一直没有被摧毁。传统中国社会的权力都集中在国家手中，从来没有产生出与国家权力平起平坐的社会权力。

---

① 夏锦文. 国家治理体系和治理能力现代化的中国探索［J］. 理论导报，2019（11）: 37-39.

对于这样一个拥有长期治理传统的国家而言，其优势在于，只要国家权力足够强固，就可以成功避免治理失控，因为国家治理在精神上和制度上始终处于一种基于"公共性"的大众监管条件下。与西欧中世纪相比，那些把持了主要社会资源的教会、领主、行会、贸易联盟，他们的权力基本不受约束，各种对人身的残酷伤害、生杀予夺，都是基于社会组织内部团契、规则来进行，只有跨组织的来往，才有所谓契约也就是法律的用武之地。治理是高度"封建化"的，也是无序的。但在中国传统帝制下，国家权力始终是受各种因素制约，从来没有达到过任性妄为的程度。这些制约因素，既包括礼制、律法等制度因素，也包括道德伦理等精神因素，更重要的是来自官僚集团与君权的相互制约。

资料来源：申剑敏. 治理型国家：中西比较视野下的概念范型与理论适用［J］. 甘肃行政学院学报，2019（3）：118－125.

（二）国家治理的主体多元化和手段多样化

国家治理不同于以往国家统治、国家管理的最大特点之一是国家治理主体具有多元化的特征。党的十八届三中全会指出要推动国家治理体系和治理能力的现代化，强调国家治理的主体应当是多元化的，而不是单一化的，不能仅仅包含政府，还应当包含市场、社会、组织和公民个体。在中国特色社会主义进入新时代的历史定位上，政府不再是多元治理体系中的唯一权力主体，它更多扮演着一个中介者的角色，和市场、社会组织之间形成一种合作关系。在多元治理主体中，政府是最具合法性的主体，通过自身的改革为社会组织和个体创造良好稳定的社会环境；市场经济体制在与国家宏观调控的配合下合理配置社会资源，推动国家经济的发展；社会组织作为国家治理的重要主体，能有效弥补政府职能的不足，提供政府所不能提供的服务，同时形成对政府的监督；广大人民群众的意志是国家权力行使的目的，人民提出利益诉求，主动参与到国家治理的过程之中。

与国家治理主体多元化所密切相关的便是治理手段的多样化。单一主体的管理模式所对应的是强制性的治理手段，而多元化治理体系所对应的是以平等对话、合作为主的多样化手段。国家治理除了依靠传统的政府权威，也可以依赖市场化的手段，应用一系列新技术和新工具。

二、财政是国家治理的基础和重要支柱

党的十八届三中全会《中共中央关于全面深化改革若干重大问题的决定》首次提出"财政是国家治理的基础和重要支柱"的新论断，这一论断在全面深化改革推进国家治理体系和治理能力现代化的语境下赋予了财政前所未有的特殊地位。理解财政的基础和支柱作用不能脱离国家治理这个前提，根据库伊曼的观点，治理意味着国家与社会还有市场以新方式互动，以应付日益增长的社会及其政策议题或问题的复杂性、多样性和动态性。① 由此看出，国家治理是一个综合性问题，涉及多个领域、多个方面。实现国家治理现代化要求进一步推进国家治理的程序化和制度化，而其核心要素又是建立优良的制度体系，在这些制度中，财政制度处于基础地位。

财政乃庶政之母，自一个国家产生以来，就要收钱用钱，财政在治国安邦中的基础性作用毋庸置疑。各国的历史经验都表明，科学的财政收支结构、税收体系、财政收支管理体系是国家治理的关键所在，从一定意义上来说，财政塑造着现代经济、官僚与文化体制、社会文化与价值、国家与社会的关系。同时，如斯科波认为的那样，与构成国家治理能力的其他要素相比，汲取、运用、配置财政资源的水平，更能展示一个国家现有国家能力的高低，或者即将具备的国家能力水平。② 财政体系的变迁必然会引起其他制度的变革，催生相应的行政机构和资源配置，从理论上审视，财政治理水平将直接决定国家治理水平的高低，国家治理理念契合于财政运行的全过程，因此财政治理是国家治理的基石。

（一）财政制度是关联国家各个领域的制度安排

回顾历史，我们可以发现，人类社会每一次重大变革的背后都刻上了财

---

① Kooiman J. Social – political Governance: overview, reflection and design [J]. Public Management Review, 1999 (1): 67 – 92.

② Schumpeter, Joseph A. "The Crisis of Tax State". In Richard Swedberg (eds). Joseph A. Schumpeter: The Economics and Sociology of Capitalism [M]. Princeton: Princeton University Press, 1991.

政变革的深刻烙印。作为配置公共资源的核心制度安排，财政制度集中体现了中央与地方、政府与社会、政府与市场等多对关系，涉及经济、政治、文化、社会、生态文明建设等多个层面，即只要有关公共资金的使用主体和适用领域就都在财政制度的辐射范围之内。财政体制"优化资源配置、维护市场统一、促进社会公平、实现国家长治久安"的功能是从所有领域界定的，也就是说，财政体制所具备的功能作用区别于其他体制和制度，所担负的是基础性、支撑性功能。财政体制作为经济体制、政治体制、文化体制、社会体制、生态文明体制和党的建设制度的交汇点，必然在改革发展、内政外交、治党治国全方位发挥统筹性作用，是具有综合性的制度安排。

（二）财政是联结多元社会主体的主要线索

国家治理主体包括政府、社会组织和居民个人，财政活动的特殊性使其能将政府、社会组织和居民个人有效组织起来，实现多元交互共治。归结起来说，能将这三者联合起来的线索主要有"事"和"钱"两条，相对于"事"来说，"钱"更能牵动全局、涉及各主体的利益得失。政府的财政收入来源于社会组织和居民个人的缴纳，政府通过转移支付和提供公共服务又将二者纳入财政支出活动的范围内，可以说，在所有的国家治理活动中，只有财政活动的触角能够延伸到所有的社会组织和个人，也只有财政活动能够牵动消费、投资和储蓄等联系社会各主体的领域。美国经济学家阿图·埃克斯坦在《公共财政学》写到："如果你想了解联邦政府在过去一年里都干了些什么，或者，在未来的一年里要干些什么，那么，你只要看一下联邦政府财政预算就足够了。"① 这也足以说明财政收支活动"牵一发而动全身"的重要地位。

（三）财政是宏观调控和推进全面深化改革的重要工具

在宏观经济调控中，财政制度扮演着重要的角色，一定的财政制度决定了一定的资源配置格局和产权界定，也决定了国家经济的发展进程。足够的

---

① 阿图·埃克斯坦. 公共财政学［M］. 张愚山，译. 北京：中国财政经济出版社，1983：2.

财力是履行其他国家职能的基础和支柱，国家财政汲取资源的能力也会影响政府调控经济的水平，财政汲取能力的下降会导致政府宏观调控经济的能力下降，极可能引发经济衰退、失业等一系列经济社会的问题，严重弱化国家治理能力。

所有政府职能的履行和政府部门的运转都要以财政的支撑作为保障，政府调控经济主要是通过财政公共支出实现的，其规模大小可以折射出政府介入经济、社会生活的深度和广度，这也是财政体制改革是全面深化改革的突破口的重要原因。正所谓"触及利益比触及灵魂还难"，让政府实现自我革命、简政放权、转变职能并不是一件容易的事情，但如果从深化财政体制改革的角度入手，推进政府改革的难度则相对较低。通过政府预算的编制、执行、监督和绩效评价，可以清晰明确地了解到政府在一定时期内的活动安排，客观评估财政资金是否达到合理高效配置。对符合社会主义经济发展方向和全面深化改革方向的项目予以财政支持，从而能有效推动政府最大程度履行好公共责任，顺应全面深化改革的要求，实现政府职能的转变。

三、人大预算监督在推动国家治理体系现代化中的作用

人民代表大会制度的重要原则和制度设计的基本要求，就是任何国家机关及其工作人员的权力都要受到制约和监督。在我们的政治体制中，人大就是要对"一府一委两院"起监督作用。预算监督是有效的监督手段，是以高质量发展推进国家治理体系与治理能力现代化的重要保障，在新时代具有重要意义。我们可以从以下几个方面来展现人大预算监督在推动国家治理体系现代化中的作用。

（一）人大预算监督的价值目标在于保障公共预算的合理化，确保公民的基本权利得到切实保证

无论是人大还是政府，都必须贯彻党的路线、方针、政策，这是坚持党的统一领导的基本原则。所以，确保预算编制合理、预算执行顺利进行也就构成人大与政府合作的重要内容。人大预算监督时刻紧盯政府的财政收入与

支出，对于保障公共预算的合理化，进而推动国家治理体系现代化具有重要意义。

（二）人大预算监督有助于提升政府运行效率，推进我国国家治理现代化

相对于审计事后监督和财政执行监督，人大对预算的监督更能贯穿财政收支全过程，从衡量绩效目标实现与否的视角对预算进行监督，不仅关注基础性的合规，更关注拓展性的有效，倒逼政府改革，提升行政运行效率。[①] 政府的运行效率正是体现国家治理体系的关键，政府的行政效率提高对于我国解决各项矛盾，推进改革开放的不断探索具有关键作用。

（三）人大预算监督能够衡量预算的收支分配，有助于政府实现战略管理

战略目标不仅包括原有对政府部门的运行效率的考量，更加入了对社会外部环境、地区长期目标、部门未来发展的考虑。人大预算监督将行政管理的焦点从日常运行管理转向未来发展与战略管理，并以此促进部门管理能力的提升，实现对党和人民的受托责任。相比其他监督主体，人大更加具备超越资金收支监督和跨越部门局部利益的战略布局能力，能从党和国家的方针政策出发统筹全局，衡量预算收支分配。从而使我们党更加注重对于未来的战略管理，推进国家治理体系的现代化。

（四）人大以预算问责，体现了我国的人民民主监督

人大拥有对预算单位和部门"无效问责"的职责与权力，人大代表人民群众的利益对预算监督与问责，不但将人民利益与预算控制和财政问责相结合，而且从基层治理、公众参与和社会问责三个维度体现了国家治理中的民主与法制，体现出预算监督的价值属性，彰显出我国特色的预算民主监督。民主监督在我国国家治理体系中占有重要地位，通过人大预算监督不断地巩固和完善我国的民主监督对于推进我国国家治理体系现代化具有重要作用。

---

① 王金秀，杨翟婷. 以人大预算监督推动中国治理现代化 [J]. 财政科学，2019 (11)：15－20.

（五）人大以"治"代"管"，体现国家善治

人大预算监督是多元共治，与政府内部的"自上而下"的预算监督不同，人大监督不仅体现为"由外及内"的监督，还体现为"自下而上"的治理。人大预算监督还体现在借助专家、智库、第三方力量和对行政体制内部财政与审计监督的结果上。来自多方面的监督与建议，将更有助于推进各项法律、法规、政策的优化。国家善治才是推进我国国家治理体系现代化的重要保障。

（六）人大代表在保证预算法律实施，依法优化国家治理上具有重要作用

我国预算法进一步明确了细化预算编制、严肃预算执行等方面的具体要求，有利于实现各环节、全过程监督，为增强对政府全口径预算决算的监督实效创造了条件。① 细化预算编制将在很大程度上解决预算报告看不懂的问题，细化的预算编制更有利于人大代表提出切实有效的建议，而严肃预算执行，将大大降低财政资金的预算外支出，进一步规范各级政府使用财政资金的合法性与合理性，从而持续优化我国的国家治理体系。

四、人大预算监督与其他监督主体相辅相成

人民代表大会制度的重要原则和制度设计的基本要求，就是任何国家机关及其工作人员的权力都要受到制约和监督。人大是国家权力机关，国家行政机关、监察机关、审判机关、检察机关都由人民代表大会产生，对它负责，受它监督。这种监督体现了国家一切权力属于人民的宪法原则。

人大预算监督主要通过两种方式进行：一是通过立法实施监督；二是通过审查批准政府预算以及对预算执行及其结果绩效的监督。

2020 年 1 月 13 日，习近平总书记在中国共产党第十九届中央纪律检查委员会第四次全体会议上发表重要讲话，提出人大监督、财会监督、审计监

---

① 廖晓军. 规范完善人民代表大会预算审查监督制度依法加强对政府全口径预算决算审查监督 [N]. 人民日报，2014 – 10 – 28（012）.

督等十种监督是构建党和国家监督体系的重要组成部分。在预算方面，除了人大监督之外，主要还有党的监督、司法监督、财会监督、审计监督、民主监督等，这些监督相互助力，协同高效共同构建我国的监督体系，从各方面规范政府行为，推动我国国家治理体系现代化。

（一）人大预算监督与党的监督的关系

党的十八大以来着力于坚持和完善人民代表大会制度，推进国家治理体系和治理能力现代化。党的十九大报告明确提出："人民代表大会制度是坚持党的领导、人民当家作主、依法治国有机统一的根本政治制度，必须长期坚持、不断完善。"三者的有机统一是发展社会主义民主政治的关键，是一个相辅相成的有机整体，其中最根本的是坚持党的领导。党的领导是我国一切事业的核心，坚持党的领导是开展人大监督最重要的原则。党起到总揽全局、协调各方的核心作用，但需要通过制度化的体制机制来保证，而人民代表大会制度作为根本政治制度，就包含着整套科学、协调的制度和行为规范。① 可以认为，党为人大的监督工作提供方向指引，同时，人大通过制度化的安排将党的意见在监督过程中得到落实，并充分发挥人民当家作主的力量保证监督的质量，从而进一步健全预算监督，提高预算监督的水平和质量。

党委监督是具有中国特色的预算监督，是完善预算决策机制和程序的重要形式，体现党对政府预算工作的战略定位、方向指引和预算过程的监督。具体体现为以下两点。

一是有关预算的重要改革与政策精神由党中央提出，如党的十八大提出"加强对政府全口径预算决算的审查和监督"，党的十八届三中全会又进一步提出"加强人大预算决算审查监督、国有资产监督职能"，等等。

二是在监督程序上，各级预算、决算草案提请本级人大或常委会审查批准前，应当按程序报本级党委和政府审议；各部门预算草案应当报本部门党组（党委）审议。

---

① 洪开开. 党的十八大以来人大监督工作的理论、实践与思考［J］. 人大研究，2019（2）：4－12.

（二）人大预算监督有利于推进深化财政监督改革

1. 我国的财政监督主要在全面监督国民经济上发挥重要作用

我国的财政监督包括事前监督、日常监督和事后监督。监督范围包括预算执行、税收征管与解缴、财务会计、国有资本金基础管理等方面，主要存在于财政分配之中。财政监督不同于其他形式的监督，其重要特点在于是对组织社会产品或国民收入分配过程中的监督，是财政业务活动中的监督，进而对国民经济实行全面监督。

2. 建立现代财政制度的核心是要加强人大预算决算审查监督

党的十八届三中全会确立了全面深化改革的总目标，强调财政是国家治理的基础和重要支柱，提出要完善立法、建立现代财政制度。建立现代财政制度的核心是要加强人大预算决算审查监督。这是由于政府预算反映国家的战略、规划、政策，反映政府的职责、活动范围、方向，是财政活动的核心。[①] 人大预算决算监督审查对于规范政府预算支出，从而建立现代财政制度具有重要作用。

3. 人大监督与财政监督相辅相成

在我国现阶段，由于部门间的权力及利益关系，作为内部监督的财政监督作用还没有得到充分的发挥，而人大监督不受任何政府部门的约束，可以有效弥补财政监督的不足。

（三）司法监督是人大预算监督的有力保障

1. 司法监督是我国能够平稳运行的强有力保障，人大的监督权也正来源于司法监督的强有力后盾

人大监督具有宪法赋予的职能，根据我国依法治国的基本方略，司法监督与人大监督是相辅相成的。人大监督要确保司法监督的公平性与透明性，才能提高人大的代表权、发言权以及政府的公信力。依法治国作为我国的政

---

① 史耀斌. 深化财税体制改革全面贯彻实施预算法 ［J］. 行政管理改革，2019（1）：4–10.

治理念,是保障我国能够平稳运行的不可或缺的部分。

2. 司法监督保证人大监督权的运行是在法律规定的范围之内

司法监督的特点是预算监督权控制在司法系统,它能从法制的角度及时、有效地纠正政府预算相关部门及其工作人员的各种违法和不当行为,能够增强对违法案件的处理力度。司法监督既可以推进人大依法依规依程序开展监督,又可以防止监督流于形式,增强监督的针对性和有效性。①

(四)人大预算监督与审计监督相辅相成

审计监督具体是由审计机关的审计人员运用专门的方法对被审计对象,即政府预算部门及单位的预算执行过程和结果进行的检查,其特点是独立性和专业性强。审计监督在现代国家治理中发挥着国家利益捍卫者、公共资金守护者的重要作用,是规范权利运行和反腐败的利器。审计机关通过审查和评价政府预算活动,确定政府预算是否符合法律要求、收支是否准确记录、是否进行了充分的内部控制等,最终达到维护国家财政经济秩序、促进廉政建设、保障国民经济健康发展的目的。

专栏 2-4 组建中央审计委员会是推进审计体制改革的重大举措

2018年伴随党和国家机构改革,我国组建了中央审计委员会,作为党中央决策议事协调机构,以加强党中央对审计工作的领导,构建集中统一、全面覆盖、权威高效的审计监督体系,更好地发挥审计的监督作用。中央审计委员会的主要职责是:研究提出并组织实施在审计领域坚持党的领导、加强党的建设方针政策,审议审计监督重大政策和改革方案,审议年度中央预算执行和其他财政支出情况审计报告,审议决策审计监督其他重大事项等。

中央审计委员会办公室设在审计署。这是推进国家治理体系和治理能力现代化的一场深刻变革,是推进审计管理体制改革的伟大创举,更是我国审计发展进入新时代的里程碑。

在当今世界190多个国家中,除极个别之外,都设立了国家审计机关,

---

① 高志刚. 论人大监督司法评估机制的构建 [J]. 学习与探索, 2020 (12): 69-75.

这些国家审计机关按体制可以分为立法型、司法型、行政型与独立型。我国的审计监督在很长一段时间内聚焦于行政监督层面，这一体制顺应了当时经济稳定和财政安全的需要，发挥了独特的"看门人"作用。但是长期以来，部分被审计单位存在"审计年年有，问题时时在"的顽疾。屡审屡犯不仅削弱了审计效果、浪费了审计资源，还直接影响到审计的权威性和严肃性。因此，审计监督如继续局限于聚焦行政监督，则与它在党和国家监督体系中的地位不相称。由此，审计工作在新时代需要与时俱进，应该由政府审计上升到国家审计。中央审计委员会的成立就是要切实提高党对审计工作"把方向、谋大局、定政策、促改革"的统筹能力，是促进我国审计体制改革的顶层设计，一方面能够加强全国审计工作统筹、优化审计资源配置，另一方面能够提高审计人员的政治、社会和经济地位，激励审计人员敢于坚持独立性、敢于"亮剑"、敢于当尖兵。中央审计委员会的成立还大大提高了审计监督的震慑力，确保做到应审尽审、凡审必严、严肃问责，服务于全面从严治党，从而形成了我国审计体制改革发展的新格局，拓宽了国家治理现代化的新途径。

资料来源：王会金. 组建中央审计委员会 创建统一指挥的监督体系 [J]. 紫光阁，2018（5）：34-35；四川省财政厅. 组建中央审计委员会是中国审计的重大举措 [EB/OL]. (2018-08-14). http：//sjj. luzhou. gov. cn/ hydt/content_509124.

（五）人大预算监督可以正面引导和调控网络舆论监督

媒体舆论被视为立法、司法、行政之外的第四种权力，是能够对权力实现有效监督的形式。随着网络迅速发展，人大监督开始采用信息化手段进行监督，这也是网络监督的一种体现。

1. 网络舆论监督

舆论监督贯穿于预算监督的各个环节。此外，舆论监督主要监督各级国家机关及其公职人员是否严格遵纪守法。由于舆论监督的影响广、见效快，因而其在政府预算监督体系中发挥着不可替代的重要作用。网络舆论监督是一把双刃剑。网络舆论监督的监督主体具有广泛性，民意表达更充分、更真实，而且监督成本相比于其他监督形式更加低廉、快捷有效。

网络舆论监督的监督形式是自下而上的，相对于其他监督形式更具有独立性。但网络舆论同样存在由于可信度低导致监督的权威性不够，容易被操纵和利用，从而容易偏离舆论监督的本意的问题。不当的网络舆论甚至有可能干涉独立审判，妨碍司法公正。所以网络舆论监督需要人大监督从正面进行引导和调控，使人民在知法守法的状态下畅所欲言，发挥其最大作用。网络舆论监督不能取代权力系统内部的制衡机制，网络舆论对权力的监督是外在的监督，不能有效地制约权力。而人大预算监督作为有法律支持，同样代表人民主权的监督形式能更加有效地做到对权力的制约，以及维护法律的尊严。二者作为人民民主监督的重要形式，人大监督应对网络舆论监督做好引导与调控，二者应共同发挥合力作用，构建更加完整的监督体系。

2. 人大预算联网监督

为了进一步加强和改进人大预算审查监督，实现全面规范、公开透明的预算制度，预算联网监督工作利用"互联网＋"和大数据技术，创新了人大预算审查监督的方式手段，是建立和完善中国特色社会主义预算审查监督制度的有益探索。

人大预算联网监督，又叫预算"在线监督"，是指人大及其常委会的财经委员会、预算工作机构等通过与财政国库集中支付系统等联网对接，实时监控财政收支的全部情况，包括每一笔预算支出拨付时间、金额、去向、用途以及支出方式等，尤其是重点监控财政专项资金拨付情况，实现人大对财政预算资金运行情况的全程监督，发现预算执行的问题，及时予以监督纠正。

人大预算联网监督工作最初由广东省人大常委会于2004年首创并实践运行，全国人大常委会赴广东深入调研并多次讨论研究，于2017年6月30日印发《关于推进地方人大预算联网监督工作的指导意见》，人大预算联网工作在全国范围内推进。

相较于传统的人大预算审查监督方式，预算联网监督有自己独特的优势。从审查时间看，传统财政预算审查，相关数据资料要在财政整理之后报送人大或相关代表，需要较长的等待时间，获得财政信息、财政数据相对滞后。

经过初审意见反馈财政修稿，又是一个时间过程，审查时间相对漫长，人大预算审查监督工作被动。而人大预算联网监督工作的创新，可以变纸质报表审阅为电子信息同步审阅，大大减少了传统监督方式等数据、取数据、整理数据、分析数据的时间，可以直接线上有针对性有选择性地查询读取分析数据，大大节约了时间成本。从审查对象和覆盖面看，传统审查监督在审查过程中受人力物力等条件限制，开展一次审查只能在有限的时间对部分预算单位的财政资金内容进行选择性的审查。预算联网监督实现了预算资金全覆盖、预算单位全覆盖、预算执行全覆盖，在预算审查过程中可以大大节省人力和物力，审查监督内容更全面，审查覆盖面更广泛，审查效率更高效。①

（六）新时代人大监督应与其他各项监督共同形成监督合力

人大及其常委会的监督职权是宪法和法律赋予的，监督的范围、内容、方式、程序都是法定的，既是权力，更是责任。人大监督是党和国家监督体系的重要组成部分，它同党的监督、司法监督、财会监督、审计监督、社会监督等各有侧重、互相贯通，共同构成党统一指挥、全面覆盖、权威高效的监督体系，形成强大的监督合力。人大监督与其他各项监督共同发挥作用，正是新时代下推动我国国家治理体系不断完善的有力保障。

一是人大监督是党和国家监督体系中的重要组成部分。宪法赋予人大监督权，人大对于国家机关具有监督和制约的功能，这是其他监督方式不能替代的。人大监督是反映人民民主的监督，是具有我国特色的政治制度，同时人大监督拥有法律的支持和权威性。人大代表关注人民关注的时事热点，积极建言献策，更能够真实地反映人民诉求，有效解决民生问题，这是其他监督所不能替代的作用。人大监督是我们党迈向现代化的监督体系中不可或缺的重要部分。我国新时代的中国特色人民代表大会制度是坚持党的领导、人民当家作主、依法治国有机统一的根本政治制度安排，善于将党的主张通过法定程序上升为国家意志，成为国家政权、社会组织和公众必须遵守的普遍准则。因此，人大监督在预算监督体系中占主导地位，具有不可替代性。

---

① 张景. 人大预算联网监督工作刍议 江苏人大网 ［EB/OL］.（2018 - 01 - 08）. http：//www. jsrd. gov. cn/rdlt/gztt/201801/t20180108_484040. shtml.

二是建立健全中国特色国家监督体系，是发展社会主义民主政治、保障人民民主的重要组成部分。"我国社会主义民主是维护人民根本利益的最广泛、最真实、最管用的民主。发展社会主义民主政治就是要体现人民意志，保障人民权益、激发人民创造活力，用制度体系保证人民当家作主。"① 人大监督与其他监督以推进国家治理体系现代化为共同目标，在坚持中国共产党的统一领导下，从各个方面发挥最大作用，相辅相成，形成监督合力，建立健全以人民民主为主要特色的监督体系，对于发展我国的社会主义民主政治制度具有重大作用。

三是新时代多元主体的监督形式能够完善资源配置，强化对权力运行的制约与监督。在创新成为推动社会发展的新时代下，国家政府提升治理效能与工作效率，离不开各方主体的监督。监督对于确保权力运行安全，监测经济社会运行，完善政策，优化管理，防范风险具有不可替代的作用。② 多元化的监督主体能够对一项预算的制定提供多方面的考虑和见解，从而推动我国完善资源配置，优化行政管理。在推动我国国家治理体系现代化的进程中，完善我国的监督体系的重要作用也正在于强化对权力运行的制约与监督。在党的领导下，推动各类监督相互协调，构建更加完善的监督体系是推动我国迈向现代化的重要环节。

---

① 习近平. 在新的起点上深化国家监察体制改革 [J]. 当代党员，2019 (6)：4-6.
② 晏维龙. 把握治理的核心要义，推进党和国家监督体系和监督能力现代化 [J]. 审计与经济研究，2020，35 (1)：1-3.

▌第三章▐

人大预算审查监督的
组织架构、程序及依据

本章导读： 人大预算监督是我国预算监督体系中最具中国特色、最具制度优势的体现，党的十八大以来，以习近平同志为核心的党中央就人大制度和人大工作提出了一系列新论断、新举措、新要求。经过近年来的发展与改革探索，我国已逐步形成了具有新时代特色的人大预算监督体系和制度。本章系统梳理了我国人大预算审查监督的组织体系及职权，归纳了人大预算审查监督的程序及方式，阐述了人大预算审查监督的依据。

第一节　人大预算审查监督的组织架构及职权

一、人大预算审查监督的组织架构

随着《宪法》《预算法》《全国人民代表大会组织法》等不断完善与改进，人大预算审查监督组织体系的不断完善，特别是在2014年《预算法》、2021年《全国人民代表大会组织法》和2022年《地方各级人民代表大会和地方各级人民政府组织法》等法律完善后，人大组织机构职能有了进一步的细化设置，我国的人大预算审查监督主体更加明晰。总的来看，根据主体职能分工不同，我国基本形成了以各级人民代表大会、人大代表、人民代表大会常务委员会、人民代表大会专门委员会、人大常委会预算工作委员会等为主体的人大预算监督的组织架构，这些主体从各自的位置和角度出发，共同对政府的财政预算行使审查监督的职能。

（一）人民代表大会

人民代表大会是代表人民行使国家权力的机关，全国人民代表大会是最高国家权力机关，地方各级人民代表大会是地方国家权力机关。全国人民代表大会每届任期五年，全国人民代表大会会议每年举行一次，由全国人民代表大会常务委员会召集，大会主席团主持全国人民代表大会会议。全国人民代表大会常务委员会认为必要，或者有五分之一以上的全国人民代表大会代表提议，可以临时召集全国人民代表大会会议。地方各级人民代表大会每届任期五年，地方各级人民代表大会会议每年至少举行一次。乡、民族乡、镇的人民代表大会会议一般每年举行两次。

（二）人大代表

人大代表是人民代表大会的组成成员，他们代表人民的利益和意志，依照宪法和法律规定的各项职权，参加行使国家权力。协助宪法和法律的实施，与人民群众保持密切联系，听取和反映人民群众的意见和要求，努力为人民服务，对人民负责，并接受人民监督。

（三）人民代表大会常务委员会

人民代表大会常务委员会（以下简称常委会）为人民代表大会的常设机关，全国人民代表大会常务委员会对全国人民代表大会负责并报告工作，县级以上地方人民代表大会常务委员会对本级人民代表大会负责并报告工作。全国人民代表大会常务委员会委员长主持常务委员会会议和常务委员会工作。县级以上的地方各级人民代表大会常务委员会会议由主任召集并主持，每两个月至少举行一次，遇有特殊需要时，可以临时召集常务委员会会议。

（四）人大常委会专门委员会

为了使作为国家权力机关的各级人大能够经常性地开展工作，人大除了设立常设机关外，还可设立若干专门委员会作为常设专门"议事"机构，如全国人民代表大会设立民族委员会、宪法和法律委员会、监察和司法委员会、财政经济委员会、教育科学文化卫生委员会、外事委员会、华侨委员会、环境与资源保护委员会、农业与农村委员会、社会建设委员会等。省、自治区、直辖市、自治州、设区的市的人民代表大会根据需要，可以设法制委员会、财政经济委员会、教育科学文化卫生委员会、环境与资源保护委员会、社会建设委员会和其他需要设立的专门委员会；县、自治县、不设区的市、市辖区的人民代表大会根据需要，可以设法制委员会、财政经济委员会等专门委员会。人大专门委员会与常委会不同，专门委员会不具有权力机关的性质，而是在权力机关领导下担负某种专门任务的机构。按照隶属关系，各专门委员会受本级人民代表大会领导，在大会闭会期间，受本级人大常委会领导。

（五）人大常委会预算工作委员会

人大常委会预算工作委员会，是人大常委会下设为其依法履职服务的工作机构，主要负责常委会预算工作相关内容。一些地方人大常委会设置的财政经济工作委员会（办公室），与常委会预算工作委员会共同隶属于人民代表大会常务委员会，是人民代表大会常务委员会在财政经济领域的工作和办事机构。在实际工作中，部分地区将人大常委会财政经济工作委员会与人大常委会预算工作委员会共同设置为人大常委会财经预算工作委员会。

二、人大有关预算审查监督的主要职权

（一）人民代表大会预算审查监督职权

1. 预算及预算执行情况等的审批权、监督权

（1）就全国来说，《宪法》第六十二条第十一项规定，全国人民代表大会具有审查和批准国家的预算和预算执行情况的报告的权力。《预算法》第二十条规定，全国人民代表大会审查中央和地方预算草案及中央和地方

预算执行情况的报告；批准中央预算和中央预算执行情况的报告。《全国人民代表大会组织法》第十四条规定，人民代表大会主席团处理的事项中包括：听取和审议秘书处和有关专门委员会关于各项议案和报告审议、审查情况的报告，决定是否将议案和决定草案、决议草案提请会议表决。

（2）就地方来说，《预算法》第二十一条规定，县级以上地方各级人民代表大会有权审查本级总预算草案及本级总预算执行情况的报告；批准本级预算和本级预算执行情况的报告；乡、民族乡、镇的人民代表大会有权审查和批准本级预算和本级预算执行情况的报告。《地方各级人民代表大会和地方各级人民政府组织法》第十一条规定，县级以上的地方各级人民代表大会行使下列职权：在本行政区域内，保证宪法、法律、行政法规和上级人民代表大会及其常务委员会决议的遵守和执行，保证国家计划和国家预算的执行；审查和批准本行政区域内的国民经济和社会发展规划纲要、计划和预算及其执行情况的报告，审查监督政府债务，监督本级人民政府对国有资产的管理。第十二条规定，乡、民族乡、镇的人民代表大会行使职权中包括：审查和批准本行政区域内的预算和预算执行情况的报告，监督本级预算的执行，审查和批准本级预算的调整方案，审查和批准本级决算。

2. 改变或撤销人大常委会有关预决算的决议、决定、命令权

（1）就全国来说，《预算法》第二十条规定，全国人民代表大会有权改变或者撤销全国人民代表大会常务委员会关于预算、决算的不适当的决议权。

（2）就地方来说，《预算法》第二十一条规定，县级以上地方各级人民代表大会有权改变或者撤销本级人民代表大会常务委员会关于预算、决算的不适当的决议；撤销本级政府关于预算、决算的不适当的决定和命令；乡、民族乡、镇的人民代表大会有权撤销本级政府关于预算、决算的不适当的决定和命令。

3. 对预算决算的监督权

《预算法》第八十三条规定，全国人民代表大会及其常务委员会对中央和地方预算、决算进行监督。县级以上地方各级人民代表大会及其常务委员会对本级和下级预算、决算进行监督。乡、民族乡、镇人民代表大会对本级

预算、决算进行监督。

（二）人民代表大会常务委员会预算审查监督职权

1. 监督预算执行和审批预算调整权、审批决算权等

（1）就全国来说，《宪法》第六十七条第五项规定，在全国人民代表大会闭会期间，全国人民代表大会常务委员会审查和批准国民经济和社会发展计划、国家预算在执行过程中所必须作的部分调整方案。《预算法》第二十条规定，全国人民代表大会常务委员会监督中央和地方预算的执行；审查和批准中央预算的调整方案；审查和批准中央决算；撤销国务院制定的同宪法、法律相抵触的关于预算、决算的行政法规、决定和命令；撤销省、自治区、直辖市人民代表大会及其常务委员会制定的同宪法、法律和行政法规相抵触的关于预算、决算的地方性法规和决议。《全国人民代表大会组织法》第二十五条规定，常务委员会的委员长、副委员长、秘书长组成委员长会议，其处理的常务委员会重要日常工作包括：决定是否将议案和决定草案、决议草案提请常务委员会全体会议表决，对暂不交付表决的，提出下一步处理意见。

（2）就地方来说，《预算法》第二十一条规定，县级以上地方各级人民代表大会常务委员会监督本级总预算的执行；审查和批准本级预算的调整方案；审查和批准本级决算；撤销本级政府和下一级人民代表大会及其常务委员会关于预算、决算的不适当的决定、命令和决议。乡、民族乡、镇的人民代表大会审查和批准本级预算和本级预算执行情况的报告；监督本级预算的执行；审查和批准本级预算的调整方案；审查和批准本级决算；撤销本级政府关于预算、决算的不适当的决定和命令。按照《各级人民代表大会常务委员会监督法》第十六条、《预算法》第八十五条的规定，县级以上地方各级人民代表大会常务委员会有权监督本级总预算的执行；县级以上地方各级人民政府应当在每年六月至九月期间，向本级人民代表大会常务委员会报告本年度上一阶段国民经济和社会发展计划、预算的执行情况；县级以上各级人民代表大会常务委员会有权依照法律规定程序就预算、决算中的有关问题提出询问或者质询，受询问或者受质询的有关的政府或者财政部门必须及时给予答复。《地方各级人民代表大会和地方各级人民政府组织法》第五十条规定

了县级以上的地方各级人民代表大会常务委员会行使的职权，其中包括：根据本级人民政府的建议，审查和批准本行政区域内的国民经济和社会发展规划纲要、计划和本级预算的调整方案。

2. 行使对相关法律进行补充修改的立法权

根据《宪法》和《全国人民代表大会组织法》，在全国人民代表大会闭会期间，全国人民代表大会常务委员会对全国人民代表大会制定的法律进行部分补充和修改。按照《地方各级人民代表大会和地方各级人民政府组织法》第四十九条，省、自治区、直辖市的人民代表大会常务委员会在本级人民代表大会闭会期间，根据本行政区域的具体情况和实际需要，在不同宪法、法律、行政法规相抵触的前提下，可以制定和颁布地方性法规，报全国人民代表大会常务委员会和国务院备案；设区的市、自治州的人民代表大会常务委员会在本级人民代表大会闭会期间，根据本行政区域的具体情况和实际需要，在不同宪法、法律、行政法规和本省、自治区的地方性法规相抵触的前提下，可以依照法律规定的权限制定地方性法规，报省、自治区的人民代表大会常务委员会批准后施行，并由省、自治区的人民代表大会常务委员会报全国人民代表大会常务委员会和国务院备案。

为了加强和规范对预算的审查监督，强化预算约束，健全预算制度，提高预算管理水平，保障经济社会的健康发展，各地方人大常委会可以根据《预算法》《各级人民代表大会常务委员会监督法》《地方各级人民代表大会和地方各级人民政府组织法》等有关法律、行政法规，结合本地区实际，制定相关立法方案，积极推进预算审查监督的地方立法工作。省、自治区、直辖市的人民代表大会常务委员会在本级人民代表大会闭会期间，根据本行政区域的具体情况和实际需要，在与宪法、法律、行政法规不相抵触的前提下，可以制定和颁布有关预算的地方性法规和决议，报全国人民代表大会常务委员会和国务院备案。

（三）人民代表大会财政经济委员会及其他专门委员会预算审查监督职权

根据《预算法》《全国人民代表大会组织法》《地方各级人民代表大会和地方各级人民政府组织法》等的规定，人大财政经济委员会或专门委员会对国务院提出的国民经济和社会发展计划草案、规划纲要草案、中央和地方预算草案、预算执行情况、中央决算草案以及相关报告和调整方案进行审查，提出初步审查意见、审查结果报告。这进一步明确了财政经济委员会的相关职责。如《预算法》第二十二条规定，全国人民代表大会财政经济委员会对中央预算草案初步方案及上一年预算执行情况、中央预算调整初步方案和中央决算草案进行初步审查，提出初步审查意见。省、自治区、直辖市人民代表大会有关专门委员会对本级预算草案初步方案及上一年预算执行情况、本级预算调整初步方案和本级决算草案进行初步审查，提出初步审查意见。设区的市、自治州人民代表大会有关专门委员会对本级预算草案初步方案及上一年预算执行情况、本级预算调整初步方案和本级决算草案进行初步审查，提出初步审查意见，未设立专门委员会的，由本级人民代表大会常务委员会有关工作机构研究提出意见。

中国特色社会主义进入新时代，人大各专门委员会在人大预算审查监督中的职责在进一步加强，特别是近年来在部门预算的初审、部门预算的绩效监督、审计查出问题整改等方面发挥着越来越重要的作用。

（四）人大常委会财政经济工作委员会（办公室）预算审查监督职权

根据职能分工设置与自身工作需要，我国部分省级人大另设有人大常委会财政经济工作委员会或人大常委会财政经济工作办公室。其既是人大常委会的内设工作机构，在常委会及主任会议的领导下依法履行职责，同时也作为人大财政经济委员会的办事机构，为人大财政经济委员会依法行使职权提供服务。其主要职责包括：（1）负责人大常委会开展的涉及财政经济方面的执法检查、专项报告审议、专题询问等事项的服务工作。（2）负责政府及有关部门贯彻实施有关财政经济方面的法律法规情况，以及落实人民代表大会及其常委会作出的有关财政经济工作的决议决定等，开展调查研究，提出意见建议，供人大常委会或主任会议参考。（3）负责人大财政经济委员会开展经济工作监督及审查国民经济和社会发展计划（规划）草案、计划部分调整方案、计划执行情况报告的服务工作。（4）负责对人民政府提请人大常委会审议的涉及财政经济方面的议案、报告、规划等进行研究，提出初步意见，供人大常委会或主任会议参考。（5）负责督办代表提出的有关财政经济方面的意见和建议；加强与人大代表的联系，广泛听取意见建议。（6）加强与本级直接对口联系单位的联系，了解情况，必要时就有关重要事项向主任会议报告。（7）加强与上级人大有关委员会的联系，加强与下级人大常委会有关专门委员会的联系。加强与其他地方人大常委会的有关专门委员会的联系，交流情况，沟通信息。（8）承办全国和上级地方人大常委会、人大专门委员会下发的有关法律法规草案征集意见工作。（9）承办人大常委会、人大常委会主任会议和人大常委会领导交办的其他事项。

（五）人大常委会预算工作委员会预算审查监督职权

为加强和改善全国人民代表大会及其常务委员会对中央预算的审查监督，1998 年 12 月第九届全国人民代表大会常务委员会第六次会议批准成立预算工作委员会。

一是从全国层面看，作为全国人民代表大会常委会的工作机构，全国人大常委会预算工作委员会的主要职责体现在以下几点。（1）协助全国人大财政经济委员会承担全国人民代表大会及其常委会审查预决算、审查预算调整方案和监督预算执行方面的具体工作。（2）受全国人大常委会委员长会议委托，承担有关法律草案的起草工作，协助财政经济委员会承担有关法律草案审议方面的具体工作；承办常委会、委员长会议交办以及财政经济委员会需要协助办理的其他有关财政预算的具体事项。（3）经委员长会议专项批准，可要求政府有关部门和单位提供预算情况，并获取相关信息资料及说明，对各部门、各预算单位或重大建设项目的预算资金和专项资金的使用进行调查，政府有关部门和单位应积极协助、配合。

二是从地方层面看，地方各级人大常委会预算工作委员会在本级常委会领导下开展工作，对本级常委会、主任会议负责。其主要职责体现在以下几点。（1）承担本级人民代表大会及其常委会审查预决算、审查预算调整方案和监督预算执行方面的具体工作。① （2）协助本级人大财政经济委员会对预

---

① 具体条款见《预算法》第二十二条、第四十三条。

决算、预算调整方案和预算执行情况进行初步审查。(3) 对财税体制和预算制度改革以及国家财政政策执行情况开展调查研究。(4) 对预算收支草案、重要支出安排、预算超收收入使用、预算执行情况等进行预先审查,对政府及其财税部门执行本级人民代表大会及其常委会批准预算、决算决议的情况进行重点督查和调研会议批准,对部门预算、决算、重大专项资金管理使用的情况进行监督检查。

(六) 人大代表预算审查监督职权

人民代表大会是由人大代表组成的。为保障代表的权利,充分发挥代表的作用,根据有关法律法规具体规定,人大代表在预算审查监督中的职责包括以下几点。

1. 知情权

人大代表的知情权是人大代表基于特定的法律身份和地位,由国家强制力保障的,对于国家机关的决策和重要事务以及社会上发生的重大事件有了解和知悉的权利。知情权是人大代表行使预算审查监督职责的基础。人大及其常委会要为代表知情知政提供信息,扩大代表对常委会活动的参与,为代表深入审议各项议案和报告创造条件,保障代表的知情权。此外,人大代表在闭会期间还可以依法通过视察、调查、持证视察等形式了解预算执行的相关信息。

2. 审议权

根据《全国人民代表大会和地方各级人民代表大会代表法》第八条规定,人大代表有权参加大会全体会议、代表团全体会议、小组会议,审议列入人大会议议程的有关预算的各项议案和报告;有权被推选或者受邀请列席主席团会议、专门委员会会议,就有关预算审查监督的事项发表意见。目前,一些地方人大代表也越来越多地参与到全过程预算绩效审查监督之中。

3. 询问权

根据《全国人民代表大会和地方各级人民代表大会代表法》第十三条规定,人大代表在审议有关预算的议案或者报告时,可以向本级有关国家机关提出询问。

4. 质询权

根据《全国人民代表大会和地方各级人民代表大会代表法》第十四条规定，县级以上地方各级人民代表大会代表有权依照法律规定的程序提出对本级人民政府及其所属各部门，人民法院，人民检察院的质询案。

5. 提案权

根据《全国人民代表大会和地方各级人民代表大会代表法》第九条规定，人大代表有权依照法律规定的程序向本级人民代表大会提出属于本级人民代表大会职权范围内的议案。

6. 表决权

表决权是指人大代表在本级人大会议上，对列入大会审议的有关预算的议案表示赞成、反对或者弃权。

7. 建议权

根据《全国人民代表大会和地方各级人民代表大会代表法》第十八条的规定，各级人大代表有权向本级人民代表大会提出预算方面的建议、批评和意见。

8. 免责权

根据《宪法》第七十五条和《地方各级人民代表大会和地方各级人民政府组织法》第三十四条规定，各级人民代表大会代表、常委会组成人员，在人民代表大会和常委会会议上的发言和表决不受法律追究。

第二节　人大预算审查监督的程序及方式

一、人大预算审查监督的程序

现阶段，我国人民代表大会制度在多年的运作中，已经逐渐形成了涵盖政府预算编制、审批、执行和决算的全过程的人大预算审查监督程序。根据

《宪法》和《预算法》等法律的规定，各级人民代表大会每年召开全体会议，审查批准上年度预算执行情况、决定本年度预算等事项；在各级人大闭会期间，由各级人大常委会，行使监督地方政府预算的执行、审查和批准本级预算的调整方案等预算监督职能。除此之外，在人代会和人大常委会均闭会期间，日常的预算监督由人大常委会及下设专门委员会、人大常委会工作机构在主任会议（常委会党组）领导下进行，主要涉及对预算执行、调整、决算等听取工作报告，提出审议意见，以及开展调研、专题调查、检查等。可见，人大预算监督制度从总体上看，形成了以每年的人代会、定期的人大常委会两类会议行使预算监督权力的模式，同时作为人大预算监督具体办事机构的人大专门委员会和常委会的工作机构负责对财政预算开展经常性的事务，担负着为人代会、常委会会议预算监督决策提供辅助服务的职责，是一套具有新时代中国特色的地方预算监督工作制度。

（一）预算决策与编制阶段

《预算法》规定，人民代表大会举行会议审查预算草案前，应当采用多种形式，组织本级人民代表大会代表，听取选民和社会各界的意见。[①] 预算编制期间内，人大常委会预算工作委员会与常委会工作机构听取相关政府部门关于本级预算编制的情况及预算安排、重要财政政策、财税改革等，展开调查研究。一是与财政部门就下年度预算编制中需要落实的人大要求和有关问题交换意见等。二是听取税务部门介绍税收收入执行情况和下年度税收安排建议，了解人大各专门委员会对预算审查的意见和建议；听取政府有关部门关于部门预算执行情况的介绍。三是征求人大各专门委员会、部分人大代表及预算监督专家顾问对财政经济形势、预算安排和财税体制改革的意见建议，同时可选取部分重点支出和重大投资项目进行财政支出事前绩效评估。四是听取审计部门当年审计查出问题的整改情况以及下年度审计工作计划的通报，研究提出预算审查的重点内容。在此基础上预算工委会对政府全口径预算，从专业及工作角度逐一进行预算预先审查，并提出预算预先审查意见。

---

① 具体条款详见《预算法》第四十五条。

财政部门根据预先审查意见，对预算报告和预算草案进行修改完善并撰写预算分析报告。

以往预算编制更多的是财政部门以及各预算部门的内部工作，进入新时代，伴随着国家治理体系的现代化，各预算监督主体逐步对预算编制发挥着关键作用。由此，人大提前介入预算编制已成为一个基本导向。从各地人大常委会的探索来看，逐步开辟出具有创新性的实践路径，具体表现有四：一是参与预算编制准备工作，通过事前绩效评估、部门预算绩效目标评价等对当年预算重点和预算原则进行整体把握；二是对事关民生、资金量大的部门以及重点支出、重大投资项目开展调研，将人大代表和部门的意见建议汇总转交财政部门；三是对上一年的预算开展重点审查，对症下药；四是在"一上"预算编制环节引入人大预算监督。通过提前介入，关口前移，人大对预算的审查监督提前到预算方案形成之前或形成之时，有效提升了预算的科学性和针对性，弥补了人大在预算方案前期的参与缺位。

（二）预算审查与批准阶段①

1. 初步审查

在人民代表大会召开前规定时间内②，本级人大财经委员会对财政部门报送的预算草案的初步方案进行初步审查，听取人大常委会预算工作委员会预算草案的前期审查意见。其中本级一般公共预算支出预算草案应细化至，

---

① 除初步审查、大会审查法定程序外，根据地方人大实践情况，部分地区还存在预先审查程序。即：在初步审查会议举行规定时间前，人大常委会预算工作委员会与常委会工作机构听取相关政府部门关于本级预算编制的情况及下一年度财政支出政策要点、重点支出和重大投资项目计划。与财政部门就下年度预算编制中需要落实的人大要求和有关问题交换意见等；听取税务部门介绍税收收入执行情况和下年度税收安排建议，了解人大各专门委员会对预算审查的意见和建议；听取政府有关部门关于部门预算执行情况的介绍；征求人大各专门委员会、部分人大代表及预算审查专家对财政经济形势、预算安排和财税体制改革的意见建议，同时可选取部分重点支出和重大投资项目进行财政支出事前绩效评估。在此基础上预算工委对政府全口径预算，从专业及工作角度逐一进行预算预先审查，并提出预算预先审查意见。财政部门根据预先审查意见，对预算报告和预算草案进行修改完善并撰写预算分析报告。

② 《预算法》第四十四条规定：国务院财政部门应当在每年全国人民代表大会会议举行的四十五日前，将中央预算草案的初步方案提交全国人民代表大会财政经济委员会进行初步审查；省、自治区、直辖市政府财政部门，设区的市、自治州政府财政部门，县、自治县、不设区的市、市辖区政府应当在本级人民代表大会会议举行的三十日前将本级预算草案的初步方案提交本级人民代表大会有关专门委员会进行初步审查。

按其功能分类应当编列到项；按其经济性质分类，基本支出应当编列到款。本级政府性基金预算、国有资本经营预算、社会保险基金预算支出，按其功能分类应当编列到项。① 期间请人大财经委委员、相关专门委员会、部分人大代表、专家顾问参加，听取财政部门关于本年预算执行情况和下年预算草案的汇报。人大常委会预算工作委员会通报预先审查情况，并对预算报告和预算草案提出初步审查意见。

人大财经委员会在人大常委会预算工作委员会的协助下，起草关于预算草案的初步审查意见，其中重点包括重大投资项目的预算编制是否细化、规范，项目的必要性是否符合实际情况，是否符合中长期规划的要求，绩效目标是否明确、可行，专项转移支付的预算编制是否规范、公平、合理，绩效目标与用途是否明确。

财政部门据此对预算报告和预算草案做进一步修改完善，并将对初步审查意见的处理情况向本级人大书面反馈。

2. 大会审查

大会审查期间，在人民代表大会上，政府要向人民代表大会做关于预算执行情况和预算草案的报告，全体代表分组对预算报告和预算草案进行审查，表决通过代表大会关于批准预算的决议草案。期间人大财政经济委员会会同常委会预算工作委员会在初步审查的基础上，结合各代表团和相关专门委员会的意见，对预算报告和预算草案做进一步审查，形成审查结果的报告，提请大会主席团表决。表决通过后，连同代表大会关于批准预算的决议草案一并印发全体代表。实行部门预算后，本级政府各部门预算也都提交代表大会进行审查，代表们可以就预算的有关问题，向政府有关部门进行询问和质询等。预算经人民代表大会批准后，财政部门应当在规定时间内向政府各部门批复预算，批复后的部门预算应在批准后 20 日内向人大财政经济委员会和常委会预算工作委员会备案。

---

① 具体条款内容见《预算法》第四十六条。

专栏 3 - 1　预算审查监督程序反映着全过程人民民主

审查批准预算、决算和监督预算执行是宪法和法律赋予人大及其常委会的重要职权，政府预算草案需要经过大会表决通过方可执行。在大会审议期间，人大财经委要向大会主席团提出关于上一年预算执行情况与计划年度预算草案的审查结果报告（以下简称《审查结果报告》），从人大《审查结果报告》的形成过程以及人大审查批准预算的程序中可以充分体现出预算全过程的人民民主。

（一）预算的初步审查。由于人民代表大会会议规定议程多、会期短，如何在较短的时间内对丰富的会议内容进行较为深入、详细和具体的审查，就需要根据宪法和预算法等相关法律的要求，在代表大会召开之前，由各级人大常委会有关机构提前介入，对政府准备提请大会审议的预算报告和预算草案主要内容进行初步的审查，做好预算的初审工作。依照法律规定和人大工作惯例，初步审查一般包括四个环节，即提前介入、听取预算编制情况报告、进行初步审查、提出审查结果报告初稿，具体程序见表 3 - 1。

表 3 - 1　　　　　　　　　　　全国人大预算初步审查程序

程序	内容	依据	程序
预先审查	提前介入	《预算法》《全国人大议事规则》《全国人民代表大会常务委员会关于加强中央预算审查监督的决定》等	1. 人大组织代表开展专题调研和视察等活动，提前了解预算编制有关问题； 2. 人大常委会预算工作委员会进行前期调研，召开有政府有关部门、研究机构和专家学者参加的座谈会，参加中央经济工作会和政府有关预算编制会议，参加有关综合经济部门年度会议，分析研究经济运行和社会发展情况； 3. 整理代表意见和会议简报，研究提出预算分析报告、预算概览、税收预测报告等，为人大代表、财经委组成人员审查预算提供参考
	预先审查		1. 人大会议举行 50 日前，政府财政部门向人大预算工委和预算审查联系代表通报预算执行情况和预算草案的主要内容； 2. 人大预算工委就有关重点问题听取相关部门情况介绍，开展预先审查

程序	内容	依据	程序
初步审查	进行初步审查	《预算法》《全国人大议事规则》《全国人民代表大会常务委员会关于加强中央预算审查监督的决定》等	1. 人大会议举行 45 日前，人大财经委对预算报告和预算草案进行初步审查，其他专门委员会派员参加会议。在预算初步审查阶段，人大有关专门委员会对相关领域部门预算初步方案、转移支付资金和政策开展专项审查，提出专项审查意见；2. 人大财经委在初步审查的基础上，整理出对预算的初步审查意见，并送政府有关部门研究反馈；3. 政府有关部门将对财经委初步审查意见的反馈意见及时向人大财经委通报
	提出审查结果报告初稿		1. 财经委、预算工委根据初步审查情况起草关于预算执行情况与预算草案的审查结果报告初稿，经讨论修改后送政府有关部门征求意见；2. 再根据人大常委会负责同志及有关部门的意见对审查结果报告初稿进行修改

（二）大会预算审查程序。依照相关法律规定以及人大工作惯例，大会审查程序一般包括三个环节，即印发预算执行情况报告和预算草案代表团进行审查，财经委员会、预算工作委员会和有关专门委员会进行审查等，具体程序见表3-2。

表3-2　　　　　　　　全国人大大会预算审查程序

程序	内容	依据	程序
大会审查程序	印发预算报告和预算草案	《预算法》《全国人大议事规则》《全国人民代表大会常务委员会关于加强中央预算审查监督的决定》等	在人大会议期间，政府财政部门向全体会议提交关于预算执行情况和预算草案的报告，并印发代表团
	代表团进行审查		1. 人大各代表团对预算报告进行审议，对预算草案进行审查；2. 在代表团审查过程中，财经委、预算工委有关人员听取各代表团的意见和建议，及时了解和反映代表在审查中提出的意见和建议
	财经委和有关专门委员会进行审查		在人大会议期间，财经委召开全体会议，其他专门委员会派员参加，根据各代表团和有关专门委员会的审查意见，对预算草案进行审查，并对人大审查结果报告初稿进行修改

（三）预算批准程序。依照法律规定和人大工作惯例，批准程序一般包括四个环节，即提出审查结果报告、代拟决议草案、代表团审议、大会表决。具体程序见表3-3。

表3-3　　　　　　　　　全国人大预算批准程序

程序	内容	依据	程序
批准程序	提出审查结果报告	《预算法》《全国人大议事规则》《全国人民代表大会常务委员会关于加强中央预算审查监督的决定》等	财经委向大会主席团提出关于预算执行情况与预算草案的审查结果报告。审查结果报告应当反映有关专门委员会和代表的审议意见
	代拟预算决议草案		大会秘书处为大会主席团代拟关于预算执行情况报告与预算的决议草案。决议草案应当包括是否批准预算草案和报告的内容
	代表团审议		1. 财经委关于预算执行情况与预算草案的审查结果报告，经大会主席团审议通过后，印发会议；2. 大会秘书处为大会主席团代拟的关于预算执行情况报告与预算的决议草案，经大会主席团审议表决后，交各代表团审议
	大会表决后向社会公布		关于预算执行情况报告和预算的决议草案，经各代表团审议后，由大会主席团提请全体会议表决，通过后向社会公布

上述实践可以看出，人大提前介入，特别是组织人大代表开展专题调研和视察等活动，是贯彻预算审查前听取人大代表和社会各界意见建议机制的具体体现，有利于更广泛地了解民意。在此基础上，人大还要就预算政策和预算安排举行一系列的会议，例如，全国人大预算工作委员会从2021年第四季度开始就组织召开了一系列会议，分专题听取有关重点领域财政政策和资金安排使用情况的介绍。如减税降费工作座谈会、税收收入专题座谈会、税收立法以及预算编制工作通报会等。同时，为贯彻落实党中央要求和预算法规定，按照2022年预算审查具体工作安排计划，就重点关注领域支出政策和预算安排召开了多次座谈会，包括科技领域、农业领域、住房保障领域以及

地方政府债务方面等。这些会议有人大财经委、预算工委及各专门委员会人员参加，也有政府有关部门及研究机构和高校的专家学者参加。这种沟通与参与机制是我国全过程人民民主在预算审查监督中应用的生动实践，这种机制有利于人民群众更畅通地表达利益要求，可以为人大审议预算提供高质量参与决策的参考资料，有利于提前了解预算政策和预算草案的主要内容，从而为代表们的审议提供良好的基础。与政府财政部门及其他政府部门提前沟通机制有利于了解预算执行和编制中的有关问题，有利于国家决策实现科学化、民主化。而人大代表的有关预算审查意见和建议也集中反映在人大的《审查结果报告》中，对预算执行情况报告的审议意见体现了人大的监督权，对预算报告和预算草案的审批意见以及年中常委会对决算的审批意见则体现了人大的决定权，经过人大会议表决通过后的预算即具有法律效力。可见，我国全过程人民民主已经嵌入到了全过程预算审查监督之中。

资料来源：李燕.从人大预算审查结果报告看全过程人民民主生动实践[J].中国财政，2022（9）：14－18.

　　总的来看，新时代在预算审查批准阶段，逐步形成了以预算初审和大会审查"两手抓"的预算审查监督。人大实现有效预算审查监督的重要前提就在于预算草案初步审查实质有效、能提出建设性的审查意见。为此，各地人大进行了积极探索。一是积极组织人大代表参与，扩大参与面。云南、山东等省份均建立了预算审查前广泛听取人大代表和社会各界意见的机制。二是积极开展调研咨询，通过专题座谈会、汇报会、代表视察、专家参与等方式听取意见，提高预算初审的针对性和科学性。2018年河北省人大财政经济委员会选取上年度预算执行中问题较为典型的地区进行视察调研，听取和审查15个部门经济运行和预算执行情况的汇报，并组织了6位专家顾问参与初审工作。2019年，北京市海淀区人大常委会财经办（预审办）组织5个专门委员会首次实现5个专门委员会对30个政府工作部门预算编制阶段的预算初审工作，真正实现了预算审查工作由程序性向实质性审查的重大突破。这表明新时代人大预算初步审查成果显著，人大可以切实发挥要求政府部门就发现问题进行整改的权力。此外，最近几年各级人大不断改进审查方式，在预算信息的细化、便捷化等方面做了很大的改进，大会审查预算的效果不断改善，预算草案的大会审查优势得以较好发挥。

专栏3-2　人大预算修正权的地方探索

预算修正权是指立法机关依照法定程序对行政机关提交的预算案进行增列、删除预算项目和增加、减少预算经费的活动。预算修正权是衡量现代立法机关核心权力大小的重要指标，立法机关的预算修正有利于发挥立法机关对政府预算的监督功能、提高财政资金的使用效率、推动预算民主进程，进而保障纳税人权利。虽然《预算法》未在法律层面明确规定预算修正权，但为地方人大提出预算修正案的实践留下了充裕的探索空间。在预算修正方面，重庆、云南等地在地方法规中明确规定了预算修正案提出和审批的程序，浙江温岭、上海闵行区等地方已将预算修正权付诸实践。

从法规制定来看，一些地方规定本省市人大就本级政府提交的预算草案拥有提出预算草案修正案的权力。在具体行使预算修正权的规定方面，这些地方在预算草案修正案的提出主体、修正案的成立要件、修正案的效力等方面提出了要求。例如《重庆市预算审查监督条例》第十九条规定，市、区县（自治县）人民代表大会会议期间，按照收支平衡的原则，大会主席团、人大常委会、各专门委员会、人大代表依法联名，可以提出本级预算草案修正案，由主席团决定是否列入大会议程或者是否提交大会审议、表决。列入大会议程或者提交大会审议、表决的修正案，在交付表决前，提案人要求撤回的，经大会主席团同意，会议对该修正案的审议即行终止。本级预算草案表决前，应当先对修正案草案进行表决。修正案草案通过后，本级政府应当按照修正案修改本级预算草案，大会再对修改后的本级预算草案进行表决。《云南省预算审查监督条例》（2022）第二十五条规定，各级人民代表大会会议期间，大会主席团、人大常委会、各专门委员会、人大代表依法联名，可以书面提出预算草案修正案，由人大财经委或者人大常委会预算工委审议或者研究，并征求本级人民政府财政部门的意见后，再由大会主席团决定是否列入大会议程或者是否提交大会审议、表决。预算草案修正案，应当对所提议的事项、理由作出说明。提出增加支出的修正案，应当提出增加收入或者减少其他支出的具体方案。对交付表决的预算草案，有修正案的，先表决修正案，再表决关于预算的决议草案。修正案通过后，本级人民政府应当按照决议修改预算。

从实践来看，浙江省温州市相对较早起步，预算修正工作始于 2015 年。根据《地方各级人民代表大会和地方各级人民政府组织法》关于议案提出的相关规定，温岭市人大常委会出台了《预算修正议案处理办法》，规范了预算修正议案的提出、列入议程和表决的具体要求。人代会表决批准预算前，十名以上代表联名可以提出预算修正议案，经大会主席团审查同意，交各代表团审议后，采用电子表决方式提交大会表决。预算修正议案一经通过，政府必须要按照通过的修正议案调整相关预算。这样的制度安排，可以使人大代表对预算的审查权、调整权、决定权进一步落到实处。截至 2021 年，共收到预算修正议案 22 件，列入大会表决的 3 件，全部获得通过。镇级层面，预算修正议案从 2006 年就开始探索，考虑到预算修正议案的收支平衡原则，大会还引入了辩论环节，人大代表就预算增减理由充分发表意见，再提交大会表决。截至 2021 年，共提出预算修正议案 195 件，列入大会表决的预算修正议案 115 件，其中表决通过 103 件，还有 12 件未获通过，共调整预算 8363 万元。

资料来源： 许聪. 省级人大预算监督权力考察——以 30 个地方预算监督条例（决定）为基础 [J]. 财政研究，2018（10）：92－104；刘永标. 拓展预算审查监督的制度空间——温岭参与式预算三审制的实践与思考 [J]. 人大研究，2021（1）：33－36. 作者在此基础上作出调整。

（三）预算执行与调整阶段

1. 预算收支执行

在预算执行期间，人大常委会应当在每年 6 月至 9 月期间听取人民政府关于上半年预算执行情况的报告，可以采取听取和审议专项工作报告、执法检查、规范性文件备案审查、询问和质询、特定问题调查等方式，对预算执行进行监督。必要时，可以作出决议、决定。人大财经委员会应当在每季度终了后，听取人民政府财政部门关于预算执行情况的报告，可以对有关本级预算单位的部门预算、重点支出和重大投资项目的执行情况进行监督。必要时，将结果向人大常委会报告。人大常委会预算工作委员会可以与人民政府财政、税务、审计等部门建立数据联网，实现信息共享。人民政府财政部门应当按月提供预算收支报表等有关资料。

2. 预算执行调整

在人大常委会举行会议审查和批准预算调整方案规定时间前，政府财政部门将本级预算调整初步方案提交人大财经委员会和常委会相关工作机构进行初步审查。人大相关机构对预算调整方案进行初步审查、征求人大代表等的意见，提出审议意见交财政部门办理。财政部门反馈对初步审查审议意见的办理情况。人大常委会听取和审议政府本级预算调整方案的说明、人大专门委员会和常委会相关工作机构的预算调整的审查结果报告，人大常委会批准决定预算的调整方案后20日内由本级政府财政部门向社会公开。

做好预算执行工作，关系到党和国家各项方针政策的贯彻落实，关系到政府公共服务水平及财政预算管理水平的提升，具有重要的政治经济和社会意义。就现阶段预算执行情况来看，人大逐步向以预算收支执行规范化为目标的预算执行监督进行改革。其中主要涉及预算收支执行和预算调整两个重点问题。在预算收支执行进度上，当前经济新常态背景下，财政收入增速放缓，财政支出刚性不断增强，地方政府一方面通过举债筹集财政收入，而另一方面存在结转结余资金较多的矛盾现象。针对预算执行中的进度慢、结余结转多以及政府债务等问题，各级人大深入调研分析预算执行进度慢的成因，积极探索预算执行进度监测监督办法，加强对预算结余结转资金的监督管理。在预算调整上，地方人大不断探索监督政府预算调整的方式，重庆、广西、河北、云南等十余个地方在其关于预算审查监督的地方性法规中明确界定了预算调整的范围和情形，大多数省级人大常委会还通过量化和列举的方式直接界定了预算调整监督的权限。在部分地方如陕西、山东等地，为了避免政府财政部门规避监督，地方人大将预算执行中超收安排、预备费动用、预算周转金、返还和补助、预算划转等内容界定为"预算变更"，与法定"预算调整"相区别，并进行重点监督。在预算执行与调整的监督方式上，部分省市丰富了预算执行监督方式，专题询问、质询和调研已日趋成为各级人大常委会的一种定期化、常规化的工作方式。

各级人大预算监督的积极探索与实践，有效规范了政府的预算执行和调整行为，增强了预算对各支出部门的约束力，强化了人大对政府预算执行进度和调整的监督，硬化了人大对预算执行的监督权力。

（四）决算与审计阶段

在人大常委会举行会议审查和批准本级决算草案的 30 日前，财政部门将经审计机关审计后的上一年本级决算草案提请人大财政经济委员会进行初步审查，其中决算草案应包括相关绩效评价报告，反映重点支出与重大投资项目竣工决算及绩效情况。人大财经委据此提出审议意见。之后政府财政部门根据审查意见将研究处理情况书面反馈至人大财经委，并由人大财经委将审议意见与反馈的处理情况报告印发给人民代表大会。人大常委会审查和批准本级决算草案时，应当听取并审议人民政府关于决算草案的报告和审计工作报告；根据审议情况对本级决算作出决议，期间人民政府相关负责人及财政、审计、发展改革、国资和人力社保等部门主要负责人应当列席会议，并对审议涉及的相关问题进行说明，回答询问。人大相关工作机构将常委会组成人员对审计报告审议意见转政府办理，政府汇总下一级政府报送备案的决算，报人大常委会备案。对报送备案的决算，需撤销批准决议的，政府应提请人大常委会审议后作出决定。

近年来，人大决算监督与审计监督深度结合日渐成为决算监督的常态，通过颁布实施一系列指导意见，加强审计机关与立法机构互动，共同提升人大预算监督的质量和效果。在决算监督与审计监督的有机结合方面，部分地方人大开展了进一步深化细化的改革探索，比如，审计查出问题配合询问、质询、特定问题调查等刚性监督方式，审计查出问题后按清单整改并跟踪调研，对审计查出问题整改情况报告进行满意度测评，加大对审计结果和整改情况的公开力度等都是经过实践证明效果较好的改革举措。

二、人大预算审查监督的工作机制及监督方式

对政府进行预算审查监督是宪法和法律赋予人大及其常委会的一项重要

职权，也是地方人大代表人民依法管理国家事务、代表人民当家作主理财管财的重要途径和方式。目前，人大预算审查监督主要形式有审查和监督。审查重在"查"，核对是否正确恰当；监督反映权利委托者对权利受托者的制约，防止出现权力的滥用。

（一）预算审查监督的工作机制

人大及其常委会主要是通过会议的形式，依法行使国家权力机关的职权。强化对政府预算报告、预算调整报告、决算报告的审查，关系到国家权力机关的预算监督力度、社会主义民主和法治建设的深度和人民代表大会制度完善的程度。

具体来说，审查是为了得知情况，只有在审查之后作出对应的处理，才体现出权力的行使。人大及其常委会对政府预算决算及预算调整审查的职能在于使人大代表或常委会组成人员通过对预算决算草案及预算调整方案所包括内容的了解、分析，形成并产生自己的认识和判断。同时，通过听取、借鉴别人的意见来反思自己的意见。在协商探讨中使各种意见都得到充分的表达和反映，在意见交流中形成多数人较一致的正确意见，为最终决定问题奠定基础。这就表明，人大对政府预决算及预算调整方案审查工作的开展，需要在会前调查研究和检查先行，以提供充分的资料和相关数据以及群众的意见建议。

审查批准权之于监督权，是不可或缺的组成部分。审查机制建立的初衷是，人大通过听取和审查这一环节，对政府预决算和调整报告及预算调整方案进行科学评估，最终形成人大代表或常委会组成人员的集体意志，对政府预算进行有效控制。我国的政治理念中强调国家机关之间的协同配合，尤其是在人民代表大会制度下，其他国家机关都由人民代表大会产生。在这样的理念和制度指导下，预算审查也是国家机关之间配合工作的具体形式。人大对政府预决算审查在我国的实践由来已久，积累了丰富的经验，为人大对政府预算审查机制的逐步完善提供了基础。

1. 审查的时间安排

目前《各级人民代表大会常务委员会监督法》《预算法》对于政府预算、

决算和预算调整方案的审查工作都有明确的时间安排。时间在工作程序中起到保证效率和保证审查工作充分开展的作用。从保证预算审查工作质量的角度来看，应当考虑给予审查人员充分的审查时间；而从保证审查工作效率的角度来看，对时间又要有一定的限制。这就要求在两者权衡之间作出科学选择，比较有效的办法就是要注重会前的初步审查。《预算法》中对涉及初步审查时间安排的内容在第四十四、第六十九、第七十八条均做了相应修改和完善，即：国务院财政部门应当在每年全国人民代表大会会议举行的四十五日前，将中央预算草案的初步方案提交全国人民代表大会财政经济委员会进行初步审查；省、自治区、直辖市政府财政部门应当在本级人民代表大会会议举行的三十日前将本级预算草案的初步方案提交本级人民代表大会有关专门委员会进行初步审查。预算调整本级人民代表大会常务委员会举行会议审查和批准预算调整方案的三十日前，将预算调整初步方案送交本级人民代表大会常务委员会有关工作机构征求意见；中央及地方政府财政部门应当在本级人民代表大会常务委员会举行会议审查和批准本级决算草案的三十日前，将上一年度本级决算草案提交本级人民代表大会有关专门委员会进行初步审查。

2. 审查机构与人员

目前《各级人民代表大会常务委员会监督法》《预算法》对人民代表大会及其常委会、人大财政经济委员会及其他专门委员会、人大常委会预算工作委员会及其他工作机构在预决算及预算调整方案的审查中的职责都有明确的规定。《全国人民代表大会组织法》第三十六条规定，各专门委员会可以根据工作需要，任命专家若干人为顾问；顾问可以列席专门委员会会议，发表意见。第三十七条第七项规定，对属于全国人民代表大会或者全国人民代表大会常务委员会职权范围内同本委员会有关的问题，进行调查研究，提出建议。总体来看，现阶段对于财政经济委员会、预算工作委员会、人大代表以及社会财政经济领域专家参与初步审查或调查研究的原则性规定基本形成，但对于人大代表及预算顾问之外的社会公众参与人大对政府预算审查的途径方式等具体明确的规定还有待完善。

3. 审查前的准备

审前准备既包括人大常委会办事机构为会议做好筹备、服务工作，也包括人大代表或常委会组成人员为会议议题做好发言、审查准备以及工作安排。审前准备工作要着重抓住四个环节：一是审前组织人大代表或常委会组成人员学习相关法律法规，包括平时全面学和结合审议内容重点学。平时注意利用主任会议、政治学习、业务学习时间，组织常委会驻会成员学习《各级人民代表大会常务委员会监督法》《预算法》等法律法规。在每次召开人代会或常委会会议之前，组织人大代表或常委会组成人员针对审查议题认真学习有关法律法规、政策及理论知识，掌握法律要点和审议重点，确保审查发言依法准确有力度。二是坚持调查研究制度。组织熟悉审议议题的人大代表、常委会组成人员深入有关部门和单位，广泛走访了解，开展全面细致的调查研究，吃透情况，充分反映人民群众的呼声和愿望，使审查发言言之有物、言之有据。三是人大常委会办事机构应当将各方面将与政府预算决算及预算调整报告议题有关的意见汇总整理。人大常委会办事机构对各方面意见的汇总应当及时、准确、全面，要尽量避免延误、错漏、重复。四是坚持重点发言人制度。重点发言人带头发言，有利于充分调动大家审查发言的积极性，避免跑题偏题。

4. 会议审查规定

为保证审议的深度、力度，可以由与议题相关的工作委员会主任、副主任（一般都是常委会专职委员），通过对议题作重点发言的方法来启发、带动其他组成人员充分发表意见，包括不同意见，使审议不断深化。由于预算审查专业性强，对于很少发言，或发言重点不突出者，要加强培训、指导；必要时甚至可以为其配备助手，对其进行发言前的相关资料准备和提供问题分析研究报告。

（二）人大预算监督的方式

对于政府预算而言，政府预算、决算草案及预算调整方案是由人大及其常委会批准授权的，因而人大及其常委会就要对政府预算的支出过程和结果予以全方位的、动态的、常态化的监督。当然，全方位的、动态的、常态化的监督实现形式可以是多样化的，既可以通过法定的、常规的监督形式起到长效作用；也可以利用互联网技术实施在线动态监督，还可以借助审计机关的专业化、常态化监督达到监督目的。根据《各级人民代表大会常务委员会监督法》《预算法》等法律规定，法定的、常规的监督形式主要有以下几种。

1. 监督人大批准的预算执行情况

《预算法》第八十六条规定，国务院和县级以上地方各级政府应当在每年六月至九月期间向本级人民代表大会常务委员会报告预算执行情况。地方人大常委会设立后，除了宪法、组织法规定的例行性监督工作，还需要不断探索开展一些经常性的工作，才能体现出作为常设地方国家权力机关的性质作用。政府预算执行情况如何，在相关法律制度明确的情况下，关键在于执行部门和单位。因此，听取和审议本级政府预算执行情况专项工作报告，也是人大常委会行使预算监督权的主要的、基本的形式。听取和审议时间一般包括，每月、一季度、半年、一至三季度、年度等。做好听取和审议政府预算执行情况专项工作，对于促进政府依法理财，强化支出绩效，促进社会主义民主政治建设，维护广大人民群众切身权益，具有重要意义。

2. 听取和审议政府专项工作报告

听取和审议政府专项工作报告是人大常委会加强监督工作、实施经常性监督的有效途径。《中华人民共和国全国人民代表大会常务委员会议事规则》（以下简称《全国人大常委会议事规则》）第三十三条规定，常务委员会根据年度工作计划和需要听取国务院、国家监察委员会、最高人民法院、最高人民检察院的专项工作报告。听取国民经济和社会发展计划、预算执行情况的报告，听取决算报告、审计工作报告，听取常务委员会执法检查组提出的执法检查报告，听取其他报告。按照《各级人民代表大会常务委员会监督法》第九条规定，主要包括：本级人民代表大会常务委员会在执法检查中发现的突出问题；本级人民代表大会代表对人民政府、人民法院和人民检察院工作提出的建议、批评和意见集中反映的问题；本级人民代表大会常务委员会组成人员提出的比较集中的问题；本级人民代表大会专门委员会、常务委员会工作机构在调查研究中发现的突出问题；人民来信来访集中反映的问题；社会普遍关注的其他问题等。例如，财政老旧改造资金分配使用情况、地方政府债务管理情况、财政教育资金分配使用情况、财政医疗卫生资金分配使用情况、深化财政转移支付制度改革情况、政府关于审计查出问题整改情况报告，等等。这种监督形式具有经常性、针对性、及时性、实效性等特点，是人大监督经常采用的监督方式。

各级人大在听取和审议预算执行情况专项工作报告时，往往会深入进行专题调研，组织本级人大常委会组成人员和人大代表对有关工作进行专门视察或专题调查研究，力求最终形成高质量的审议意见，从而保障监督收到良好的效果。在听取和审议之后，还会继续跟踪监督，以形成一种反复抓、抓反复的态势。也就是说，听取和审议一次专项工作报告还不是监督的完成，而是要保持连续、积极的督促。因此，基于之前实践打下的良好基础，加强对政府预算执行情况专项工作报告的审议，是人大常委会加强预算监督职能相对比较可行的途径。并且政府预算执行情况专项工作报告的内容既可能全面，也可能针对具体问题，人大常委会有比较大的选择空间。根据听取和审议的情况，对发现的问题，可以作出灵活的处理，也可以采取其他的法定监督形式作为补充或后续。

3. 法律法规实施情况的检查

《各级人民代表大会常务委员会监督法》第二十二条规定，各级人民代表大会常务委员会每年选择若干关系改革发展稳定大局和群众切身利益、社会普遍关注的重大问题，有计划地对有关法律、法规实施情况组织执法检查。开展执法检查，是各级人大常委会行使监督职能的重要方式，是国家权力机关的一种监督行为。

4. 询问和质询

《预算法》第八十五条规定，各级人民代表大会和县级以上各级人民代表大会常务委员会举行会议时，人民代表大会代表或者常务委员会组成人员，依照法律规定程序就预算、决算中的有关问题提出询问或者质询，受询问或者受质询的有关的政府或者财政部门必须及时给予答复。

询问是指各级人大代表或人大常委会组成人员，在人代会或人大常委会会议上审议工作报告或议案时，向有关国家机关打听了解有关情况。《各级人民代表大会常务委员会监督法》第三十四条规定，本级人民政府或者有关部门、人民法院或者人民检察院应当派有关负责人员到会，听取意见，回答询问。询问主要是搭建一个监督者和被监督者的沟通平台和对话渠道，以保障人大或人大常委会预算监督工作的客观真实、公开公正。询问可以了解预算编制和执行情况，同时也可以提出一些尖锐、突出问题。近几年各级人大常委会通过专题询问的方式，就一些财政专项执行及效益情况进行监督，发挥了促使政府及其有关部门整改的作用。

质询是指各级人大代表或常委会组成人员在人大或人大常委会会议期间，按照法律规定的程序，就政府的预算安排方针、执行措施以及相关事项的确立与运作中所存在的不适当的问题或现象，对本级国家行政机关提出质问并要求答复的制度的议事方式。质询作为人大及其常委会行使预算监督权的重要形式，对于人大及其常委会充分发扬民主和督促政府依法履职具有十分重要的意义。

5. 特定问题调查

目前，人大常委会每年会开展 1～2 项专题调研，与此不同的是特定问题调查。特定问题调查是人大及其常委会为了正确履行职责就某一特定问题所进行的一种调查活动，是宪法和法律赋予各级人大及其常委会的一项重要监督职权，是人大及其常委会行使监督权的一种重要形式，是人大及其常委会监督同级行政机关的一种具有法律效力的强制性手段。《各级人民代表大会常务委员会监督法》第三十九条规定，各级人民代表大会常务委员会对属于其职权范围内的事项，需要作出决议、决定，但有关重大事实不清的，可以组织关于特定问题的调查委员会。《全国人大常委会议事规则》第三十二条规定，常务委员会认为必要的时候，可以组织关于特定问题的调查委员会，并且根据调查委员会的报告，作出相应的决议。特定问题调查委员会是临时设立的特别工作机构，调查报告必须为书面形式，对所要调查的事实情况作出回答，一般应包括调查过程、调查结论、结论依据以及处理建议等。

目前，不仅全国人大及其常委会拥有特定问题调查权，县级以上地方各级人大及其常委会也拥有特定问题调查权。需要组织特定问题调查委员会进行调查的问题，一般应当是特别重大、有关专门委员会或者常委会工作机构承担不了的问题。人大及其常委会预算监督有时难以取得实效的重要原因之一，就是查明违法事实的手段不足、能力不强。人大代表和人大常委会组成人员中虽然专业技术人才多，但有财经、审计等专业背景的人并不多，由非专业的人大常委会组成人员去弄清预算方面的重大事实显然是不科学的。因此，这就必须采取主要由具有财经、审计等相关专业背景的人大代表或常委会组成人员组成特定问题调查委员会进行专门调查，必要时还需要司法机关的协助，这样才能真正为人大及其常委会依法履行预算监督职权提供科学的依据，从而实现民主性和科学性的统一。由于在预算监督实践方面应用特定问题调查委员会的经验还比较少，如何更好地运用这一监督形式，还需要各级人大及其常委会在具体预算监督工作中继续进行探索，不断规范和完善，以使其真正发挥效能。

第三节　人大开展预算审查监督的依据

预算反映着政府活动的内容、范围及政策导向，是公共财政运作的控制和组织系统，也是立法机关和社会公众对政府进行监督和制约的重要工具或制度载体。而预算监督作为预算制度的重要内容，是保障预算执行不偏离预算目标的重要手段，并通过建立有效的监督形成具有规范透明、标准科学、约束有力等特征的现代预算制度。《宪法》第二条明确规定，一切权力属于人民；人民行使国家权力的机关是全国人民代表大会和地方各级人民代表大会。人大预算监督的权力保障离不开法律法规的完善，否则人大预算监督将缺少支撑。党的十九大报告提出中国特色社会主义进入了新时代，给出了新的历史方位，新时代人大预算监督的立法工作也在不断向前推进，通过《宪法》《各级人民代表大会常务委员会监督法》《预算法》《预算法实施条例》《全国人民代表大会组织法》《全国人大常委会议事规则》《地方各级人民代表大会和地方各级人民政府组织法》及地方各级人大预算审查批准监督条例等不同层次的法律法规为人大预算监督提供了权力保障，使得人大预算监督有法可循，走上了法制化轨道。

一、《宪法》提供根本保障

新中国的第一部宪法"五四宪法"第二十七条规定，全国人民代表大会审查和批准国家的预算和决算，从形式上确立了人大的预算审查和批准权，自此审查和批准预算及决算成为人大的一项重要工作。1982 年的《宪法》第六十二条规定，全国人民代表大会负责审查和批准国家预算和预算执行情况的报告；第六十七条规定，在全国人民代表大会闭会期间，全国人大常委会负责审查和批准国家预算在执行过程中所必须作的部分调整方案；第九十九条规定县级以上的地方各级人民代表大会审查和批准本行政区域内的国民经济和社会发展计划、预算以及它们的执行情况的报告；有权改变或撤销本级人民代表大会常务委员会不适当的决定。首次在《宪法》中明确了人大常委会的预算监督权。此后至 2018 年修正的《宪法》中，始终对人大预算监督职权做出明确要求，《宪法》为人大对预算的审查监督权提供了最高依据和根本保障。

二、《预算法》强化预算约束

《预算法》是为了规范政府收支行为，强化预算约束，加强对预算的管理和监督，建立健全全面规范、公开透明的预算制度，保障经济社会的健康发展，根据宪法制定的法律。1991 年国务院制定的《国家预算管理条例》对预算管理进一步作了细化。为适应建设社会主义市场经济体制的新要求，使国家预算的组织和管理走向规范化，加强预算管理的民主和法制建设，1994年八届全国人大二次会议通过了《中华人民共和国预算法》，将国务院的行政法规上升为人大的法律，预算的法律效力迈上了新台阶，人大预算监督的职权在法律上进一步具体化。为深化现阶段预算制度改革、建立现代财政制度，2014 年全国人大常委会对《预算法》进行首次修正，对实行政府全口径预算管理、预算审查重点转向支出预算与政策、完善财政转移支付制度、健全地方政府债务管理机制、推进预算公开和绩效管理及加强人大预算决算审查监督等方面作了进一步完善，对人大审查监督预决算的程序、内容和方式等作出了明确规定，在补充完善人大预算监督的具体审查制度方面效果显著，有利于进一步发挥人大预算审查监督作用，实现民主理财，科学理财，开启了我国迈向现代财政制度的新时代。2020 年修订的《预算法实施条例》进一步细化了《预算法》有关规定，对预算收支范围、预算公开、转移支付、地方政府债务等事项作出相应规定，同时对进一步加强绩效管理、提高资金使用效益等作出规定，进一步构建了全方位预算绩效管理格局，健全了预算绩效管理制度，强化了预算绩效管理监督和约束，将新时代财税体制改革和预算管理实践成果以法规形式固定下来，确保公共财政资金使用效益。

三、《各级人民代表大会常务委员会监督法》突出监督内容

2006 年，十届全国人大常委会第二十三次会议通过了《中华人民共和国各级人民代表大会常务委员会监督法》。《各级人民代表大会常务委员会监督法》第十五、第十六、第十七、第十八条明确规定了全国人大常委会和地方各级人大常委会对预算调整、预算执行、决算草案等进行审查监督的原则、内容、形式和程序。如第十五条第一款规定，国务院应当在每年六月，将上一年度的中央决算草案提请全国人民代表大会常务委员会审查和批准。第十五条第三款规定，决算草案应当按照本级人民代表大会批准的预算所列科目编制，按预算数、调整数或者变更数以及实际执行数分别列出，并作出说明。第十七条第二款规定，严格控制不同预算科目之间的资金调整。预算安排的农业、教育、科技、文化、卫生、社会保障等资金需要调减的，国务院和县级以上地方各级人民政府应当提请本级人民代表大会常务委员会审查和批准。《各级人民代表大会常务委员会监督法》的出台，对预算调整原则进行了明确，使人大预算审查监督内容更加具体、更显刚性，也提出了更高要求。

四、其他有关法规及制度办法规定

2015年1月1日，修改后的《预算法》正式实施，2018年中共中央办公厅印发了《关于人大预算审查监督重点向支出预算和政策拓展的指导意见》，要求人大从支出预算的总量与结构、重点支出与重大投资项目、部门预算、财政转移支付、政府债务五个方面对支出预算和政策开展全口径审查和全过程监管，成为目前各地人大审查监督的重要依据。改进审计查出突出问题整改情况报告机制，预算审查前听取人大代表和社会各界意见建议，实施预算联网监督等一系列重要改革举措相继出台实施，加快推动了新时代人大预算审查监督制度健全完善和工作创新发展。除了《宪法》《预算法》和《各级人民代表大会常务委员会监督法》等之外，为了加强对预算的审查监督，结合实际情况，全国人大及各级人大还通过法规条例加强自身的制度建设。

2021年，十三届全国人大常委会第二十八次会议审议通过《全国人民代表大会常务委员会关于加强中央预算审查监督的决定（修订草案）》，一是将党中央加强人大预算决算审查监督职能的决策部署、出台的重要改革举措，上升为法律规定，将党的主张通过法定程序转化为国家意志，实现改革和立法相统一、相促进。二是推进全国人大预算审查监督法律制度健全完善，推进全国人大及其常委会预算审查监督工作深化拓展。三是对《预算法》关于预算审查监督的规定作了细化，推进预算法律法规体系进一步完善。

专栏3-3 《全国人民代表大会常务委员会关于加强中央预算审查监督的决定（修订草案）》主要内容

《决定（修订草案）》共有12条，分别对全口径审查和全过程监管、预算编制监督、预算初步审查、预算执行监督、预算调整审查、决算审查、预算绩效审查监督、审计监督、审计查出问题整改情况监督、强化预算法律责任、发挥全国人大代表作用、预算工作委员会职责等作出规定。其主要内容包括：

（一）加强全口径审查和全过程监管。2018年3月中共中央办公厅印发的《关于人大预算审查监督重点向支出预算和政策拓展的指导意见》明确提出，人大对支出预算和政策开展全口径审查和全过程监管；审查监督的主要内容包括支出预算的总量与结构、重点支出与重大投资项目、部门预算、财政转移支付、政府债务和政府预算收入。《决定（修订草案）》对加强全口径审查和全过程监管，以及预算审查监督重点向支出预算和政策拓展的内容作出相应规定。（第一条）

（二）加强预算编制的监督工作。为建立标准科学、规范透明、约束有力的预算制度，《决定（修订草案）》提出：中央预算应当做到政策明确、标准科学、安排合理，增强可读性和可审性；预算编报要细化，并对完善一般公共预算、政府性基金预算、国有资本经营预算、社会保险基金预算的编报分别作出规定。（第二条）

（三）加强和改善中央预算的初步审查工作。为进一步健全完善预算审查监督的程序和机制，《决定（修订草案）》提出：预算工作委员会要充分听取意见建议，研究提出关于年度预算的分析报告；财政经济委员会对中央预算草案进行初步审查，就有关重点问题开展专题审议；有关专门委员会对对口联系部门的部门预算或相关领域预算资金开展专项审查。（第三条）

（四）加强预算执行的监督工作。为增强预算审查监督的针对性和实效性，《决定（修订草案）》提出：国务院财政部门定期报送预算收支信息，国务院有关部门及时提供有关财政经济方面的数据；综合运用各种监督方式，加强预算执行监督；利用现代信息技术开展预算联网监督，提高预算审查监督效能。（第四条）

（五）加强预算调整变动的审查监督。为落实预算法关于预算调整和调剂的规定，《决定（修订草案）》进一步明确需要报全国人大常委会审批的具体事项；健全新出台重要财税政策和预算重要变化情况的通报机制。（第五条）

（六）加强决算审查和预算绩效审查监督。为贯彻落实党中央关于全面实施预算绩效管理等改革要求，《决定（修订草案）》对细化决算草案编报作出具体规定（第六条），新增一条关于预算绩效审查监督的规定（第七条）。

（七）加强审计监督和审计查出问题整改情况的监督。为更好发挥审计监督作用，加强人大预算审查监督与审计监督等贯通协调，《决定（修订草案）》提出：审计机关按照真实、合法和效益要求，对中央预算执行和其他财政收支以及决算草案开展审计监督（第八条）；全国人大常委会对审计查出突出问题整改情况开展跟踪监督；全国人大常委会听取和审议国务院关于审计查出问题整改情况的报告（第九条）。

（八）依法执行备案制度、强化预算法律责任。为落实预算法关于违反预算法律责任的规定，《决定（修订草案）》从严格执行备案制度、与法律规定不符的情况进行处理反馈等方面，作出进一步规定。（第十条）

（九）更好发挥全国人大代表作用。为更好坚持和发挥人大代表的主体作用，《决定（修订草案）》提出：国务院财政等部门应当认真听取代表意见建议，主动回应代表关切；全国人大常委会有关工作机构应当加强与全国人大代表的沟通联系，健全预算审查联系代表工作机制。（第十一条）

（十）补充完善预算工作委员会职责。根据党中央关于人大预算审查监督重点拓展改革、人大加强国有资产管理情况监督等文件规定，在1999年《决定》关于"预算工作委员会职责"规定基础上，补充了"承担国有资产管理情况监督、审计查出突出问题整改情况跟踪监督方面的具体工作；承担预算、国有资产联网监督方面的具体工作"内容。（第十二条）

资料来源： 全国人大常委会预算工作委员会主任史耀斌．关于《全国人民代表大会常务委员会关于加强中央预算审查监督的决定（修订草案）》的说明［EB/OL］．（2021－04－29）．http：//www.npc.gov.cn/npc/ c30834/202104/56604a6ab8b047e380b475fb940282b6.shtml.

随着我国深化财税体制改革，在建立现代财政制度的目标下，新时代人大预算监督提出了新的要求，许多地方人大及其常委会，从当地的实际情况出发，在预算编制、预算调整、绩效管理等审查监督方面进行了大幅修订，为提高人大预算监督效力提供了有力的制度保障。

第四章

我国人大预算审查监督的发展历程

本章导读：迈入新时代，我们有必要总结梳理我国人大预算监督的发展历程以为未来改革提供历史视野。我国人大预算监督经历了不同的发展阶段，新中国成立至改革开放前主要是我国人大预算制度的初步确立和曲折发展时期；改革开放至新时代之前，在党中央的全面部署下我国人大预算监督制度改革拉开序幕；新时代以来，在建立现代预算制度、实现国家治理体系和治理能力现代化的背景下，人大预算监督进入了新的历史发展阶段，人大预算监督制度的顶层设计更加体系化，监督的要求更高、范围更广、内容更实、方法更先进，人大预算监督进入新时代。

第一节 新中国成立至改革开放前

新中国成立后我国逐步建立了人大预算监督体系和制度，中间经历了初步开展、确立与曲折发展、工作停滞等时期。虽然整体上这个时期的人大预算监督实践发展较慢，整体水平较低，但为后续的发展奠定了一定的基础。

一、1949~1954 年：人大预算监督工作初步开展

新中国成立初期，召开普选产生的人民代表会议的条件还不成熟，因此采取过渡形式，即在中央由中国人民政治协商会议第一届全体会议代行全国

人民代表大会的职权，在地方则普遍召开了各界人民代表会议，逐步代行人民代表大会的职权。整体上这一时期的监督工作处于初步建立阶段。

（一）预算监督制度起步

1949 年 9 月，中国人民政治协商会议第一届全体会议通过了《中国人民政治协商会议共同纲领》（以下简称《共同纲领》）和《中华人民共和国中央人民政府组织法》（以下简称《中央人民政府组织法》），选举产生了中央人民政府委员会，并赋之以行使国家权力的职权。《中央人民政府组织法》第二章第七条第六项规定，中央人民政府委员会行使批准或修改国家的预算和决算的职权。这是新中国成立后第一次出现有关预算审查监督规定，也是新中国预算审查监督制度的起点。此后，从 1949 年 10 月新中国成立到 1954 年 9 月第一届全国人大第一次会议举行为止，中央人民政府委员会始终履行了《中央人民政府组织法》中规定的预算审查监督职权，主要体现在听取当时的政务院关于国家财政预算编制的报告，审议通过国家财政预算和决算，及时听取政务院关于财经工作情况的报告，批准和决定了经济建设中一系列有关重要事项①。

（二）地方人民代表会议建立

地方召开的各界人民代表会议与人民代表大会主要区别有两点：一是出席各界人民代表会议的代表是由各界人民协商产生的，其中一部分是由人民政府邀请的，而人民代表大会代表是通过普选产生的。二是各界人民代表会议是人民民主统一战线的组织形式，它是人民政府联系群众和传达政策的协议机关和咨询机构，还不是政权机关，只有在它代行了人民代表大会职权时才成为过渡性的权力机关，这是它与人民代表大会性质上的不同。1949 年 8 月 26 日，中共中央发出三万以上人口的城市及各县都要召开各界人民代表会议的指示，并逐步领导和推进这一民主政治建设进程。人民代表会议是当时条件下的民主监督组织，适应了当时的实践需要。到 1952 年底，地方各级人

---

① 王淑杰. 政府预算的立法监督模式研究 [D]. 北京：中央财经大学，2008.

民代表会议已全部召开，其中省一级的人民代表会议，三分之一以上的县、三分之二以上的市，以及绝大部分乡的人民代表会议，已经代行人民代表大会的职权。

这一时期是人大预算监督制度建立前的过渡时期，由于人民代表大会制度还未建立，中央政府行使预算监督权，地方上并没有相应的预算监督制度。

从 1953 年下半年起，我国在全国范围内进行了第一次空前规模的普选。在此基础上，由下而上逐级召开人民代表大会。

二、1954～1966 年：人大预算监督制度全面确立与曲折发展期

1954 年 9 月召开了第一届全国人民代表大会第一次会议，标志着我国人民代表大会制度从中央到地方系统地建立起来了。会议制定了新中国第一部宪法，其中对人民代表大会制度作出了比较系统的规定，包括组织设置及地位的明确规定。至此，我国人民代表大会制度确立，国家权力开始由人民选举产生的人民代表大会统一行使。

（一）人大预算监督制度确立

关于预算监督方面，1954 年《宪法》第二十七条第十项规定，全国人民代表大会行使审查和批准国家的预算和决算的职权；第三十一条第五项规定，全国人民代表大会常务委员会行使监督国务院、最高人民法院和最高人民检察院的工作的职权；第三十四条规定，全国人民代表大会设立预算委员会。这标志着我国人民代表大会审查监督预算的法律基础正式确立起来。

此后，从 1954 年 9 月到 1957 年上半年的三年是人民代表大会工作活跃的三年，也可以说是新中国成立以来人大工作第一个比较好的历史时期。这一时期，人大工作相当活跃，立法、监督和代表视察等都取得了一定的成效，人大预算监督制度得到初步发展。这三年，全国人大及其常委会通过了 80 多个法律、法令和有关法律问题的决定。并且，尽管当时的宪法和法律并未就全国人大常委会及专门委员会对预算的初步审查问题做出明确规定，但实际工作中实行了初步审查制度，像 1954 年国家决算草案、1955 年国家预算草

案和决算草案以及 1956 年国家预算草案及有关的编制说明或报告,都曾事先提交全国人大常委会审议,国务院有关负责人到会作说明报告和其他有关的解释。除此之外,尽管当时宪法和法律缺乏对预算执行过程中部分调整或变更的明确规定,但在实际工作中也体现了全国人大常委会监督预算执行工作的严肃态度,即预算不可随意调整,需要通过人大常委会批准才可生效。由于当时地方人大没有立法权,1957 年上半年,全国人大常委会对如何进一步健全人民代表大会制度进行了专题研究。因当时省、市、自治区和县人民代表大会本身没有常设机关,在闭会之后就没有一个对政府进行经常监督的机关。我国地方人大需要有常设机构来加强对政府工作的监督,所以在县级以上地方人大有考虑设立常委会的必要。

(二)人大预算监督遭遇曲折

从 1957 年下半年"反右"运动起,"左"的思想日益严重,民主集中制遭到损害,国家政治、经济、社会生活出现不正常的情况,人大及其常委会的工作也难以开展。具体表现在,人大和人大常委会会议不能按时召开,如第二届全国人大第三次会议推迟了三次,与第二次会议间隔了 23 个月。宪法规定的一些职权的行使受到影响,如国民经济和社会发展计划、政府预算等在"大跃进"时期一再变化,甚至拿不出来交人大审议。立法工作也基本停顿下来,监督工作更是流于形式。地方人大设立常委会也被搁置。1962 年之后,情况有所好转,但人大工作也没有恢复到 1957 年以前的水平。这说明,1957 年下半年之后,在近 10 年的时间内,人大工作基本上处于一种"徒有虚名,而无其实"的状态,很难发挥作用。

这一时期的人大预算监督制度经历了从确立到初步发展,再到逐渐被削弱、边缘化的历史过程。1954 年《宪法》以法律的形式规定了人大对政府预算的监督权,这是人大开始对预算进行监督的标志性事件。但是,由于人民代表大会制度在地方上存有缺陷,地方人大没有真正意义上地运用对地方政府预算的监督权,人大预算监督制度是不完善的。

三、1966～1979 年：人大预算监督工作停滞期

"文化大革命"开始后，首先停止了人大的活动，人大在"文革"期间无法履行其预算监督的职权，1965 年就设立地方人大常委会基本达成的一致意见再次被搁置。从 1966 年 7 月 7 日第三届全国人大常委会召开会议后，一直到 1975 年 1 月举行第四届全国人大第一次会议的长达八年多的时间里，全国人大及其常委会都没有举行过会议。全国人大及其常委会仅仅保留了一个名义，实际上已完全失去了最高国家权力机关的作用，地方人大则被所谓的临时权力机关"革命委员会"所取代。1975 年 1 月第四届全国人大第一次会议通过的 1975 年《宪法》和 1978 年 3 月第五届全国人大第一次会议通过的 1978 年《宪法》仍然规定有国家权力机关审批国家预算的内容，但实际上在上述两次会议上，都没有安排审查批准国家预算的议程。国家权力机关对预算的审批和监督，仍然只是停留在纸上的权力。这一时期，人民代表大会制度遭到新中国成立以来最严重的破坏，同时人大对政府预算的监督功能也被完全虚置。总体而言，在计划经济体制下，我国的财政管理运行依靠的是行政命令与计划，整个国家财政运行的状态像一个大型国有企业，全国只有中央一级财政，地方财政根据命令与计划履行财政事权。这就导致了预算编制和收支管理较为粗放，政府难以向人大提交全面、完整、细化、准确的预算，无论是全国人大还是地方人大也都很难进行实质性的监督。再加上政权建立初期，政治因素不稳定，人大对预算的监督并没有在真正意义上确立下来。

第二节　改革开放后至开启新时代

1978 年 12 月 18 日党的十一届三中全会在北京召开，这是一次具有跨时代意义的会议，会议总结新中国成立以来正反两方面经验和教训，特别是"文化大革命"的惨痛教训。一方面，做出把全党工作重心转移到经济建设上来的重大决策，实行改革开放，从而开启了中国社会主义现代化建设的新

时期；另一方面，也明确提出了加强社会主义民主，健全社会主义法制的目标和任务。在党中央的全面部署下，人大预算监督制度改革拉开序幕。

一、1979～1998 年：人大预算监督恢复与初步完善期

中华人民共和国第五届全国人大第一次会议于 1978 年 2 月 26 日举行，至此各级人大都恢复活动。1978 年 12 月召开的党的十一届三中全会开辟了改革开放和集中力量进行社会主义现代化建设的历史新时期，人民代表大会制度建设和人大工作进入了一个新的发展阶段。1979 年 6 月召开的第五届全国人大第二次会议，审查了 1978 年国家决算和 1979 年国家预算，标志着全国人大预算审查监督的正式恢复。本次会议也通过了关于修正宪法若干规定的决议，对宪法有关条文做出了修改，其中第三十五条增加一款作为第四款，规定：县和县以上的地方各级人民代表大会设立常务委员会，它是本级人民代表大会的常设机关，对本级人民代表大会负责并报告工作，它的组织和职权由法律规定。这标志着县级以上地方各级人大常委会的正式设立。同时，本次会议通过了《中华人民共和国地方各级人民代表大会和地方各级人民政府组织法》，对地方各级人民代表大会及常委会、地方各级政府相关事宜进行了规定，地方人大预算审查监督工作开始得到恢复与加强。

改革开放后，政治环境稳定，国民经济迅速恢复和发展，预算也基本处于平衡略有结余的状况。在这一期间，人大监督预算在以下方面逐渐规范。

（一）预算审议程序固定下来

1987 年通过了《中华人民共和国全国人民代表大会常务委员会议事规则》（以下简称 1987 年《全国人大常委会议事规则》）①，1989 年通过了《中华人民共和国全国人民代表大会议事规则》（以下简称 1989 年《全国人大议

---

① 1987 年 11 月 24 日，第六届全国人民代表大会常务委员会第二十三次会议通过《中华人民共和国全国人民代表大会常务委员会议事规则》；2009 年 4 月 24 日，第十一届全国人民代表大会常务委员会第八次会议通过《关于修改〈中华人民共和国全国人民代表大会常务委员会议事规则〉的决定》；2022 年 6 月 24 日，第十三届全国人民代表大会常务委员会第三十五次会议通过修改《中华人民共和国全国人民代表大会常务委员会议事规则》的决定，自 2022 年 6 月 25 日起施行。

事规则》）①，这两个规则对于会议的次数和召开的日期、议案的提出和审议、听取和审议工作报告、质询和发言、表决等，做出了系统切实可行的规定。1989 年《全国人大议事规则》第三十一条规定：全国人民代表大会会议举行的一个月前，国务院有关主管部门应当就国民经济和社会发展计划及计划执行情况、国家预算及预算执行情况的主要内容，向全国人民代表大会财政经济委员会和有关的专门委员会汇报，由财政经济委员会进行初步审查。第三十二条规定：全国人民代表大会每年举行会议的时候，国务院应当向会议提出关于国民经济和社会发展计划及计划执行情况的报告、关于国家预算及预算执行情况的报告，并将国民经济和社会发展计划主要指标（草案）、国家预算收支表（草案）和国家预算执行情况（草案）一并印发会议，由各代表团进行审查，并由财政经济委员会和有关的专门委员会审查。

地方人大及其常委会也相继制定了自己的议事规则。在此期间，各级人大及其常委会基本上做到了按期召开会议，按照程序讨论决定问题，为人大审议和监督预算提供了制度保障。

（二）预算审议日期确定

过去宪法和法律没有规定每年人民代表大会举行会议的时间。从 1954 年到 1964 年的 11 年间，全国人大开会的时间从 1 月到 12 月都有，会期也不固定，这就使全国人大工作非常被动，而且使每年一度必须审查、批准的事项也变得意义不大，甚至有时使宪法规定的这方面的权能形同虚设。从 1985 年起，全国人大举行会议的时间都在每年的 3 月份。1989 年《全国人大议事规则》规定全国人民代表大会会议于每年第一季度举行。这一规定的精神是在第一季度内必须举行，并在可能的情况下尽量提前召开，以便于及时审查批准预算和国民经济计划。1982 年《全国人民代表大会组织法》规定全国人大常委会会议一般每两个月举行一次，并且从八届全国人大常委会起，一般都安排在双月的下旬举行。《地方各级人民代表大会和地方各级人民政府组织法》等法律的修改与出台使地方人大及其常委会的会期制度也不断健全。

---

① 2021 年 3 月 11 日，第十三届全国人民代表大会第四次会议《关于修改〈中华人民共和国全国人民代表大会议事规则〉的决定》修正，自 2021 年 3 月 12 日起施行。

（三）预算审议和监督组织逐渐完善

1982 年《宪法》将原来属于全国人大的一部分职权，交由其常委会行使。在全国人大闭会期间，常委会负责审查和批准国民经济和社会发展计划、国家预算在执行过程中所必须作的部分调整方案。1983 年六届全国人大一次会议决定设立专门负责审议的委员会——财政经济委员会。

（四）预算监督法律法规逐步出台

自 20 世纪 90 年代开始，关于预算审批监督的法律法规逐步出台。由于我国在预算管理方面缺乏明细的法律规定，在预算的编制、审批、执行、调整、决算、监督等方面都存在不少问题，在 1991 年前，许多地方人大根据《宪法》和《地方各级人民代表大会和地方各级人民政府组织法》的原则规定，制定了本地预算审批监督方面的地方性法规。在地方立法实践基础上，国家加强了预算管理立法，1994 年八届全国人大二次会议通过了《中华人民共和国预算法》，1995 年国务院发布了《中华人民共和国预算法实施条例》。1994 年《预算法》是我国第一部预算专门法律，该法将预算的编制、审批、执行、调整和决算的编制、审批纳入法制化管理轨道，对预算立法监督进行了规定，主要是明确了人大审批和调整以及监督预算的权利，为克服监督不力问题从立法上加强了规范。① 1994 年《中华人民共和国审计法》由第八届全国人民代表大会常务委员会第九次会议通过，该法从审计角度对人大预算监督工作提供的支持提出了要求，规定国务院和县级以上地方人民政府应当每年向本级人民代表大会常务委员会提出审计机关对预算执行和其他财政收支的审计工作报告。1996 年八届人大四次会议第一次听取和审议了关于 1995 年中央预算执行情况的审计报告。

这一时期人大预算监督制度不仅得到了全面恢复，而且在党中央的推动下全国人大及国务院陆续出台相应的法律法规，对预算监督的程序、组织等做出详细规定，并补齐了地方上长期没有预算监督的制度缺陷。人大预算监

---

① 刘来宁. 地方人大预算监督二十年回顾与展望［J］. 人大研究，1999（10）：6–10.

督制度得到了初步完善。但总体而言，这一时期的人大预算监督还处于初级阶段，基本符合"前预算时代"的特征：其一，这一时期国家改革的重点是收入制度及财政体制改革，财税改革重在理清政府和市场的关系、政府与国有企业的关系以及中央与地方的关系，国家在财政支出、预算管理方面的改革着力不多，人大的预算监督自然也相对较少。其二，改革开放涉及诸多法律问题，因当时法律法规体系尚未健全，加之改革事项繁多，为推进改革进程，全国人大基于中国改革开放初期的国情实际，整体采取"放"的政策，对改革开放和税收立法实行赋权制度。改革主要由政府部门去摸索，"摸着石头过河"，预算监督并不是此时人大的工作重心。其三，尽管这一时期政府预算管理逐步规范，但总体来说，政府预算编制较为粗糙，科学性也有待加强，客观上并不具备人大细致监督的条件。①

二、1999～2012 年：人大预算监督全面发展期

1999 年 12 月 25 日第九届全国人民代表大会常务委员会第十三次会议通过了《全国人民代表大会常务委员会关于加强中央预算审查监督的决定》（以下简称《关于加强中央预算审查监督的决定》），这是人大历史上首次就专项监督工作做出决定，标志着人大预算监督进入一个全面发展时期。这一时期，政府预算管理改革也相应展开。1999 年 6 月，在审议审计署代表国务院向全国人大常委会作《关于 1998 年中央预算执行和其他财政收支的审计报告》时，全国人大常委会要求中央政府改进政府预算编制方法，编制部门预算，便于人大进行审查。随后经国务院批准，财政部提出《关于改进 2000 年中央部门预算编制的通知》，部门预算改革由此启动。随着部门预算改革的不断深化，政府收支分类改革、国库集中收付制度改革、政府采购制度改革、预算外资金改革等相继推出，预算编制的科学性和精细化程度不断提升，为人大预算监督提供了良好的技术基础。

---

① 樊丽明，石绍宾. 中国人大预算监督 40 年：进程、趋向与逻辑 [J]. 财政研究，2021（2）：36－43.

（一）人大预算监督有了更明确具体的法律法规

《关于加强中央预算审查监督的决定》在中央预算的编制、审查、批准、执行、调整、决算以及监督等方面将《宪法》和1994年《预算法》中有关预算审查监督的规定具体化，对审计、预算外资金管理的进一步改进与加强、"收支两条线"的落实等提出了要求，并明确了人大预算监督的程序及全国人大财政经济委员会和全国人大常委会预算工作委员会的地位与职能。同时，该决定中提到，中央预算安排的农业、教育、科技、社会保障等预算资金如有调减，有关部门要列明调减的原因、项目、数额，经财政部报国务院审核，确需调减的，提请全国人民代表大会常务委员会审查批准，增强了预算监督的针对性与可操作性。[①]

2006年8月27日，第十届全国人民代表大会常务委员会第二十三次会议通过《中华人民共和国各级人民代表大会常务委员会监督法》。它是目前指导立法监督工作最为重要的法律，该法的出台使立法监督预算工作实现了有法可依。《各级人民代表大会常务委员会监督法》明确规定"审查和批准决算，听取和审议国民经济和社会发展计划、预算的执行情况报告"是人大监督的内容，并专门在第三章对预算监督进行了较为详细的规定，包括对国务院及地方各级人民政府向人大提交决算草案的时间、决算草案的编制形式、汇报预算执行情况的时间、预算调整的主体与程序、预算审查的重点内容、听取审计报告、预算审议意见的处理等。此外，地方各级人大根据地方特点也相应制定了一些监督方面的地方性法规。

《关于加强中央预算审查监督的决定》和《各级人民代表大会常务委员会监督法》的通过实施，为人大履行预算监督职能提供了更有力的法律保障，为人大加强预算监督工作创造了有利条件。

（二）人大预算监督组织保障加强，监督能力提高

由于预算监督工作专业性强，而全国人大财政经济委员会工作范围涉

---

① 程湘清. 改革开放以来人大监督制度发展足迹 [J]. 中国人大, 2008 (21): 38-42.

及面广，往往难以集中主要力量进行预算的审查监督。为了更好地发挥人大对预算的审查和监督职能，1998 年 12 月，第九届全国人大常委会第六次会议决定设立预算工作委员会。预算工作委员会是全国人大常委会的常设工作机构，其主要职责是协助全国人大财经委员会承担全国人民代表大会及其常务委员会审查预决算、审查预算调整方案和监督预算执行方面的具体工作，承担有关法律草案的起草和审议方面的具体工作等。预算工委的成立，缓解了全国人大财税立法和预算审查监督缺乏经常性工作机构、专业力量不足的问题，为持续性开展预算审查监督工作奠定了坚实基础。四川人大预算委员会率先成立后，各地纷纷效仿，截至 2020 年，全国 31 个省级人大中有 26 个成立了预算工作委员会，河北、西藏、内蒙古、福建、新疆五省区未专设预工委，而由财经委或财经工委代替承担相关预算审查监督职能。人大常委会预算工委等工作机构不断增加，并且加强预算审查监督方面的培训，常委会组成人员和人大代表的预算审查监督能力也得以逐步增强。每年全国人大常委会预算工委定期向代表通报国务院有关部门落实人大决议情况和季度预算执行分析情况，帮助代表及时掌握有关情况。

专栏 4-1 人大预算工作委员会的成立

审批和监督预算的执行，是宪法和法律赋予各级人大及其常委会的一项重要职权。做好预算的审批和监督工作，对于促进预算决策的民主化和科学化，促进民主法制建设，保障国民经济持续、快速、健康发展具有十分重要的意义。但由于种种原因，在 1998 年以前，我国人大及其常委会没有专门的审批和监督预算的工作机构，这项工作一般由财经工作委员会协助进行。由于预算审批监督工作专业性强，工作量大，财经工委工作范围又很宽，加之专业人员缺乏，基本不具备"提前介入"的能力，难以集中主要力量进行预算的审查监督，不能为人代会和人大常委会审批监督预算提供高质量的服务，难免造成人大及其常委会对预算的审批和监督走形式，造成了人大对预算的审批和监督工作同宪法和法律的要求还有很大差距，预算审批和监督工作还不够深入，审批和监督的质量还不高。

为加强全国人大及其常委会对中央预算的审查监督，促进依法理财，保障国民经济和社会事业健康发展，经中央同意，1998年12月29日，第九届全国人大常委会第六次会议通过设立全国人大常委会预算工作委员会的决定。这一举措顺应了人大及其常委会加强对预算审批和监督工作的需要，代表了人民代表大会制度发展和完善的方向，地方人大常委会设立预算工作委员会也是大势所趋。

从地方来说，四川省是我国省级人大首个设立预算委员会的省份。2018年1月，四川省十三届人大一次会议第二次全体会议，表决通过了四川省第十三届人民代表大会专门委员会设置的决定，设置了9个专门委员会，其中包括预算委员会。

预算委员会主要职责为向省人民代表大会或省人大常委会提出属于其职权范围内的财政、税收、审计类议案；审议省人民代表大会主席团或省人大常委会主任会议交付审议的财政、税收、审计类议案，并提出审议意见或审议结果报告；提出财政、税收、审计方面的立法计划，组织或参与财政、税收、审计类地方性法规草案的调研起草工作；对财政预算、预算调整、决算进行初步审查，协助省人大及其常委会对财政预算、预算调整、预算执行情况和决算进行审查监督；审议预算委员会联系的有关部门代省政府向省人大常委会提出的工作报告，并提出建议和意见；审议省人民代表大会主席团、省人大常委会主任会议交付审议的质询案，听取和审议受质询机关对质询案的答复，并向大会主席团、常委会或主任会议提出审议意见或者审查报告；协助省人大及其常委会监督财政、税收、审计方面的法律、法规及有关决议、决定的实施情况，协助常委会开展执法检查；对全国人大常委会、有关专门委员会和省人大有关专门委员会征求意见的法律、法规草案提出修改完善意见。

资料来源：刘来宁. 地方人大常委会设立预算工作委员会势在必行［J］. 人大研究，1999（3）：1；预算委员会和预算工委的主要职责［EB/OL］.（2014 – 11 – 11）. http：//www. scspc. gov. cn/ysgzwyh/wyhzz＿624/201411/t20141128_21791. html.

（三）人大预算监督的方式丰富，预算执行监督力度加强

人大预算监督通常采取听取报告、审查审议的方式，而在这一时期，人大预算监督方式更为丰富，出现了专题询问、质询、特定问题调查等方式。

2010年6月，第十一届全国人大常委会第十五次会议在审查2009年中央决算时，采取分组审议的方式对决算进行了首次专题询问。全国人大常委会组成人员积极提问，国务院有关部门主要负责同志到会听取意见，实事求是回答询问，并通过电视、网络等媒体进行了现场报道，受到社会广泛关注，产生积极反响。这是全国人大首次运用询问这种法定形式开展监督，成为当年人大监督工作的一个亮点。从2010年起，全国人大常委会根据《各级人民代表大会常务委员会监督法》和《预算法》的精神，将原来在6月份的常委会上审查批准上年决算并听取审议1~5月份预算执行情况报告的做法，改为将1~5月份预算执行情况的报告放在8月份常委会专门听取审议，使国务院有关部门更加重视预算执行工作，有利于人大集中精力监督预算执行，增强了监督实效。

专栏4-2 综合采用多种预算监督手段提高人大监督效力

衡量监督预算能力的重要标准就是监督工具，如果立法机关使用多种监督工具并且较常使用约束性强的监督工具，那么其监督能力就强，反之亦反。在各国采用的多种监督工具中较常见的包括委员会听证、议会全体大会的听证、成立调查委员会、询问、质询、调查等。其中质询、调查、成立调查委员会等通常被认为是约束性较强的监督工具。以监督工具为衡量标准可以发现各国立法机关监督政府预算的能力各不相同甚至相差悬殊。各国议会联盟（IPU）和世界银行（WB）曾对此进行调查，发现不同国家对这些监督工具的使用频率是不同的，有些工具经常使用，而有些则不经常使用。在调查的83个议会中（82个国家议会加上欧盟议会）中，询问和听证等约束性弱的监督工具的使用较为普遍，分别有96.3%和95%的议会使用这两种监督工具；而约束性强的质询和调查等硬性监督工具则较少使用，分别为75%和

73%。然而实践中各国并非仅使用某一种监督工具，而是往往偏好于综合使用其中的几种监督工具。调查结果显示，大多数国家经常使用5至7种监督工具，使用7种监督工具的国家占40%，使用6种监督工具的国家占33%，各国使用监督工具数量的具体情况参见表4-1。

表4-1　　　　　　　　　各国议会使用预算监督工具数量情况

0	2	3	4	5	6	7
莱索托	阿塞拜疆	刚果	安哥拉	澳大利亚	巴西	奥地利
	俄罗斯	马其顿	亚美尼亚	保加利亚	加拿大	比利时
		塔吉克斯坦	中国*	伊朗	欧盟**	法国
		津巴布韦	科特迪瓦	墨西哥	德国	希腊
			哈萨克斯坦	蒙古	冰岛	匈牙利
			列支敦士登	菲律宾	爱尔兰	印度尼西亚
			卢旺达	塞内加尔	韩国	日本
			乌拉圭	新加坡	卢森堡	罗马尼亚
				南非	荷兰	西班牙
				苏丹	波兰	瑞典
				土耳其	泰国	瑞士
				乌克兰等	英国等	赞比亚等

注：*中国的四种监督工具是委员会听证、全体会议听证、调查委员会以及询问；**本表将欧盟视同国家进行统计。

资料来源：Riccardo Pelizzo and Rick Stapenhurst：Tools for Legislative Oversight：An Empirical Investigation，World Bank Policy Research Working Paper 3388，September 2004，pp. 45.

根据我国《各级人民代表大会常务委员会监督法》《预算法》等相关法律，人大拥有多种监督方式，如听取和审议预算报告、撤销不适当的决定决议、询问质询、特定问题调查、执法检查、视察调查，等等，但在目前实际工作中，人大运用较多的是听取和审议预算报告、开展执法检查和视察调查等约束性不强的"非诉讼手段"，这些监督手段生效是以监督对象的自律为前提，一旦监督对象缺乏自律，法律监督就难以生效。而法律规定的如询问、质询、特定问题调查、撤销不适当的决定决议等硬性监督手段却较少使用。这些刚性的监督手段不启用，相当于降低了政府预算的违法成本，难以对监督对象起到震慑作用。因此，有必要在适用情况下逐步启用约束性强的硬性手段，这样才能够建立并提升人大监督的权威性。

资料来源： 王淑杰. 议会监督预算能力研究——兼论我国人大预算监督 [J]. 财经论丛，2009（3）：28-33. 本文进行了修改和补充。

（四）推进财政和预算信息公开

近年来，按照党中央和全国人大的要求，国务院及有关部门积极推进财政预算信息公开工作。根据 2007 年国务院公布的《中华人民共和国政府信息公开条例》（以下简称《政府信息公开条例》）①，2010 年财政部颁布实施了《关于进一步做好预算信息公开工作的指导意见》，指导中央部门和各级财政做好预算信息公开工作。2009 年 "两会" 后财政部首次向社会公布中央财政预算。2010 年，财政部进一步细化公开中央财政预算，首次向社会公布全国财政决算，同时组织各中央部门公布部门预算。2011 年首次公开中央行政经费和 "三公经费" 情况。

（五）审计的作用得到重视

审计监督是党和国家监督体系的重要组成部分，在国家治理中发挥着国家财产看门人、经济安全守护者等重要作用，按照我国的机构设置，人大自身没有审计力量，政府审计部门则成为人大在监督方面的重要支持力量。这一时期出现的 "审计风暴" ——审计署大量曝光各部委预算执行审计情况中所存在问题，反映出审计对预算监督的重要作用。全国人大有关决议中要求审计署对一些重要财政资金的使用情况进行全面审计，比如，2011 年对地方政府债务情况审计，2012 年对全国社会保障资金使用情况审计等，摸清了基本情况，形成了监督合力，为中央决策提供了重要支持，取得了积极的效果。

---

① 《政府信息公开条例》2019 年进行了修订。

这一时期,《预算法》《政府采购法》《各级人民代表大会常务委员会监督法》以及《关于加强中央预算审查监督的决定》相继颁布,全国人大常委会预算工作委员会正式设立,中央地方人大积极探索预算监督新方式,人大预算监督和政府预算改革呈现出良性互动关系,预算监督法制建设进一步加强,人大预算监督体系不断完善。此外,20 世纪 90 年代,我国宪法学界曾经掀起过关于宪法监督制度、人大监督权力研究的高潮,对人大预算监督权履行和预算监督能力建设起到了重要作用。[①] 人大预算监督经过改革开放后三十多年的发展,取得了逐步规范化、法制化、民主化的工作成就。虽然较之改革开放前人大预算监督工作取得了长足的进展,但总体上看,仍摆脱不了"橡皮图章"的形象。人大监督组织人才稀缺,硬化监督手段运用不足,预算审批工作不到位等问题仍然存在。

第三节 新时代人大预算审查监督的跃升

以 2012 年党的十八大为历史起点,中国特色社会主义进入全面深化改革、逐步实现国家治理体系和治理能力现代化的新时代。习近平总书记就坚持和完善人民代表大会制度,推动人大工作与时俱进提出了一系列新论断、新举措、新要求,特别就加强和改进人大监督工作提出了一系列重要论述,为新时代人大监督工作提供了根本遵循,为加强和改进人大预算审查监督工作提供了科学理论指导和行动指南,推动人大预算审查监督工作不断完善和发展。人大预算监督进入创新监督机制、全面深化拓展的新阶段,逐步实现由程序性监督向实质性监督转变。党的十八大以来,以习近平同志为核心的党中央把加强人大预算决算审查监督、国有资产监督职能,作为坚持和完善人民代表大会制度、完善国家监督体系、推进国家治理体系和治理能力现代化的一个重要内容。党的十九大报告提出了"建立全面规范透明、标准科学、约束有力的预算制度,全面实施绩效管理"的新时代预算改革目标,对

---

① 樊丽明,石绍宾. 中国人大预算监督 40 年:进程、趋向与逻辑 [J]. 财政研究,2021 (2):36–43.

人大预算审查监督工作提出了更高的要求（见图 4-1）。

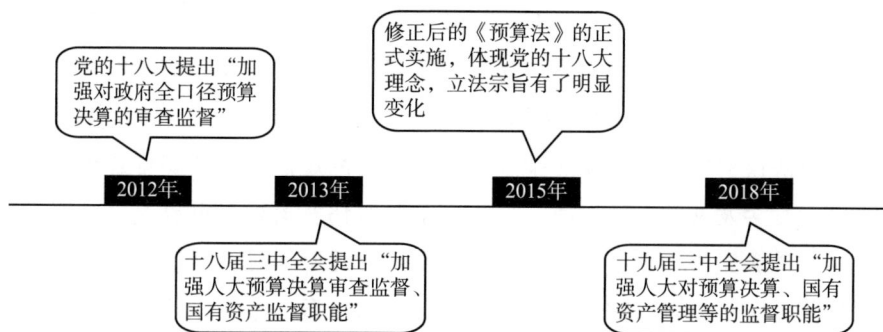

图 4-1　新时代对人大预算审查监督工作的新要求

在新时代人大预算审查监督得到全面加强的整体基调上，人大预算监督的法治性、全面性、专业性、针对性、有效性、协调性、公开性成为了重点，人大如何开展预算审查监督工作有了更为明确的指示和更清晰的指南。具体的，人大预算审查监督主要从以下几个方面有了大的跃升。

一、不断健全预算法律法规体系，为人大审查监督提供有力保障

2014 年 8 月，酝酿十年、跨越三届人大、历经四次审议的预算法修订稿终于在第十二届全国人大常委会第十次会议表决通过，这是《预算法》在出台 20 年后完成的首次修改。修正后的《预算法》将原法"强化预算分配和监督职能"改为"规范政府收支行为，强化预算约束"，将"健全国家对预算的管理"改为"加强对预算的管理和监督"，从过去"帮助政府管钱袋子"转变为"规范政府钱袋子"，① 这标志着政府管理预算向预算约束政府收支行为的转变。预算监督的重要意义进一步得到彰显，预算的内涵与作用得以丰富。修正后的《预算法》相较于 1994 年《预算法》，按照党的十八大和十八

---

① 樊丽明，石绍宾. 中国人大预算监督 40 年：进程、趋向与逻辑［J］. 财政研究，2021（2）：36-43.

届三中全会决议要求，总结了过去几年来各级人大的实践，探索好的成功经验，对我国的预决算审查监督制度进行了进一步的完善，其中对各级人大开展预决算审查监督工作做出了更加明确、细致的规定。如在修正后的《预算法》第四十八条对各级人大对预算草案及其报告、预算执行情况报告进行审查时增加了重点审查的内容，即上一年预算执行情况是否符合本级人民代表大会预算决议的要求；预算安排是否符合本法的规定；预算安排是否贯彻国民经济和社会发展的方针政策，收支政策是否切实可行；重点支出和重大投资项目的预算安排是否适当；预算的编制是否完整，是否符合本法第四十六条的规定；对下级政府的转移性支出预算是否规范、适当；预算安排举借的债务是否合法、合理，是否有偿还计划和稳定的偿还资金来源；与预算有关重要事项的说明是否清晰八个重点领域。在决算审批的第七十九条中，从十二个方面对决算报告的审查重点进行了明晰，即预算收入情况；支出政策实施情况和重点支出、重大投资项目资金的使用及绩效情况；结转资金的使用情况；资金结余情况；本级预算调整及执行情况；财政转移支付安排执行情况；经批准举借债务的规模、结构、使用、偿还等情况；本级预算周转金规模和使用情况；本级预备费使用情况；超收收入安排情况，预算稳定调节基金的规模和使用情况；本级人民代表大会批准的预算决议落实情况；其他与决算有关的重要情况。同时，对违法责任也进行了清单式的列示，从而使得预算监督更有抓手，违法问责更加有依据，法律的约束力更强。

2020 年 8 月，国务院公布了新修订的《中华人民共和国预算法实施条例》。修订后的《预算法实施条例》在第六章监督中再次明确，各级政府应当接受本级和上级人民代表大会及其常务委员会对预算执行情况和决算的监督，并且要按照本级人民代表大会或者其常务委员会的要求，报告预算执行情况，认真研究处理本级人民代表大会代表或者其常务委员会组成人员有关改进预算管理的建议、批评和意见，并及时答复。这些规定极大地强化了人大对预算的监督权力，巩固了人大在监督规范政府行为上的地位，推动了人大监督工作的进一步落实、落细，为人大预算监督工作的开展打开了新局面。

2021 年 4 月 29 日，十三届全国人大常委会第二十八次会议表决通过新修订的《全国人民代表大会常务委员会关于加强中央预算审查监督的决定》。修订后的《关于加强中央预算审查监督的决定》将近几年来人大预算审查监督有关的改革举措、成功经验和有效做法上升为法律规定，再次站在法律的高度为人大预算审查监督改革注入持续的动力，同时也是在《预算法》的基础上对人大监督工作的进一步细化，增强了可操作性和实效性，有利于全面深入贯彻实施《预算法》，也对进一步贯彻落实党中央改革部署，更好发挥人民代表大会制度的国家根本政治制度作用，加快建立现代财政制度，具有重要意义。[①] 各地方人大也据此精神开始修订地方的预算审查监督条例。

二、有关人大预算审查监督的系列重要部署和改革举措出台

在中央全面深化改革领导小组和全国人大常委会的领导下，为了完成"加强人大预算决算审查监督、国有资产监督职能"的改革任务，全国人大常委会预算工委将改革任务细化为四项改革措施。从 2015 年到 2018 年，每年制定出台一个文件（见表 4 - 2），重点推进四项改革，各有侧重，但又存在内在联系，构成了加强人大依法监督、有效监督的有机整体，把人大审查监督工作推向新的高度，是创新人大预算监督机制的重要改革举措。

主要包括：2015 年 8 月，中央全面深化改革领导小组第十五次会议召开审议通过《关于改进审计查出突出问题整改情况向全国人大常委会报告机制的意见》；2017 年 12 月通过了《中共中央关于建立国务院向全国人大常委会报告国有资产管理情况制度的意见》；2017 年 3 月，全国人大常委会党组审议通过了《关于建立预算审查前听取人大代表和社会各界意见建议的机制的意见》；2018 年 3 月，经党中央批准，中共中央办公厅印发实施《关于人大预算审查监督重点向支出预算和政策拓展的指导意见》，该指导意见涵盖之前所有的改革举措，是人大监督体制、机制的总设计。

---

① 王金秀，石绍宾，肖鹏，等．管好政府"钱袋子" 人大预算监督再加力 [J]．财政监督，2021（11）：34 - 47.

表4-2 创新人大预算监督机制的四项改革措施

时间	文件	重要意义
2015年	《关于改进审计查出突出问题整改情况向全国人大常委会报告机制的意见》	加强人大监督的权威性、针对性，反过来也促进预算编制的改进和预算执行的规范
2016年	《关于建立预算审查前听取人大代表和社会各界意见建议的机制的意见》	加强财政部门在编制预算和提交审议期间与人大和社会各界的交流，有利于提高财政预算的可读性，让代表能够在预算草案最终提交大会审议之前做好审查
2017年	《中共中央关于建立国务院向全国人大常委会报告国有资产管理情况制度的意见》	将人大监督从预算管理拓展到了对国有资产的全方位监管
2018年	《关于人大预算审查监督重点向支出预算和政策拓展的指导意见》	更加聚焦重大支出和党中央确定的重大政策

资料来源：根据上述文件自行整理。

专栏4-3 四项措施的改革亮点：改革前 VS 改革后

改革内容	改革前	改革后
改进审计查出突出问题整改情况向人大常委会报告的机制（2015年）	整改情况报告书面印发人大常委会会议，不作审议	每年由政府委托审计机关负责人向人大常委会作口头报告，常委会安排时间进行审议。人大对审计查出的突出问题的整改情况开展跟踪调研，提出调研报告。常委会审议，可与开展专题询问等监督形式结合
建立预算审查前听取人大代表和社会各界意见建议的机制（2016年）	人大代表在代表大会前参与或了解预算编制情况的渠道少、信息少；预算草案编制和预算报告起草过程中听取意见建议的工作不够经常和深入	建立预算编制工作通报制度，完善人大代表参加预算初步审查制度等，形成常态化的人大代表联系机制，建立预算审查联系代表库等
建立国务院向全国人大常委会报告国有资产管理情况的制度（2017年）	没有覆盖各类国有资产的综合报告，尚未列入制度化的向全国人大常委会报告的范畴	综合报告和专项报告相结合，在每届全国人大常委会届末年份，国务院提交书面综合报告并作口头报告；其他年份在提交书面综合报告的同时，就1个专项资产情况进行口头报告。全国人大常委会视情况需要，可以综合运用质询和特定问题调查等方式。必要时，可依法作出决议

续表

改革内容	改革前	改革后
关于人大预算审查监督重点向支出预算和政策拓展的指导意见（2018 年）	审查重点主要是赤字规模、收支平衡状态，对支出预算和政策关注不够，对财政资金使用绩效和政策实施效果关注不够	明确提出审查监督重点向支出预算和政策拓展的六项总体要求、五方面主要内容、八项主要程序和方法，对审查监督重点拓展后的工作开展作了规定，提出要求，旨在增强政策对预算的约束性和指导性，开展全口径审查和全过程监管，使预算安排和执行更好地贯彻落实党中央重大方针政策和决策部署

资料来源：根据上述文件自行整理。

此后，2020 年 12 月第十三届全国人大常委会第二十四次会议又通过了《全国人民代表大会常务委员会关于加强国有资产管理情况监督的决定》；2021 年 6 月，中共中央办公厅印发了《关于加强地方人大对政府债务审查监督的意见》，这是党中央在加强人大对政府债务的审查监督、防范化解地方政府债务风险的重要举措。

可以看出，改革开放以来，特别是中国特色社会主义进入新时代，我国的人大预算审查监督在法律法规及制度体系的建设上有了长足的进步，从而使得人大预算审查监督的依据更加完善见表 4 - 3。

表 4 - 3　改革开放以来中国人大预算审查监督法律法规及制度体系建设主要内容概括

年份	法律法规	人大预算监督内容
1978	《中华人民共和国宪法》	人大的预算决算审批权
1979	《中华人民共和国地方各级人民代表大会和地方各级人民政府组织法》	地方人大及人大常委会的预算监督权
1982	《中华人民共和国宪法》（修正）	增加人大常委会对预算执行调整的审查批准权
1989	《中华人民共和国全国人民代表大会议事规则》	审查国家预算的程序
1994	《中华人民共和国预算法》	预算管理职权划分，预算审查批准、预算调整、决算审查批准，人大对预决算监督
1999	《全国人民代表大会常务委员会关于加强中央预算审查监督的决定》	中央预算初步审查；超收收入监督，预算科目之间资金调剂、预算调整审查

年份	法律法规	人大预算监督内容
2006	《中华人民共和国各级人民代表大会常务委员会监督法》	人大常委会的预算监督职权
2014	《中华人民共和国预算法》（修正）	预算管理职权，预算审查批准，预算调整，决算审查批准，预决算监督
2015	《关于改进审计查出突出问题整改情况向全国人大常委会报告机制的意见》	把督促审计查出突出问题整改工作同审查监督政府、部门预算决算工作结合起来
2016	《关于建立预算审查前听取人大代表和社会各界意见建议的机制的意见》	建立预算审查前听取人大代表和社会各界意见建议机制
2017	《关于推进地方人大预算联网监督工作的指导意见》	建设功能齐全、财税与其他相关部门横向联通、省市县纵向贯通的预算联网监督网络
2017	《关于建立国务院向全国人大常委会报告国有资产管理情况制度的意见》	建立健全国有资产管理情况报告和监督制度
2018	《关于人大预算审查监督重点向支出预算和政策拓展的指导意见》	对支出预算和政策开展全口径审查和全过程监管
2020	《关于进一步加强各级人大常委会对审计查出突出问题整改情况监督的意见》	审计查出突出问题整改情况，监督与审查预算、决算草案和监督预算执行紧密结合
2021	《全国人民代表大会常务委员会关于加强中央预算审查监督的决定》	加强预算决算全口径审查和全过程监管
2021	《关于加强地方人大对政府债务审查监督的意见》	防范化解重大风险，进一步深入贯彻落实人大预算审查监督重点向支出预算和政策拓展，推进加强地方人大对政府债务的审查监督工作

资料来源：根据上述文件自行整理。

回顾新中国成立七十多年来的发展历程，特别是改革开放以来的四十多年的实践可以清晰地反映出，我国人大监督制度逐步呈现出法制化、专业化、全面化、多元化和信息化等方面的趋势特征。第一，法制化方面，人大预算监督法律体系是预算监督的法律依据，发展到今天基本上解决了有法可依的问题。第二，专业化方面，从人大的内设机构来看，全国人大财政经济委员会和预算工作委员会的设立，为人大提供了专门的预算监督工作机构，并逐级向下延伸。第三，全面化方面，20世纪90年代之前我国预算收支分为预算内和预算外，人大只对预算收支内进行监督，后来随着预算体系规范，人大的预算监督逐步实现全覆盖，并陆续将国有资产和地方债务等纳入监督范围。第四，多元化方面，主要是指监督手段的多元化，近几年来人大不断运用新的监督手段，如专题审议、重点审查、专题调研、特定问题调查等。第五，信息化方面，开始由地方人大，如广东、四川等地对预算联网监督做出探索，目前各级人大预算联网监督系统普遍运行，标志着人大监督进入信息化时代。

第五章

建立人大预算审查监督重点拓展制度

本章导读： 2018 年 3 月，中共中央办公厅印发实施《关于人大预算审查监督重点向支出预算和政策拓展的指导意见》（以下简称《指导意见》），《指导意见》是贯彻落实新时代习近平总书记关于坚持和完善人民代表大会制度的重要论述、重要文件，是党中央加强人大预算决算审查监督职能的重要决策部署，是在新的历史条件下推动人民代表大会制度与时俱进、健全人大预算监督制度的一项重要举措，也是贯彻落实党的十九大精神的内在要求。《指导意见》明确规定了人大预算监督重点拓展制度的整体遵循以及主要内容。本章分析了人大预算审查监督重点向支出预算和政策拓展的背景、内容和意义，梳理归纳了人大预算审查监督重点向支出预算和政策拓展顶层设计的必要性和根本原则，并对地方人大预算审查监督的创新做法进行总结归纳。

第一节　人大预算审查监督重点向支出预算和政策拓展的顶层设计

一、人大预算审查监督重点向支出预算和政策拓展的意义

人大预算审查监督重点向支出预算和政策拓展的背景是，以往预算审查监督的重点主要是预算收支平衡状况和赤字规模，产生的问题是两个

"关注不够"和两个"不利于"：即对支出预算和政策关注不够，对财政资金使用绩效和政策实施效果关注不够，不利于发挥政策对编制支出预算的指导和约束作用，不利于提高人大预算审查监督的针对性和有效性。因此，人大预算监督重点拓展制度是具有针对性和必要性的重要举措。《指导意见》的提出对于加强和拓展人大预算审查监督工作具有非常重要的指导作用。人大预算审查监督重点拓展制度是创新人大预算监督机制的一项改革举措，人大预算审查监督又是处于党和国家治理的大格局中。从国家治理的角度看，人大预算审查监督重点拓展制度能够体现现代预算制度的鲜明特征，有利于推动国家治理体系和治理能力现代化，促进我国经济健康平稳发展，有利于发挥财政在国家治理中的基础和重要支柱作用。人大加强对支出预算和政策的审查监督，有利于强化政策对支出预算的指导和约束作用，使预算安排和政策更好地贯彻落实党中央重大方针政策和省委决策部署。

（一）有利于更好地贯彻落实党中央重大方针政策和决策部署

审查批准预算和监督预算执行是宪法和法律赋予各级人大及其常委会的重要职权，是人大行使国家权力的重要体现。人大审查和批准预算，就是使党的主张通过法定程序成为国家意志，保障党中央重大方针政策和决策部署在政府预算编制中得到贯彻；人大监督预算执行，就是通过监督财政资金的规范有效使用，保障党中央重大方针政策和决策部署得到落实。

《指导意见》是党中央紧扣新时代新要求，对加强人大预算审查监督职能作出的重要决策部署。[①] 看紧政府的"钱袋子"，管好、用好财政资金，在预算编制和执行中保障党中央重大方针政策和决策部署的贯彻落实，有利于经济的高质量发展，推动解决新时代我国社会主要矛盾，有助于实现"两个一百年"的奋斗目标。

---

① 确保党中央决策部署落地落实——人大推进预算审查监督重点拓展改革［EB/OL］.（2018 – 10 – 22）. http：//www. npc. gov. cn/npc/c721/201810/26d20139690f47a9a50f658177a59229. shtml.

（二）有利于推动建立现代预算制度，充分发挥财政在国家治理中的基础和重要支柱作用

实施人大预算审查监督重点拓展制度，是加强预算管理的重要举措，既重视收入也重视支出，既重视分配也重视执行。其中，重点支出与重大投资项目往往是安排预算资金较多的地方，人大加强对其编制和执行情况的监督，督促实现支出绩效和政策目标，有利于提高财政资金使用效益。通过加强对支出预算和政策的监督，更加重视财政资金使用绩效和政策实施效果，进一步加强政策对编制支出预算的指导约束作用，使得预算更加符合规范、效率、法治和民主等特征，有利于凸显政府预算全面规范透明、标准科学、约束有力的特点，推动建立现代预算制度。这项改革适应新形势，符合新要求，可以有效发挥财政的宏观调控和管理作用，优化资源配置，构建科学的财税体制，为充分发挥财政在国家治理中的作用提供制度保障。

（三）有利于更好地发挥人民代表大会制度的根本政治制度作用

这项改革可以将坚持党的领导、人民当家作主和依法治国有机统一起来，更好地发挥人民代表大会制度作为支撑国家治理体系和治理能力现代化的根本政治制度作用。人大预算审查监督重点向支出预算和政策拓展，通过更好地贯彻落实党中央重大方针政策和决策部署，充分发挥党总揽全局、协调各方的领导核心作用；通过密切联系群众，回应群众呼声，使人民当家作主有效落实到国家政治生活中；通过依据《宪法》《预算法》《各级人民代表大会常务委员会监督法》开展改革工作，有利于依法管理国家事务，推进全面依法治国。

（四）有利于充分发挥财政政策在宏观调控中的重要作用

从宏观调控的角度看，如果将预算审查重点只放在收支平衡和赤字规模上，则容易造成财政政策的顺周期问题，不利于发挥财政政策的宏观调控作用。如果只关注预算收入，在经济下行时期，可能导致"过头税"，加重企

业负担；在经济繁荣时期，却出现该收不收的情况，助推经济过热。而预算收入是预期性的，不是指令性的，预算收入应该从约束性向预期性转变，预算审查重点应该向支出预算和政策拓展，充分发挥财政政策的逆周期调节作用，促进依法治税。

（五）有利于提高财政资金使用效率和效益

人大预算审查监督重点向支出预算和政策拓展，是人大依法审查监督的深化和细化。这项改革措施能够促进财政部门进一步落实依法行政、依法理财要求，关注财政资金使用效率和政策实施效果，不折不扣执行党中央决策部署。在经济新常态下的财政收支呈现出一些新特点：财政收入增速急剧下滑，税收弹性系数快速走低；财政支出逆势上扬，刚性增长格局日趋强化。[①]在财政资金紧张的情况下，必然要提高财政资金使用效率，才能缩小财政缺口，减小财政压力。加强对支出预算和政策的审查监督，就是更加重视资金使用绩效和政策实施效果，改变以前重视支出而忽视绩效的做法，使得每笔财政资金都产生其应有的效益。这是新常态下落实绩效预算理念的重要举措，是全面实施绩效管理的重要内容。

专栏 5 –1　专家学者解读《指导意见》的重要意义

中国财政科学研究院副院长白景明说："把政府预算审核管理和人大预算审查监督的重点放在赤字规模和预算收支平衡状况，容易造成只看结果，没看起因的情况。人大预算审查监督重点向支出预算和政策拓展，有利于提高人大预算审查监督的针对性和有效性。"

中央财经大学政府预算管理研究所所长李燕教授认为："人大预算审查监督重点向支出预算和政策拓展，使预算支出和政策更好地贯彻落实党中央重大方针政策和决策部署，有利于预算安排通过人大审查监督的法定程序更好体现党和国家的主张、实现人民的愿望。"

中国社科院财经战略研究院研究员汪德华也认为："《指导意见》的出台

---

① 高培勇，蒋震. 新常态下的中国财政：若干趋势性变化［J］. 财政研究，2016（6）：2 – 15.

是一个方向性的变化。从理论上讲，预算审查需要关注财政收支的各方面，既包括收入和赤字，也包括支出规模、债务状况、财政资金配置效率、执行效益等。过去预算审查主要关注前者，这次加强了对后者的审查监督，有利于发挥政策对编制支出预算的指导和约束作用。"

专家一致认为，在人大预算审查监督重点向支出预算和政策拓展的同时，预算收入应从约束性转向预期性，这样有利于加强人大对政府预算的审查监督，也有利于改善政府宏观调控、促进依法治税。

资料来源：专家：促进预算更好体现和落实党中央决策部署〔EB/OL〕. (2018 – 03 – 17). http：//www. ce. cn/xwzx/gnsz/szyw/201803/17/t20180317 – 28507919. shtml.

二、人大预算审查监督重点向支出预算和政策拓展顶层设计

"顶层设计"原本是一个系统学概念，后逐渐进入中央文件，表示自上而下地系统谋划，具有顶层决定性、整体关联性和实际可操作性等特征，主要是强调主体的权威性和统一性，客体的整体性和宏观性。因此要保证人大预算审查监督重点拓展制度的系统性、整体性、协调性和实践性，需要通过制度的顶层设计进行总体规划、统筹协调和整体推进。

（一）人大预算审查监督重点拓展顶层设计的必要性

新时代强调人大预算审查监督重点拓展制度的顶层设计，一方面，可以与其他改革举措相衔接、相配合，统一于人大预算监督机制。创新人大预算监督机制，主要包括一部法律、四项改革举措和一种监督方法（见图5-1）。一部法律指的是《预算法》；四项改革举措分别是2015年改进国务院向人大常委会报告审计查出突出问题整改情况监督的机制，2016年建立预算审查前听取人大代表、社会各界意见的机制，2017年确立国务院向全国人大常委会报告国有资产管理情况制度的意见，2018年人大预算审查监督的重点向支出预算和政策的拓展；一种监督方法指的是预算联网监督。另一方面，可以自上而下统一有序推进，地方人大在推进这项制度的过程中，需要结合《指导

意见》和各自的地域特点制定出不同的实施意见，如果缺乏顶层设计，就不能保证地方工作的顺利推进和均衡发展，不利于发挥人大预算审查监督重点拓展制度的整体性和协调性。

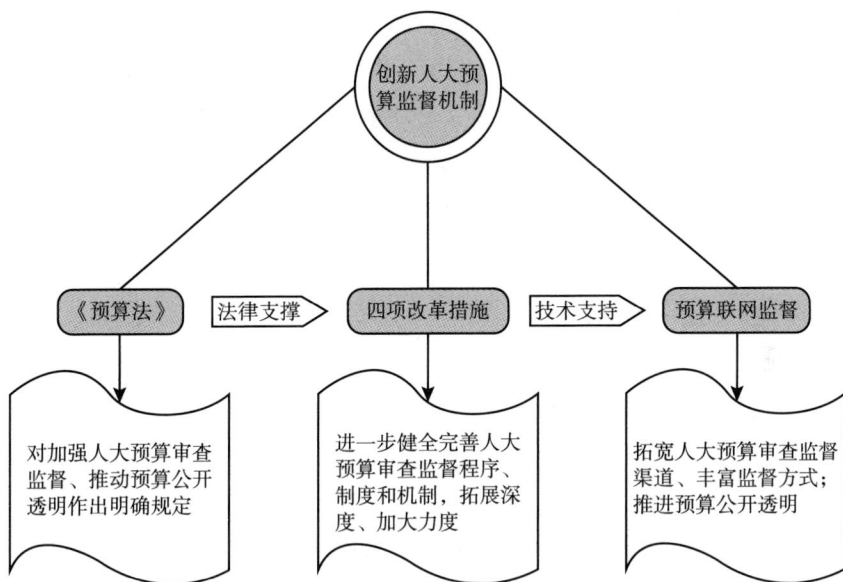

图 5 - 1 "1 + 4 + 1"创新人大预算监督机制

（二）人大预算审查监督重点拓展顶层设计的具体内容

《宪法》《预算法》《各级人民代表大会常务委员会监督法》等法律赋予了全国人大及其常委会、地方各级人大及其常委会预算审查监督职权，首先从法律层面保证了预算审查工作的权威性。中共中央办公厅印发实施的《指导意见》和全国人大常委会办公厅印发的《关于贯彻〈关于人大预算审查监督重点向支出预算和政策拓展的指导意见〉的实施意见》（以下简称《实施意见》），具有顶层决定性、整体关联性和实际可操作性，有助于人大预算审查监督重点拓展改革工作的整体推进。

《指导意见》明确指出了加强对支出预算和政策审查监督的总体要求，即坚持党中央集中统一领导，坚持围绕和服务党和国家大局，坚持以人民为中心的发展思想，坚持依法开展审查监督，坚持问题导向，坚持积极探索与扎实推进相结合。这些总体要求对改革作了全面部署，政治站位高，内容丰富，要求明确。《指导意见》明确规定了人大预算审查监督重点拓展制度顶层设计的整体遵循，其系统性和整体性有利于人大预算审查监督重点拓展制度的整体推进和统筹协调。在《实施意见》中提出了准确把握《指导意见》的总体要求，需要注意把握几方面内容，即坚决维护党中央权威和集中统一领导，坚持依法审查监督，加强全口径审查和全过程监督，形成监督合力，增强监督实效，坚持先易后难、稳步推进。根据《指导意见》和《实施意见》，概括出人大预算审查监督重点向支出预算和政策拓展的根本原则、基本方法和实现目标。

1. 人大预算审查监督重点拓展的基本原则

深入学习贯彻党的十九大精神，以习近平新时代中国特色社会主义思想为指导，坚持党的领导、人民当家作主、依法治国有机统一。

（1）坚持维护党中央的权威和集中统一领导。这是首要原则，旗帜鲜明讲政治，坚持党总揽全局、协调各方的领导核心作用，把维护习近平总书记的核心地位、维护党中央权威和集中统一领导摆在讲政治的首要位置。坚持围绕和服务党和国家大局，紧紧围绕统筹推进"五位一体"总体布局和协调推进"四个全面"战略布局，坚定不移贯彻落实新发展理念。第十三届全国人大常委会副委员长王晨指出，人大预算审查监督重点拓展改革工作要在党中央集中统一领导下扎实推进，预算审查监督中的重要事项和重要问题，要及时请示报告。[①]

（2）坚持以人民为中心的发展思想。坚持一切发展为了人民，发展成果由人民共享，把人民群众对美好生活的向往作为奋斗目标。通过人大预算审查监督，推动支出预算和政策拓展以保障和改善民生为重点，推动解决人民群众普遍关心的热点难点问题，不断增强人民群众的获得感、幸福感和安全感。

---

① 王晨. 做好新时代人大预算审查监督重点拓展改革工作 [N]. 人民日报，2018 - 12 - 04 (006).

（3）坚持依法审查监督。严格按照《宪法》《预算法》和《各级人民代表大会常务委员会监督法》等法律赋予的预算审查监督职权，运用法治思维、法治方式和法定程序开展预算审查监督工作。

2. 人大预算审查监督重点拓展的基本方法

（1）在监督内容上，全面完整，突出重点。全面完整是指加强全口径审查和全过程监督，全国人大及其常委会对一般公共预算、政府性基金预算、国有资本经营预算和社会保险基金预算的支出预决算和支出政策进行审查，对预算编制、执行、调整和决算进行审查监督，做到事前、事中和事后监督全覆盖，各环节紧密衔接、相互贯通。突出重点是指加强对重点支出和重大投资项目的监督，坚持问题导向，着力解决突出问题和突出矛盾。关注人民群众普遍关心的热点难点问题、审计查出的突出问题、制约事业发展的关键问题等，加强对相关支出预算和政策的审查监督。优化调整支出结构，突出重点，精准聚焦。

（2）在监督工作推进中，坚持积极探索、稳步推进。立足我国基本国情、经济社会发展阶段及财政预算管理水平，认真研究预算审查监督工作的发展现状，总结经验和规律。在扎实做好基础性工作的同时，又要探索创新方式方法，不断适应新的形势和任务要求，坚持先易后难、稳步推进，确保改革取得成效。

（3）在监督方式上，创新监督方式，增强监督实效。综合运用各种法定监督方式，充分发挥不同监督方式的优势，突出监督的针对性和实效性。注重创新和资源整合，形成监督合力，提高可操作性和运转效率，同时又要总结交流推广有效做法和成功经验，创新完善具体组织方式和工作方法，使人大预算审查监督工作更有力度、更具权威。《指导意见》提出了八条主要程序和方法：一是认真贯彻落实党中央重大方针政策和决策部署；二是充分听取意见建议；三是深入开展专题调研；四是探索就重大事项或特定问题组织调查；五是探索开展预算专题审议；六是推动落实人大及其常委会有关预算决算决议；七是及时听取重大财税政策报告；八是加快推进预算联网监督工作。

3. 人大预算审查监督重点拓展的实现目标

人大预算审查监督重点向支出预算和政策拓展所实现的具体目标包括：（1）加强对支出预算和政策的审查监督，加强全口径审查和全过程监管；（2）强化预算约束，加强财政管理，提高监督的针对性和有效性，加强对支出绩效和政策目标落实情况的监督，推动建立健全预算绩效管理机制；（3）确保党的基本理论、基本路线、基本方略和党中央重大方针政策、决策部署得到全面贯彻落实；（4）充分发挥财政在国家治理中的重要作用，推动经济社会持续健康发展（见表5-1）。

表5-1　　　　　　　人大预算审查监督重点拓展改革的战略目标

类型	目标
微观层次目标	预算安排和政策更好地贯彻落实党中央重大方针政策和决策部署
中观层次目标	发挥财政在宏观经济管理中的重要作用
	实施全面规范、公开透明的预算制度
宏观层次目标	推进国家治理体系和治理能力现代化

资料来源：金灿灿. 人大预算监督"重点拓展"的逻辑分析与路径考察［J］. 地方财政研究，2019（7）：26-31.

专栏5-2　　法律文件对预算审查监督重点的相关条款规定

《中华人民共和国预算法》相关条款规定：

一、预算草案及预算执行情况的审查重点

第四十八条规定了全国人民代表大会和地方各级人民代表大会对预算草案及其报告、预算执行情况的报告重点审查下列内容：

（一）上一年预算执行情况是否符合本级人民代表大会预算决议的要求；

（二）预算安排是否符合本法的规定；

（三）预算安排是否贯彻国民经济和社会发展的方针政策，收支政策是否切实可行；

（四）重点支出和重大投资项目的预算安排是否恰当；

（五）预算的编制是否完整，是否符合本法第四十六条的规定；

（六）对下级政府的转移性支出预算是否规范、恰当；

（七）预算安排举借的债务是否合法、合理，是否有偿还计划和稳定的偿还资金来源；

（八）与预算有关重要事项的说明是否清晰。

二、决算草案的审查重点

第七十九条　县级以上各级人民代表大会常务委员会和乡、民族乡、镇人民代表大会对本级决算草案，重点审查下列内容：

（一）预算收入情况；

（二）支出政策实施情况和重点支出、重大投资项目资金的使用及绩效情况；

（三）结转资金的使用情况；

（四）资金结余情况；

（五）本级预算调整及执行情况；

（六）财政转移支付安排执行情况；

（七）经批准举借债务的规模、结构、使用、偿还等情况；

（八）本级预算周转资金规模和使用情况；

（九）本级预备费使用情况；

（十）超收收入安排情况，预算稳定调节基金的规模和使用情况；

（十一）本级人民代表大会批准的预算决议落实情况；

（十二）其他与决算有关的重要情况。

《中华人民共和国各级人民代表大会常务委员会监督法》相关条款规定：

第十八条规定常务委员会对决算草案和预算执行情况报告，重点审查下列内容：

（一）预算收支平衡情况；

（二）重点支出的安排和资金到位情况；

（三）预算超收收入的安排和使用情况；

（四）部门预算制度建立和执行情况；

（五）向下级财政转移支付情况；

（六）本级人民代表大会关于批准预算的决议的执行情况。

除前款规定外，全国人民代表大会常务委员会还应当重点审查国债余额情况；县级以上地方各级人民代表大会常务委员会还应当重点审查上级财政补助资金的安排和使用情况。

资料来源：根据《中华人民共和国预算法》《中华人民共和国各级人民代表大会常务委员会监督法》整理。

第二节　人大预算审查监督重点向支出预算和政策拓展的制度内容

在开展人大预算审查监督重点向支出预算和政策拓展的工作中，要坚持党的领导、人民当家作主、依法治国有机统一，以《宪法》《预算法》和《各级人民代表大会常务委员会监督法》等法律为依据，坚持正确监督、有效监督，提高针对性和有效性，推进依法行政、依法理财，保障党中央重大方针政策和决策部署的贯彻落实。

一、支出预算和政策的内涵和关系

（一）支出预算和支出政策的内涵

支出预算是一项财政支出计划，是政府根据党中央重大方针政策和决策部署，按照《预算法》的相关规定，为了保障政府机构运转和履行政府职能，对财政支出进行的统筹安排，严格依照法定程序、方法和标准进行编制，并且提交本级人民代表大会审查批准后执行。人大支出预算审查监督就是人大部门对保障政府机构运转和履行职能的资金分配与使用活动开展的审查监督。① 具体包括五个过程：预算草案（预算调整方案）审查，预算（预算调整）批准，预算（预算调整）执行监督，决算草案审查，决算批准。

---

① 汪德华，李苗. 人大预算审查监督重点向支出预算和政策拓展——改革经验与推进建议［J］. 财经问题研究，2019（8）：80－86.

政策是国家为了实现一定历史时期的路线、方针和任务而制定的行动准则。支出政策指的是政府根据党中央重大方针政策和决策部署、《预算法》等法律规定制定的财政支出安排措施，具体包括支出方向、规模、结构和管理制度。人大支出政策审查监督就是对与政府支出预算管理活动相关的公共政策进行的审查监督。

（二）支出预算和支出政策的关系

1. 支出预算和支出政策之间的关系

支出政策决定、指导和约束支出预算的方向、规模和结构，支出预算保障、推动支出政策的执行，二者相辅相成、相互作用。

2. 支出预算审查监督和政策审查监督之间的关系

对支出预算的审查监督往往伴随着对政策的审查监督。因为对支出预算进行审查监督时，既要评估支出预算的绩效情况，也要关注支出预算是否依据支出政策编制，能否推动支出政策的执行进而满足政策目标，相关支出政策是否有效可行。然而对于政策的审查监督是可以单独进行的，并不必要伴随着支出预算的审查监督。

二、人大对支出预算和政策审查监督的内容

人大对支出预算和政策实施全口径审查、全过程监督，目的是保障党中央重大方针政策和决策部署在政府预算编制、预算执行中得到贯彻落实。

人大对支出预算和政策实施全口径审查，就是人大要对一般公共预算、政府性基金预算、国有资本经营预算、社会保险基金预算进行审查，特别是要加强对支出预算和政策的审查，实现审查范围和内容的全覆盖。人大对支出预算和政策开展全过程监督，就是人大预算监督要从过去的以对政府提交的预算草案、预算执行结果报告的"事后"监督为主，进一步向预算草案编制前和政策制定前的"事前"环节延伸，进一步加大对预算执行过程和政策实施过程的"事中"环节的监督力度，做到事前监督、事中监督、事后监督

各环节紧密衔接、相互贯通。① 人大预算审查监督重点向支出预算和政策拓展具体包括以下内容。

（一）对支出预算的总量和结构进行审查监督

1. 对预算支出总量的审查

支出总量指的是一定时期内政府财政预算统筹安排的支出数额，对于支出预算总量的把握，不能仅仅局限于年度财政收支绝对平衡。在中期财政规划的框架下，年度支出预算总量可以进行跨年度平衡管控，需要可控在中期财政规划的收入和支出预算规模内。审查支出预算总量，重点审查支出总量规模、财政赤字规模以及财政赤字率等重要指标，审查支出预算安排是否符合国民经济和社会发展相关规划以及中期财政规划的总体安排，审查预算安排是否符合党中央确定的年度经济社会发展目标、国家宏观调控总体要求，审查支出政策的可持续性，更好发挥政府职能作用。

审查支出预算总量安排是否具有可持续性。可持续性要求支出预算总量的统筹安排不能超越预期财力，也要考虑财力总量的合理增长。重点审查是否存在逾越警戒线的举债、非法融资或变相违规举债、虚列收入安排支出等问题，审查是否充分考虑财力总量合理增长，如公共服务均等化、民生保障等一般性转移支付增加，七大战略实施以及三大攻坚战专项转移支付力度增强等。

专栏5-3 预算报告审查要点"一个围绕+五个基本点"

● "一个围绕"——是否紧紧围绕党中央方针政策和中央经济工作会议决策部署。

● "五个基本点"——完整、平衡、适当、清晰、有绩效。

➤ 是否完整：例如，是否按照全口径要求编制收支预算；"四本预算"报告是否完整。

➤ 是否平衡：例如，预算收支安排是否坚持以收定支、量力而行要求；是否坚持收支平衡原则，上年的赤字规模、债务规模是否控制在人大批准的

---

① 王晨. 做好新时代人大预算审查监督重点拓展改革工作［N］. 人民日报，2018-12-04（006）.

限额内。

➢ 是否适当：例如，重点支出、重大投资项目、转移支付等安排是否适当可行。

➢ 是否清晰：例如，有关支出政策说明是否清晰明确，支出预算和支出政策是否衔接匹配。

➢ 是否有绩效：例如，预算支出安排是否设有绩效目标，是否开展绩效评价，是否体现讲求绩效的要求。

资料来源：根据中共中央办公厅《关于人大预算审查监督重点向支出预算和政策拓展的指导意见》等相关资料归纳整理。

2. 对预算支出结构的审查

支出结构指的是各类支出占预算支出总额的比例，反映了政府参与社会经济生活的范围以及工作重点。通过各项支出比重的横向比较和纵向比较，可以看出支出重点是否突出，支出结构是否优化。审查支出预算结构，重点审查支出预算和政策是否体现党中央就各重要领域提出的重大方针政策和决策部署要求，是否与中央经济工作会议提出的预期目标、重大任务和政策措施相衔接，是否能够体现出发展为了人民、发展成果由人民共享的发展理念。

3. 对预算执行情况的监督

重点监督预算以及预算调整经过批准后的执行情况，跟踪监督支出预算执行进度以及绩效目标的实现情况，重点关注预算执行中增减变动情况。

（二）对重点支出和重大投资项目的审查监督

1. 重点支出和重大投资项目决策机制的审查监督

健全完善重点支出与重大投资项目决策机制，建立事前绩效评估机制，需要合理确定重点支出与重大投资项目的范围。重点支出指的是体现党中央重大方针政策和决策部署，对经济社会发展有重要影响，涉及人民群众切身利益等的支出。重大投资项目指的是贯彻落实党中央重大方针政策和决策部署，保障国民经济和社会发展规划，计划实施并纳入预算安排且数额较大的投资项目。

2. 重点支出和重大投资项目过程管理的审查监督

对于重点支出与重大投资项目进行审查，应该按照财政事权和支出责任划分进行分类。①

第一，本级决策机关作出决定实施的项目支出。重点审查项目是否列入规划项目库名录，是否设定支出绩效目标，绩效目标是否与预算相匹配等。

第二，上级政府或部门预告下达的项目支出。重点审查是否根据上级要求足额安排预算，本级配套政策是否合法合规，配套部分是否设置了预算绩效目标，绩效目标与上级下达口径是否统一等。

第三，对本级法定和上级下达的重点支出和重大投资项目。应当建立和实行人大及其常委会专题审议和专项检查报告制度，进行全过程监督管理，即从支出预算指标下达、资金拨付与使用到支出绩效管理全过程。

3. 重点支出和重大投资项目执行情况的审查监督

加强对重点支出与重大投资项目执行情况的监督，是实施全过程监督的重要内容。首先要建立常态化监督机制，建立预算执行联系点、召开座谈会、运用预算联网监督系统等方式对预算执行情况和绩效目标实现情况进行跟踪监督。另外，开展专项工作报告和专题调研进行监督。

（三）对部门预算的审查监督

部门预算是涵盖部门各项收支的部门综合财政计划，是本级政府支出预算的组成部分。审查部门预算，可以从以下两个方面着手。

1. 审查部门预算的完整性

部门全部收支活动是否均纳入预算管理，是否严格进行全口径预算管理；基本支出预算是否能够确保部门履行职能、日常运转的基本需要；部门上年结转资金与年度预算统筹使用的情况，是否严格执行结转和结余资金管理的相关规定；部门国有资产配置情况等。

---

① 杨祥时. 实现人大预算审查监督重点向支出预算和政策拓展的思考与对策 [J]. 财政监督，2020（10）：57–64.

2. 审查部门预算的专项支出预算

审查项目是否符合规划的项目库规范，项目支出预算是否与支出政策相衔接，审查部门重大项目支出绩效目标设定、实现及评价结果应用情况，审查部门预算落实党中央重大方针政策和决策部署的情况。

3. 对部门预算执行情况的监督

运用预算联网监督系统加强对部门预算执行情况的监督，重点关注部门重点项目的预算执行情况以及绩效目标实现情况，关注部门预算追加追减情况。

（四）对财政转移支付的审查监督

1. 财政转移支付资金全过程管理机制的审查

根据财政事权和支出责任的划分，结合转移支付的政策目标，对转移支付进行审查监督。重点审查监督贯彻党中央重大方针政策和决策部署情况，转移支付与财政事权和支出责任划分的匹配情况；转移支付对促进实现各地区财政平衡及基本公共服务均等化情况；专项转移支付的清理整合情况；专项转移支付的整体绩效情况；转移支付的规模和结构是否科学合理；转移支付预算按项目、分地区编列情况；按预算法规定将预计数提前下达地方的情况；专项转移支付绩效目标的设定是否合理；专项转移支付定期评估和退出机制是否得到有效落实；对于政策到期、政策调整和绩效低下等项目是否进行了清理取消。

2. 财政转移支付资金预算执行情况的监督

监督转移支付预算执行和政策实施，重点是预算批准后在法律规定时间内批复下达以及资金使用绩效与政策实施效果情况等。运用预算联网监督系统，跟踪监督中央转移支付指标下达、资金拨付和安排使用等情况。重点监督转移支付预算是否按照规定及时向社会公开，对地方下达转移支付的情况，可以对重点转移支付资金开展专项调研。

（五）对政府债务的审查监督

1. 对债务规模和风险的审查监督

对于国债的审查，重点是中央国债余额限额的设定是否合理，根据当年国债还本付息的情况，分析中央财政承受能力和可持续性。对于地方债务的审查，《预算法》第三十五条对于地方政府举借债务的情况进行了明确规定，因此应该按照法律规定对地方政府债务进行严格审查，包括地方政府的举债规模、偿还资金来源、偿还计划、债务风险管理等。根据债务率、利息负担率、新增债务率等指标，评估地方政府举债规模的合理性和地方债务的风险水平。对于地方政府一般债券和专项债券的审查，要重点审查举债规模的合理性和可持续性。

2. 对债务资金执行情况的审查监督

重点监督政府是否规范举债融资行为、是否严格依法举债融资等。国债和地方政府债券发行和兑付情况，坚决遏制隐性债务增量，决不允许新增各类隐性债务。重点监督政府是否将债务纳入预算管理，进行有效的债务管理，能否积极稳妥化解累积的地方政府债务风险。结合地方政府债务规模和全国经济发展水平，结合债务风险预警指标，分析判断全国政府债务的总体规模、结构、使用和还本付息等情况及其风险水平。要着力加强对防范化解地方政府债务风险的监督，坚决遏制隐性债务增量，硬化预算约束，坚决制止超越经济社会发展水平和财政承受能力搞建设，强化问责机制，牢牢守住不发生系统性风险的底线。

（六）加强对政府预算收入的审查监督

人大预算审查监督重点拓展制度用的是"拓展"而不是"改变"，并不否定人大对预算平衡和赤字规模的审查监督，也不否定人大对政府预算收入的审查监督。因此，要加强对政府预算收入编制的审查（见表5-2）。

表5-2　　　　　　　　地方人大聚焦重点内容开展审查监督

主要内容	地方人大的实践
支出预算总量与结构	上海市、广西壮族自治区、甘肃省人大常委会开展专题调研、课题研究

主要内容	地方人大的实践
重点支出与重大投资项目	《北京市预算审查监督条例》对"两重"概念进行明确界定，细化审查要求，设计了全过程闭环绩效监督，为"两重"实施效果的监督提供了法律保障； 河北省、广东省、湖南省人大及广州市、深圳市人大要求政府财政部门报送政府预算内基本建设项目表
部门预算	四川省以部门预算为突破口，通过做实部门预算决算审查、监督部门预算执行和跟踪审计及审计整改，做实人大预算审查监督； 江苏省人大选择省教育厅等10个部门作为联系点，开展审查监督工作； 南京市组织代表团定向定点定时跟踪监督部门预算执行情况，将代表团对部门预算的审查监督延伸到闭会期间，开展对批复、执行、调整、决算的跟踪监督，形成历时三年、闭环的全过程监督； 山东省对80个部门单位开展预算备案审查，建立部门预算备案审查制度
财政转移支付	四川省人大对70多项转移支付管理办法、分配方式、绩效目标进行了审查； 安徽省、山东省人大通过监督转移支付政策，推动政府财政部门分领域推进省以下财政事权和支出责任划分改革
政府债务	广东省、云南省、贵州省和新疆维吾尔自治区人大制定出台了建立政府向人大报告政府债务管理情况制度、加强政府债务监督等决定
政府预算收入	四川省以问题为导向，通过预算决算审查，基本杜绝收入不完整等预算编制问题，对于监督中发现的虚增收入等问题，及时召集有关部门研究处理； 山东省连续两年组织对全省各级财政收入状况进行调查摸底，强化对政府预算收入执行情况的审计监督。为防范财政风险，多次对全省各级政府融资情况进行审计调查

资料来源：根据相关资料自行整理。

1. 对政府预算收入的审查监督

一是完整性审查。重点审查政府收入编制预算的情况，进一步加强对政府性基金预算、国有资本经营预算和社会保险基金预算收入的审查，每项基金或项目的收入编制都要合法、合理和可行，审查国有资本经营预算范围完整性情况，中央（含金融）企业是否足额上缴国有资本经营收益。二是科学合理性审查。审查政府预算收入编制与宏观经济、社会发展指标和财政政策的协调性情况，收入预测规模的科学性、合理性和可行性情况。

2. 对预算执行情况的审查监督

通过调研和座谈会对预算执行情况进行监督，运用预算联网监督系统，跟踪监督预算收入的执行情况，分析收入执行是否与宏观经济相匹配，主要税种是否与对应的经济指标及税基相协调。推动严格依法征收，不收"过头税"，防止财政收入虚增、空转。重点关注是否存在为了满足支出而虚列收入预算的情况，是否存在向预算收入征收部门下达收入指标的情况。推动依法规范非税收入管理，分析一般公共预算非税收入与相关指标的匹配情况。

第三节　各地方的实践探索：工作特色与改革趋势

一、审查监督向支出预算和政策拓展的地方实践探索

党的十八届三中全会通过了《中共中央关于全面深化改革的若干重大问题的决定》，在改进预算管理制度方面，决定明确指出改进预算管理制度。实施全面规范、公开透明的预算制度。审核预算的重点由平衡状态、赤字规模向支出预算和政策拓展。清理规范重点支出同财政收支增幅或生产总值挂钩事项，一般不采取挂钩方式。2018 年，中共中央办公厅印发《关于人大预算审查监督重点向支出预算和政策拓展的指导意见》（以下简称《指导意见》）中明确要求，人大对支出预算和政策开展全口径审查和全过程监管，主要包括支出预算的总量与结构、重点支出与重大投资项目、部门预算、财政转移支付和政府性债务等内容。按照《宪法》《预算法》和《各级人民代表大会常务委员会监督法》赋予的预算审查监督职权，根据中共中央办公厅印发的《指导意见》的要求，各地结合地区的实际情况，印发了有关人大预算审查监督重点向支出预算和政策拓展的实施意见或者相关文件，地方各级人大深入落实预算审查监督重点拓展制度，不断探索监督新方式、新思路和新举措，健全完善程序机制，推动预算监督步入新常态，不断提高人大预算审查监督的针对性和有效性，不断提升政府依法行政、依法理财水平。

（一）支出预算的总量与结构方面

根据《指导意见》和各地方实施意见要求，新时代下人大应重点对支出预算的总量与结构进行审查监督。一是审查支出预算总量，重点审查预算安排是否符合党中央确定的年度经济社会发展目标、国家宏观调控总体要求、国民经济和社会发展相关规划、中期财政规划，审查支出政策的可持续性，更好发挥政府职能作用；二是审查支出预算结构，重点审查支出预算和政策是否体现党中央就各重要领域提出的重大方针政策和决策部署要求，切实提高财政资金配置效率。地方人大基于以上要求开展实践探索。

一是实施全口径预算审查监督。以江苏省为例，省人大从 2015 年就根据修正后的《预算法》要求，实现对省政府进行包含"四本预算"在内的全口径预算审查监督，共有 35 张表，全口径政府预算体系框架更加健全完善，审查内容更加细化丰富。2017 年，"四本预算"共 45 张表较 2016 年增加了 30%。同时省人大不断强化对政府预算报告内容细化的要求，全方位反映政府预算的收支规模、结构等情况。近年来，政府预算报告中增加反映共同财政事权和支出责任划分改革情况、税收政策调整情况等内容。2019 年政府预算报告新增省级重大投资项目资金安排表、省级新增专项转移支付情况表、全省分地区地方政府一般债务和专项债务情况表，并将重大项目绩效目标报送省人代会。

二是就支出总量和结构开展专题调研工作。甘肃省、上海市、广西壮族自治区人大就财政支出预算总量与结构情况开展专项调研、课题研究，对财政支出总量规模、支出级次、支出结构和支出增长可持续性等情况，进行全面深入分析，提出有针对性的意见建议，为开展审查监督奠定了扎实基础。以甘肃省为例，2019 年甘肃省人大常委会财经预算工作委员会开展的预算审查监督专题审议和跟踪推动人大决议落实的做法得到全国人大常委会预算工委的高度认可，同时就近十年来财政支出的总量与结构开展的"大调研"得到了全国人大常委会预算工委和许多省市的广泛关注。

（二）重点支出与重大投资项目方面

《指导意见》要求人大通过加强审查重点支出与重大投资项目，保障中央及地方党委重大方针政策和决策部署确定的重点支出与重大投资项目实施，推动政府健全重点支出与重大投资项目决策机制，合理确定重点支出与重大投资项目范围。加强对重点支出与重大投资项目执行情况的监督，督促实现支出绩效和政策目标。

随着城市化的快速推进，政府重大投资项目日渐增多，投资规模越来越大。个别项目在实施的过程中，存在可行性报告质量不够高、概预算编制不够精准、监管制度落实不够到位等问题。对此近年来，浙江省杭州市做了充分的实践与探索。其中，杭州市拱墅区人大通过一系列举措，探索建立起覆盖重大项目开工前、建设中、竣工后的全周期监督闭环，推动政府重大项目投资的立项决策、建设管理、资金使用更加规范高效。具体探索包括以下几方面。

一是通过逐个审议严格控制投资规模。2015 年拱墅区人大出台的《关于政府重大投资项目监督的暂行办法》（以下简称《暂行办法》），将区政府当年拟新建的、投资规模在 2 亿元以上的固定资产项目，都纳入了人大监督范围。根据《暂行办法》，拱墅区人大常委会每年在年初集中听取和审议政府重大投资项目计划及上年度计划执行情况，年中听取和审议当年计划执行与调整情况，并根据项目开建时间计划逐个审议项目，对投资决策的必要性和项目实施的可行性进行审查，其中投资规模的合理性审查是监督的关键点。2016 年 1 月，拱墅区六届人大常委会首次听取和审议《关于拱墅区 2016 年政府重大投资项目计划（草案）的报告》。会议原则同意 30 班中学项目，核减总投资估算 401 万元。据统计，2016 年至 2018 年，列入区人大监督计划的政府重大投资项目共 34 个，其中学校项目 12 个、安置房项目 16 个、公共服务配套设施项目 6 个。项目提交后，核减不合理投资额 8.46 亿元，占全部送审投资额的 2.79%，① 项目投资的可行性和投资规模的合理性有效提升。

二是发挥代表监督作用全面把握项目进度。为了确保项目在预算范围内按期完成，拱墅区人大建立跟踪监督机制，通过代表实地检查、专项调研、跟踪视察等手段，督查政府重大投资项目是否按计划执行。以学校建设项目

---

① 何双伶. 基层亮招 | 管好政府重大项目投资钱袋子［N］. 浙江日报，2019 - 03 - 30.

为例,是历年民生实事项目的重头戏,也是政府重大投资项目中最受关注的一种。2018 年 1 月拱墅区七届人大常委会第九次会议,区人大代表在审议 2017 年政府重大投资项目计划执行情况时对已桩基先行的 42 班中学项目工程推进困难情况进行提问。会后,人大代表一起去现场"踩盘"并联系施工单位询问进展,发现推进困难原因在于工程的施工许可证的办理,在代表的督促下,施工方加速办理证件,积极进场施工,并于 2021 年如期竣工。2019 年,拱墅区人大还建立起代表一对一监督项目的代表专项调研制度。根据代表所在领域,不同调研代表对不同类型的项目负责,除参与常委会审议外,代表还可对项目可行性、投资精准性和建设计划制定的合理性进行问询。

三是定期回顾项目保证工程绩效结果。为了建立监督闭环,保证项目质量,拱墅区人大对当年竣工的重大投资项目进行"回头看"。区政府原则上一年一次向人大常委会报告竣工项目投资完成情况,对实际投资发生额超过计划投资额 15% 的部分必须作出说明。结合项目整体完成情况,区人大将适时专题听取区政府关于政府重大投资项目的绩效评估情况。自 2018 年起,拱墅区人大每年都选取 1~2 个关注度高、受益面广、投资额大的竣工项目,由区审计局对财务竣工决算进行重点审计,在年底的人大常委会上报告审计结果。由于区人大的精准监督,区政府进一步完善了政府重大投资项目管理办法。2018 年,针对拱墅区安置房建设任务重、实施主体多和拆迁户期望高的实际情况,区政府常务会议专题研究提高了安置房建设标准,制定出台了进一步加强安置房建设和管理的指导意见,进一步健全完善政府重大投资项目监督机制。

从 2019 年开始,拱墅区人大常委会探索了由"以财经工委为主,依靠第三方专业机构"的监督模式,并逐步升级为以"财经工委为主,人大各条线联动,充分发挥代表主体作用,建立覆盖重大项目开工前、建设中、竣工后全周期"的监督闭环新模式,监督更加精准高效。2015 年至 2020 年,列入人大监督计划的项目共有 48 个,区政府提交常委会审议的 34 个政府重大投资项目均全部按时通过审查。①

---

① 杭州市人民政府官网,http://www.hangzhou.gov.cn/art/2020/8/12/art_812255_54371291.html。

（三）部门预算方面

部门预算由本部门及其所属各单位预算组成，部门预算是政府预算的重要组成部分，也是人大预算监督的重要内容之一。《各级人民代表大会常务委员会监督法》规定，地方各级人大常务委员会对决算草案和预算执行情况报告，重点审查部门预算制度建立和执行情况。《指导意见》要求，部门预算重点审查监督部门预算贯彻落实党中央重大方针政策和决策部署情况；部门预算编制的完整性情况；项目库建设、项目支出预算与支出政策衔接匹配情况；部门重大项目支出绩效目标设定、实现及评价结果应用情况，审计查出问题整改落实情况等。通过部门预算审查，不仅可以反映部门预算编制的科学性、准确性、绩效性等财务收支状况，还可以反映部门在执行法律、法规及贯彻党和国家各项方针政策等方面的情况，能够充分体现一个部门工作目标责任制落实情况或某项事业完成情况。主要从部门预算的完整性、规范性和落实情况进行审查监督。

近年来，为了提高对财政预算审查监督的实效，浙江省温州市人大以部门预算分项审查为切入点，探索推进公共财政预算改革，在全国首创分项审查表决市级部门预算，引入公众参与和民主监督，建立部门预算听证、分项审议表决、预算刚性约束和部门决算审计及绩效评价等一整套较为完善的监督机制，使得温州在部门预算审查方面逐步达到全口径、全过程、全覆盖，实现了从程序性监督向实质性监督的转变，这项工作也走在了全省和全国前列。

一是完善制度建设，为部门预算分项审查"铺平道路"。2012 年 2 月，温州市人大常委会决定设立预算工作委员会，并成立了预算审查专家委员会；2012 年 4 月，温州市委出台了《关于加快推进市级公共财政预算改革的实施意见》；2012 年 10 月，温州市人大常委会出台《温州市市级部门预算审查监督办法》。这一整套制度的制定、完善，为温州部门预算分项审查进入"深水区"创造了条件，为人大的监督厘清了路径。根据该实施意见和监督办法的相关规定，2013 年 1 月 5 日，温州市人大常委会会议首次对人力社保局、国资委、卫生局、外事办、人防办、海洋渔业局 6 个部门预算草案进行了分项审议表决，当时此举在全国尚属首创。从"整体表决"到"分项审查"，从"攥着一个总数字"到"审查一沓报告"，这有利于预算监督落实到政府部门的每一个项目中，有利于深究每一笔预算安排的合理性，有利于保证政府的每一个行为更加体现民意、贴近民生。为了进一步深化部门预算分项审查。2018 年，温州市人大常委会对《温州市市级预算审查监督办法》和《温州市市级部门预算审查监督办法》进行逐条研究和修改。在坚持制度创新、监督方式创新的基础上，使温州人大的预算监督工作能更加适应新时代关于"建立全面规范透明、标准科学、约束有力的预算制度，全面实施绩效管理"的要求，进一步强化审查实效。2019 年 12 月 24 日，温州市第十三届人大常委会举行第二十五次会议，这次会议表决通过了重点部门预算（草案）。每年 12 月底召开的常委会，对重点审查的部门预算草案逐个进行审议表决，这也是温州人大工作的一大亮点。以 2019～2020 年间，温州市人大常委会通过部门预算分项审查，相关部门的预算草案调整项目共计 593 个，涉及金额 5.73 亿元，① 预算安排更加科学合理。

二是升级人大预算在线监督系统，部门预算审查实现从周期性监督到实时监督。温州市人大预算在线监督系统可追溯到 2008 年。温州市人大为了探索深化部门预算审查，与市财政局建立了预算在线监督系统。有了这个系统，在市人大机关在线监督室的专用电脑上，可以实时看清政府部门的每一笔开销。在做好预算支出实时监督的同时，每个季度结束后，预算工委将所有部门预算执行情况通过在线监督系统导出，分析出的数据和问题由预算工委提供给预算审查专家，作为下一年度预算审查的重要依据。2013 年市人大统计发现 45 个市级部门年末结余资金 5.69 亿元，特别是一些结余资金长期结存，多年未使用，督促出台财政部门结余资金清理办法，有效盘活了部门存量资金。2014 年统计发现部门总预算追加率为 4.7%，个别部门追加较为频繁，督促财政部门严格控制预算追加，对部门预算追加进行考核，强化了预算约束。② 经过几年的努力，财政部门形成了一套当年收回市级资金结余、两年收回省拨资金结余的机制，基本消除了财政资金沉淀，提高了资金使用效率。

---

① 温州人大官网，http：//www.wzrd.gov.cn/art/2020/7/23/art_1390028_52502036.html。

② 温州人大官网，http：//www.wzrd.gov.cn/art/2017/8/16/art_1390028_12956965.html。

2019 年，人大预算在线监督系统实现进一步升级，可捕捉的信息更翔实，预算审查更深入，每笔支出可追踪到最终使用去向，为专家审查部门预决算提供必要参考。同时，内容更丰富，监督范围除涵盖四大预算的编制、执行、决算监督外，更扩展到对政府投资项目监督、财政专项资金监督、国有资产管理监督、转移支付资金流向监督、财政资金的绩效评价等。

三是坚持预算听证与分项审议表决，倒逼部门提高科学预算理念。从 2011 年开始，温州市人大常委会连续举行预算草案听证会。会上，市人大常委会组成人员、市人大代表、市民代表等围绕预算编制依据、预算执行率、财政资金使用绩效等情况进行提问，预算单位和财政部门现场进行了答复、解释和说明。2018 年的听证会上，温州市人力社保局提交了长达 58 页的预算草案，包括人力社保局基本情况表、2018 年部门预算执行分析表、2019 年部门预算项目支出表等 7 张表格，这反映出通过公开专题听证的方式，促使部门预算草案编制不断细节化、通俗化。同时，每年 12 月底召开的常委会，对重点审查的部门预算草案逐个进行审议表决。常委会预算表决权的设定，使得常委会对部门预算分项审查意见得到落实，从而实现由程序性审查到实质性审查的转变。

（四）财政转移支付方面

作为财政制度重要组成部分，转移支付制度包括一般性转移支付和专项转移支付，其中前者用于均衡统筹地方财力，后者用于特定战略发展目标与宏观政策需要。《指导意见》对财政转移支付，重点审查监督贯彻中央及地方党委重大方针政策和决策部署情况，转移支付与财政事权和支出责任划分的匹配情况；转移支付对促进实现各地区财政平衡及基本公共服务均等化情况；专项转移支付的清理整合情况；专项转移支付的整体绩效情况。监督转移支付预算执行和政策实施，重点是预算批准后在法律规定时间内批复下达以及资金使用绩效与政策实施效果情况等。

各地人大根据本地区实际发展特点深入探索了人大在财政转移支付审查监督中的实践。

从新疆人大的实践情况来看，由于民族特点与经济发展条件的特殊性，目前中央税收返还和转移支付占新疆一般公共预算支出的比重不断加大，对于缩小新疆与内地、新疆各地州市之间的财力差距，推进基本公共服务均等化，促进新疆社会稳定和长治久安发挥了重要作用。但与此伴随的转移支付还存在不规范、不平衡、不公开、效益不高等问题，制约着财政转移支付使用效果。转移支付中一般性转移支付比例偏低，不利于下级统筹安排财力。对此，新时代下新疆人大常委会不断加大对财政转移支付和预算调整事项的审查监督力度，督促财政部门优化对下转移支付结构，提高一般性转移支付的比例，提前告知下达额度，加快专项转移支付资金拨付进度，以便各地统筹安排财力。推动政府开展专项资金预算公开和绩效评价，进一步提高了专项资金预算的透明度和专项资金的使用效益。对于预算调整事项，要求政府财政部门必须依法编制预算调整方案，由政府提请本级人大常委会审查批准，增强了预算的刚性约束。加强对新增债务的审查和批准，确保债券资金依法安排和使用。对于不属于预算调整的预算收支变化，要求政府每年第四季度向本级人大常委会报告预算变更情况，以便常委会组成人员全面了解和掌握本级预算变动情况。

重庆市人大常委会根据新时代人大预算审查监督改革要求，不断加大对转移支付的监督力度，使相关转移支付的项目、数据更透明。从 2017 年开始，转移支付的预算提交人代会审议，决算提交常委会审议，现在已经形成制度。同时，每年选择部分区县，对上级转移支付安排的项目支出、民生领域重点支出预算等执行情况进行跟踪监督，对区县国库存款与预算指标进行核对，防止专项资金被挤占挪用。此外，重庆人大充分利用联网系统，强化对转移支付的预算约束。2019 年，重庆市人大预算联网监督系统上线。考虑重庆处于西部，转移支付资金较多，通过联网系统，全国人大可以更好监督中央给重庆的转移支付资金，包括重庆自身收支预算情况，强化全国对重庆、重庆对区县转移支付在执行过程中的审查监督，有效倒逼财政部门和预算单位依法依规进行预算管理。

（五）政府性债务方面

《预算法》对政府债务的审查有明确规定，全国人民代表大会和地方各级人民代表大会对预算草案及其报告、预算执行情况的报告重点审查内容之一是预算安排举借的债务是否合法、合理，是否有偿还计划和稳定的偿还资金来源，全国人民代表大会和地方各级人民代表大会也应对调整预算中需要增加举借债务的数额进行审核；对本级决算草案中经批准举借债务的规模、结构、使用、偿还等情况进行审查。《指导意见》要求人大监督政府债务，硬化地方政府预算约束，坚决制止无序举债搞建设，规范举债融资行为。结合地方债务规模、全国经济发展水平等情况，合理评估全国政府债务风险水平。地方政府债务审查监督要重点审查地方政府债务纳入预算管理的情况；要根据各地的债务率、利息负担率、新增债务率等风险评估指标体系，结合债务资金安排使用和偿还计划，评价地方政府举债规模的合理性。积极稳妥化解累积的地方债务风险，坚决遏制隐性债务增量，决不允许新增各类隐性债务。2021年，中共中央办公厅印发《关于加强地方人大对政府债务审查监督的意见》，从政府债务的预算决算编制、加强政府债务限额审查监督、加强专项债务的审查监督、规范审查监督政府债务的程序、加强对地方政府债务风险管控等方面做出详细规定。

深圳市人大从完善制度规范和监督机制的角度进行积极实践探索。近年来，深圳市人大常委会将地方债与政府预算一起列入审查监督范围，规范债务管理。在制度规范方面，2021年1月，深圳市人大出台《深圳市人大常委会地方政府债务审查监督规定》，旨在进一步深化人大对地方债的审查监督，提高债务资金使用效率。根据该规定，政府向市人大及其常委会报告地方政府债务管理情况采取年度报告、专题报告和日常通报方式进行。通过上述三种方式，不仅要向市人大常委会报告债务预算、债务调整和债务决算情况，也要报告政府债务发行进度、重点项目预算执行等情况。每届市人大常委会任期内，政府至少向人大常委会专题报告一次地方债管理的总体情况。此外，深圳人大在兼顾地方债"借得到，还得起"的同时，着重考虑"用得好"的问题。该规定要求市财政部门对地方债项目开展绩效评价，并将重点项目绩效评价结果报市人大常委会，通过监督提高债务资金使用效率。在监督机制方面，深圳市人大常委会可以综合运用听取报告、专题询问、执法检查和特定问题调查等方式监督政府地方债务管理情况，还可以就地方债管理中存在的重要问题，向市审计部门提出专项审计建议。

在对政府性债务的绩效监督上，陕西省宝鸡市人大进行了创新性探索。2021 年 10 月 28 日召开的宝鸡市第十五届人大常委会第四十一次会议上，由预算监督联网中心提交了《宝鸡市地方政府债务管理情况分析报告》，除了运用预算联网监督系统，查询分析债务管理相关数据外，宝鸡市人大首次应用创新建立的《宝鸡市人大常委会审查监督地方政府债务管理情况的绩效评价指标体系》，该指标体系将"两个坚持"贯穿始终，即坚持问题导向、目标导向、结果导向相统一，坚持事前、事中、事后全过程监督，聚焦债务管理关键环节，突出债务监督重点内容，客观科学地对债务管理情况进行了绩效评价。在此基础上，宝鸡市人大还从"绩效评价指标体系""政府债务'借、用、管、还'全过程""债券资金使用、管理、监督'三个主体'"等不同角度进行了分析，使委员审议更加有的放矢，对人大对政府性债务进行审查监督具有重要指导意义。

二、深刻把握实践动向

《指导意见》提供了人大预算监督重点拓展制度的改革方向，各级人大和政府部门结合实际情况进行探索和创新。通过对各个地方经验做法的梳理和总结，深刻把握人大预算审查监督重点拓展改革工作的实践动向。

（一）充分听取意见建议，提升监督能力

《指导意见》提出，认真听取本级人大代表、专家智库等社会各界关于重点支出、重大投资项目、重大支出政策等方面的意见建议。通过充分听取意见建议，彰显人大代表在审查中的主体地位，保障了人大代表的预算知情权、建议权和监督权。河北省人大代表在预算草案初审前，到各市县进行专题调研，提出对财政预算编制的意见建议；初审时，汇总整理代表提出的意见建议，及时向财政部门反馈。陕西省人大常委会组建了具有专业知识和工作经验的审查监督小组，建立了会前、会中和会后全过程审查监督机制。广东省充分借助省人大各专门委员会的专业特点和优势，开展预算专题审议和

部门预算重点审查，财经委和常委会预算工委将意见建议进行综合整理，纳入预算草案的初审意见，可以提高预算审查的针对性和有效性。

（二）加强"两重"监督，突出重点审查内容

《指导意见》提出，听取和审议政府关于重点支出预算和政策专项工作报告，开展重点支出预算和政策专题调研。上海市借助预算联网监督系统，跨部门选取科技资金投入的重点项目，开展有针对性的汇总分析，在重点做好市级财政科技资金调研工作的基础上，与本市财政科技投入较大的区进行上下联动，共同开展调研工作，充实调研内容。北京市人大常委会在重点支出和重大投资项目审查监督方面制定了新举措，督促政府加强资金统筹，集中有限财力，优先保障市委确定的中心工作和重大工程项目。并且，北京市已经对"两重"监督形成了全过程绩效监督，针对审查的薄弱环节，提出了完善决策机制、建立"两重"目录制度。广东省加强对民生保障政策、重点民生支出和财政转移支付资金的审查监督。湖北省人大常委会建立省级预算内固定资产投资监督平台，开展对政府重大投资项目的审查监督。

（三）拓展监督的广度和深度，突出转移支付、政府债务监管

加强对财政转移支付的审查监督，可以督促政府推进省以下财政体制改革，明确财政事权和支出责任划分，完善转移支付制度，优化转移支付结构，充分发挥转移支付的均衡作用。加强对政府债务的监督，可以控制隐性债务增长，防范债务风险。因此，财政转移支付和政府债务作为审查监督的重要内容，需要给予足够的重视。重庆市人大常委会对部分区县的转移支付执行情况进行跟踪监督，尤其是民生领域重点支出，将区县国库存款与预算指标进行核对，防止专项资金被挤占挪用。湖南省人大常委会通过加强对转移支付的审查监督，督促省以下转移支付制度的完善，加大对县乡基层、民族地区和贫困地区的转移支付力度。通过不断规范转移支付，保证了市县"三保"工作顺利推进，促进区域均衡发展。辽宁省人大常委会运用特定问题调查的监督方式，听取关于政府债务问题的专项汇报，并且开展实地调研，这些监督方法都是为了督促政府加强债务管理。辽宁省的政府债务监管工作取

得了一定成效，2019 年政府债务和隐性债务呈现双降的良好态势。四川省眉山市人大常委会制定实施办法，明确了审查监督的十个重点，即"十个是否"，如政府债务率是否控制在风险警戒线范围内、新增支出是否履行报批手续等。同时配套 95 个具体的预决算审查指标，让审查监督工作标准化、数量化和具有可操作性。浙江省财政厅组织开展专项行动，防范化解地方政府隐性债务风险。

（四）健全完善相关制度办法，加强组织保障

北京、天津、广东、辽宁、山东和吉林等省（市）积极贯彻落实《指导意见》，结合当地实际情况，省（市）委办公厅印发了相关文件。比如，中共北京市委办公厅印发《关于人大预算审查监督重点向支出预算和政策拓展的实施意见》，对人大预算审查监督重点拓展制度的总体要求、具体内容、方式方法和保障工作作出了明确规定，能够有效指导本市的人大预算审查监督改革工作。

我国省级人大预算监督体系始终是在省委领导下的人大预算监督，在各级人大预算监督体系中，核心机关应是各省、自治区、直辖市的人民代表大会及其常委会。但是，考虑到会期设置和人员的兼职性等特点，在实践中，财经委承担了人大预算监督的部分工作。在湖北、广东、河北等地方性法规已经明确确立了其法律地位。各地还在人大常委会内部设立相关辅助机构，如人大预算监督审查处和人大常委会预工委等。比如，山东省委、省人大常委会高度重视工作队伍建设，在县级以上人大常委会普遍设立预算工作机构，实现预算审查监督专业化、常态化。预算辅助机构逐渐稳定、成熟，加强了地方人大预算监督制度内部组织间的互补性和协调性，为人大预算审查监督工作提供了组织保障，是推动预算审查监督重点拓展改革工作的关键举措。①

（五）充分发挥预算联网监督作用

四川省运用预算联网监督系统，对预算、决算草案进行技术性审查，拓

---

① 邓茜．地方人大预算审查监督重点转型及路径［J］．地方财政研究，2019（10）：45－50．

展了审查的广度和深度。广东省、江西省、云南省等地方研究建立平台应用办法，对发现问题的处理反馈、智能审查、代表服务等作出规范。北京市、广东省、陕西省和广州市、深圳市等地人大在代表大会和常委会会议期间，为代表提供手机和 iPad 等移动端预算审查信息 App 推送服务。

三、进一步做好人大预算审查监督重点拓展工作

2018 年 3 月，经中央批准，中共中央办公厅印发实施《关于人大预算审查监督重点向支出预算和政策拓展的指导意见》。2018 年 10 月 16 日至 17日，人大预算审查监督重点向支出预算和政策拓展改革工作座谈会在山东济南召开。时隔一年多，2019 年 11 月 20 日至 21 日，深入贯彻落实人大预算审查监督重点拓展改革工作交流会在四川眉山召开。经过努力探索实践，形成了很多经验和做法，取得了阶段性成果。全国人大常委会预算工委主任史耀斌说，新时代人大预算审查监督工作站在了新的历史起点上。接下来，如何进一步做好人大预算审查监督重点拓展改革工作，健全和完善预算审查监督制度，是最为关心的问题。

（一）深刻认识和把握新时代人大预算审查监督的形势和职责任务

新时代人大预算审查监督的职责任务主要表现在：一是支持和保证人民通过人民代表大会行使国家权力。依法保障公民对财税政策、预算安排和资金使用、预算审查监督等的知情权、参与权、表达权、监督权，做到民有所呼、我有所应。二是依法行使监督权。要全面深入贯彻实施《预算法》《各级人民代表大会常务委员会监督法》，加强对法律实施情况的监督，要健全人大对政府预算的监督制度，增强针对性和实效性，使监督更有力度、更具权威。三是依法行使决定权。审查批准年度预算，是各级人民代表大会行使重大事项决定权的重点。人大要依法认真负责地进行审议、作出决议，并监督推动决议的落实，更好发挥国家权力机关的职能作用。四是依法履行好新的职责。如对预算进行全口径审查、全过程监管；各级人大常委会听取和审议政府国有资产管理情况报告；推进预算联网监督工作等。

（二）进一步发挥专门委员会和人大代表的作用

政府预算反映国家的战略、规划、政策，涉及面广，政策性和专业性强。因此，审查好政府预算、部门预算，需要发挥人大各专门委员会的专业特点和优势，增强审查监督的针对性和有效性。在专门委员会对对口联系的部门预算开展调研和审议时，应重点就部门的支出预算结构、资金使用和管理、支出绩效内容提出意见建议。与此同时，要总结各地人大探索发挥专门委员会参与预算审查工作的经验做法。

面对人大预算审查监督工作的新形势，社会公众对人大代表依法履行预算审查监督职责，以及对"国家钱袋子"的知情权、监督权的诉求越来越强烈。因此，必须通过各种形式和渠道，听取人大代表和人民群众的意见建议，回应人民的期待和诉求。

（三）预算联网监督工作，基础在联、关键在用

为适应信息社会发展要求，应加快推进预算联网监督工作，实现预算审查监督的信息化和网络化。要充分发挥信息技术获取、加工数据的功能，通过分析模型，加强对预算信息的深度挖掘；同时进一步提高利用系统服务代表、委员的能力水平，加强信息分析研判，定期形成分析材料发送代表和委员。更要在实践中，探索建立预算审查监督信息通报制度和通过系统发现、处理、反馈问题的机制，制定系统数据采集传输、运行使用、安全维护管理等工作体系，持续深入推进使用工作。

第六章

建立政府向人大常委会报告
国有资产管理制度

本章导读: 国有资产属于国家即全民所有,是全体人民共同的宝贵财富。向人大常委会报告国有资产管理情况是政府的一项重要工作,也是人大常委会依法履行监督职责的重要手段。作为国有资产管理的一项重要制度,其雏形始于 2008 年企业国有资产立法,而真正确立则在 2017 年。政府向同级人大常委会报告国有资产管理情况这一制度的历史演进,也反映了人大在预算监督方面权力的不断深化、加强与落实。理论上,该制度更能体现出人民代表大会权力体系的应有之义,无论是基于主权在民的基础,还是基于社会主义公有制的基本经济制度。从实践上看,该项制度有利于落实国有资产全民所有的主体责任;深化国企改革、规范和改进国有资产管理;全面完善国资监管体系、推进国有资产治理体系现代化;丰富和充分发挥人大监督职能。本章阐述了人大监督国有资产的意义,介绍了人大监督国有资产的具体内容,分析了实施中存在的问题与改革创新。

第一节　人大监督向国有资产管理情况拓展的意义

党的十八届三中全会提出,要加强人大国有资产监督职能,党的十九大提出,要完善各类国有资产管理体制。从制度的确立到落实,人大监督向国有资产管理情况拓展的具体内容也在不断丰富,从形式的不断健全到实质内容的不断充实，无论是报告方式还是报告重点的要求，无论是在程序层面还是提高报告质量方面的具体标准等。然而国有资产管理由于既涉及市场评价，又存在市场和政府的关系，同时各类国有资产因类型化差异，存在主管机构不一、评价机制如何实现等诸多现实问题。而随着地方各级政府向本级人大常委会报告国有资产管理情况的制度全覆盖，地方的制度创新也在不断推进政府向人大常委会报告国有资产管理情况制度的完善。

一、历史演进与现行制度依据

在 1994 年全国国有资产管理暨清产核资工作会议上，朱镕基同志对国有资产管理部门提出要有一套基础管理制度，随时监视国有资产变化的情况和国有资产在经营管理和转移中的流失情况。① 随即国家国有资产管理局开始探索建立国有资产统计报告制度、国有资产产权登记及变动情况报告制度、国有资产经营效益分析报告制度三项报告制度，并从 1995 年开始公布全国国有资产的总量、结构及分布状况等统计信息。

2008 年 10 月 28 日由第十一届全国人民代表大会常务委员会第五次会议通过，自 2009 年 5 月 1 日起施行的《中华人民共和国企业国有资产法》第六十三条明确规定，各级人民代表大会常务委员会通过听取和审议本级人民政府履行出资人职责的情况和国有资产监督管理情况的专项工作报告，组织对本法实施情况的执法检查等，依法行使监督职权。但此时并没有设置相应的执法监督程序，对执法部门没有建立规范的报告制度。

2013 年 11 月 12 日，中国共产党第十八届中央委员会第三次全体会议通过《中共中央关于全面深化改革若干重大问题的决定》，决定明确指出健全人大讨论、决定重大事项制度，各级政府重大决策出台前向本级人大报告。加强人大预算决算审查监督、国有资产监督职能。

2015 年国务院办公厅印发了《关于加强和改进企业国有资产监督防止国有资产流失的意见》，以期加强国有资产监督管理。

---

① 朱镕基副总理在全国国有资产管理暨全国清产核资工作会议上的讲话要点［J］. 中国资产评估，1994（2）.

为贯彻落实党的十八届三中全会关于加强人大国有资产监督职能的部署要求，加强国有资产管理和治理，2017 年，《中共中央关于建立国务院向全国人大常委会报告国有资产管理情况制度的意见》（以下简称《报告国有资产管理情况制度的意见》）发布，就建立国务院向全国人大常委会报告国有资产管理情况制度提出具体意见。根据该意见，自 2018 年起，国务院每年向全国人大常委会报告国有资产管理情况，主要包括全面反映各类国有资产基本情况的综合报告，以及企业国有资产（不含金融企业）、金融企业国有资产、行政事业性国有资产、国有自然资源资产四个专项报告。综合报告每年以书面形式报送全国人大常委会审议，届末年份作口头报告。同时，全国人大常委会每年听取一个专项报告的口头报告。

2018 年，财政部印发了《关于开展 2018 年国有资产报告工作有关事项的通知》，牵头落实国务院向全国人大常委会报告国有资产管理情况有关工作。该通知明确了国有资产报告内容及审议程序，提出要坚持问题导向、稳步推进、实现全口径、全覆盖，突出报告重点，提高报告质量，不断提升监督实效。同时要求地方加快建立省、市、县国有资产报告工作机制，加强与本级人大沟通协调。

2018 年 10 月 24 日，国务院向全国人大常委会首次报告了国有资产管理情况，包括《国务院关于 2017 年度国有资产管理情况的综合报告》和《国务院关于 2017 年度金融企业国有资产的专项报告》，即国有金融企业资产是以专项报告形式提请审议。

从地方层面看，2018 年财政部《关于开展 2018 年国有资产报告工作有关事项的通知》下发后，各地方随即也出台工作文件予以落实。① 但一些地方是以工作文件的形式，还并没有形成和建立正式的制度，离国有资产报告制度的制度化和法治化要求尚有距离。

2019 年 4 月，十三届全国人大常委会第二十八次委员长会议通过《十三届全国人大常委会贯彻落实〈中共中央关于建立国务院向全国人大常委会报告国有资产管理情况制度的意见〉五年规划（2018 – 2022）》，为落实中共中

---

① 截至 2021 年 2 月，已有 50 余部地方工作文件出台。

央关于《报告国有资产管理情况制度的意见》提供了明确的路线图、时间表和任务书。具体而言：

（一）2018～2021年，每年在书面报告和审议国务院关于国有资产管理情况综合报告的同时，听取和审议一个专项报告，年度专项报告议题安排依次分别为：

——金融企业国有资产管理情况专项报告（2018年）①；

——行政事业性国有资产管理情况专项报告（2019年）②；

——企业国有资产（不含金融企业）管理情况专项报告（2020年）③；

——国有自然资源（资产）管理情况专项报告（2021年）④。

（二）2022年，听取和审议国务院关于国有资产管理情况综合报告⑤。

2020年12月，《全国人民代表大会常务委员会关于加强国有资产管理情况监督的决定》⑥（以下简称《关于加强国有资产管理情况监督的决定》）发布，切实贯彻落实党中央关于建立国务院向全国人大常委会报告国有资产管理情况制度的决策部署，加强了人大国有资产监督职能，对国有资产管理提出了更为全面明晰的要求。其中明确将行政事业性国有资产的配置和分布作为国有资产管理情况综合报告的重点内容；将行政事业性国有资产保障国家机关和事业单位节约高效履职，增强基本公共服务的可及性和公平性等情况作为全国人大常委会审议国有资产管理情况报告和开展国有资产监督时的重点关注内容（见表6-1）。

表6-1　　　　　　国有资产管理制度演进（1994～2020年）

时间/事件	国有资产管理情况制度演进
1994年 全国国有资产管理暨清产核资工作会议	朱镕基同志对国有资产管理部门提出要有一套基础管理制度，随时监视国有资产变化的情况和国有资产在经营管理和转移中的流失情况

---

① 参见《国务院关于2017年度金融企业国有资产的专项报告》。

② 参见《国务院关于2018年度全国行政事业性国有资产管理情况的专项报告》。

③ 参见《国务院关于2019年度财政部履行出资人职责和资产监管职责企业国有资产管理情况的专项报告》。

④ 参见《国务院关于2020年度国有自然资源资产管理情况的专项报告》。

⑤ 参见《国务院关于2021年度国有资产管理情况的综合报告》。

⑥ 2020年12月26日第十三届全国人民代表大会常务委员会第二十四次会议通过。

续表

时间/事件	国有资产管理情况制度演进
1995 年 《一九九五年国有资产管理工作要点》	开始公布全国国有资产的总量、结构及分布状况等统计信息
2008 年 10 月 28 日 《中华人民共和国企业国有资产法》通过	明确规定各级人民代表大会常务委员会通过听取和审议本级人民政府履行出资人职责的情况和国有资产监督管理情况的专项工作报告，组织对本法实施情况的执法检查，但并没有设置相应的执法监督程序，对执法部门没有建立规范的报告制度
2013 年 11 月 12 日 中国共产党第十八届中央委员会第三次全体会议通过《中共中央关于全面深化改革若干重大问题的决定》	明确指出健全人大讨论、决定重大事项制度，各级政府重大决策出台前向本级人大报告
2015 年 国务院办公厅印发《关于加强和改进企业国有资产监督防止国有资产流失的意见》	以期加强国有资产监督管理
2017 年 《中共中央关于建立国务院向全国人大常委会报告国有资产管理情况制度的意见》发布	自 2018 年起，国务院每年向全国人大常委会报告国有资产管理情况，主要包括全面反映各类国有资产基本情况的综合报告，以及企业国有资产（不含金融企业）、金融企业国有资产、行政事业性国有资产、国有自然资源资产四个专项报告。综合报告每年以书面形式报送全国人大常委会审议，届末年份作口头报告。同时，全国人大常委会每年听取一个专项报告的口头报告
2018 年 财政部印发《关于开展 2018 年国有资产报告工作有关事项的通知》	明确了国有资产报告内容及审议程序，提出要坚持问题导向、稳步推进，实现全口径、全覆盖，突出报告重点，提高报告质量，不断提升监督实效。同时要求地方加快建立省、市、县国有资产报告工作机制，加强与本级人大沟通协调
2019 年 4 月 《十三届全国人大常委会贯彻落实〈中共中央关于建立国务院向全国人大常委会报告国有资产管理情况制度的意见〉五年规划（2018－2022）》发布	——金融企业国有资产管理情况专项报告（2018 年） ——行政事业性国有资产管理情况专项报告（2019 年） ——企业国有资产（不含金融企业）管理情况专项报告（2020 年） ——国有自然资源（资产）管理情况专项报告（2021 年） ——国务院关于国有资产管理情况综合报告（2022 年）

时间/事件	国有资产管理情况制度演进
2020 年 12 月《全国人民代表大会常务委员会关于加强国有资产管理情况监督的决定》发布	切实贯彻落实党中央关于建立国务院向全国人大常委会报告国有资产管理情况制度的决策部署，加强了人大国有资产监督职能，对国有资产管理提出了更为全面明晰的要求。其中明确将行政事业性国有资产的配置和分布作为国有资产管理情况综合报告的重点内容；将行政事业性国有资产保障国家机关和事业单位节约高效履职，增强基本公共服务的可及性和公平性等情况作为全国人大常委会审议国有资产管理情况报告和开展国有资产监督时的重点关注内容

资料来源：根据相关资料自行整理。

由此，可以说在全国性的范围内，政府向人大常委会报告国有资产管理情况的制度，已经在中央政府和各级政府层面初步建立或得到推行。该制度不仅是为加强国有资产管理和治理体系建设奠定了坚实基础，更是一项将国有资产运行纳入民主监督轨道的基本制度。因为就国有资产的法律属性而言，其财产所有权归属于全民所有，人大不仅有决定权，更可以行使监督权。

二、制度的意义与价值所在

政府向人大常委会报告国有资产管理情况的意义在于：第一，通过向全国人大代表通报并向社会公布的方式，增加国有资产管理公开透明度、提升国有资产管理公信力，推动规范和改进国有资产管理。第二，有利于加强党对国有企业的领导，落实党的理论和路线政策，也使国有资产所有权、经营权、管理权边界更加明晰，并推进国有资产治理体系和治理能力现代化。第三，通过将国有资本经营预算决算，部门预算决算审查监督，以及政府综合财务报告监督相结合，有利于建立起多层次多角度监督机制。第四，有利于摸清国有资产家底，底数清楚、信息充分，进而采取相应举措促使国有资产保值增值的责任落到实处。

（一）落实国有资产全民所有的主体责任

作为世界第二大经济体和经济体量最大的社会主义国家，我国国有资产规模和国有经济占比是其他主要经济体无法比拟的。国有资产作为我国经济社会发展的重要经济基础，对推进国家治理、建设大国财政、满足人民美好生活需要发挥着重要的作用。因此管好用好国有资产，对于坚持和发展中国特色社会主义，推动经济社会发展，保护自然资源和自然生态，全面建成小康社会，实现"两个一百年"奋斗目标，实现中华民族伟大复兴的中国梦具有重要意义。

就其法律属性而言，国有资产属于国家所有即全民所有，是我国全体人民共同的宝贵财富，但全民对国有资产的所有权并不体现为具体权利的直接行使。全国人民代表大会和地方各级人民代表大会是我国的国家权力机关，全国人民代表大会是最高国家权力机关。国家的权力属于人民，人民通过各级人民代表大会行使权力，直接体现为各级人民代表大会及其常务委员会履行法定职责。因此全民作为国有资产的终极所有权人，对国有资产的所有权是通过全国人民代表大会和地方各级人民代表大会法定职责的履行实现的。

国务院代表国家行使国有资产所有权在法律层面有明确的规定，十三届全国人大三次会议通过并于 2021 年 1 月 1 日施行的《中华人民共和国民法典》（以下简称《民法典》）中以十四个条文对国有资产的范围、国家所有权的归属、行使主体、具体权能以及法律责任等进行了原则性规定，奠定了我国国有资产法律体系的基本框架。其中，根据《民法典》第二百四十六条规定，国有财产由国务院代表国家行使所有权。

建立国务院向全国人大常委会报告全口径国有资产管理情况制度，是对基础管理制度的完善，通过完整规范的报告制度，全口径掌握我国国有资产情况，摸清国家资产的"家底"，为实现资产全民所有，落实两层委托代理关系（即全民——全国人大及其常委会、全国人大及其常委会——国务院）奠定基础。

（二）深化国企改革、规范和改进国有资产管理

如前所述，国有资产所有权主体是统一的，属于全民即国家；国有资产的所有权行使主体是统一的，属于国务院。但是，进一步由所有权分离组合而成的产权，在不同的国有资产类型中却是各不相同的。

学理上对国有资产存在不同分类。最常见的分类是按照国有资产的存在形态，将其分为经营性资产、行政事业性资产和资源性资产。此外，还有很多其他分类，按照资产是否作为生产要素以盈利为目的投入生产经营，可将其分为经营性国有资产和非经营性国有资产；按照财产的可交易性，可将其分为公用的国有资产和国家专有资产，前者是为了公共利益而存在，国家在任何情况下都不能处分它们，处分必须经过特定程序，后者国家可以以所有者的身份自由处分；按照国有资产是否盈利以及国有资产与非国有经济部门发生的竞争关系，将其划分为竞争性的国有资产、盈利非竞争性的国有资产和非盈利性的国有资产。

而《报告国有资产管理情况制度的意见》从报告实践的角度将国有资产分为企业国有资产（不含金融企业）、金融企业国有资产、行政事业性国有资产、国有自然资源资产四类。结合 2008 年《企业国有资产法》第二条对企业国有资产的理解，企业国有资产（不含金融企业）是指国家对金融企业外的企业各种形式的出资所形成的权益。金融企业国有资产是指国家对金融企业各种形式的出资所形成的权益。行政事业性国有资产是指由行政事业单位占有、使用的，在法律上确认为国家所有、能以货币为计量的各种经济资源的总和。自然资源国有资产是指有开发价值的国家自然资源，包括土地、矿藏、水流、森林、山岭、草原、滩涂、海洋等。

无论是企业国有资产（不含金融企业）还是金融企业国有资产，本质上都属于经营性国有资产，而深化国资国企改革，需要加强国有资产基础管理，明确各相关主体的权责利关系，以产权为核心实现管资本为主的现代国有资产管理。深化国资国企改革的主要目的就是要优化国有经济结构和国有资本布局，其重要前提就是要掌握好国有资产和国有资本的规模、布局、投向、收益等信息，做到产权关系清晰。

党的十九大报告对改革生态环境监管体制作出了部署，提出设立国有自然资源资产管理和自然生态监管机构，完善生态环境管理制度，统一行使全民所有自然资源资产所有者职责，统一行使所有国土空间用途管制和生态保护修复职责。随着自然资源统一确权登记制度体系开始构建，自然资源资产产权的确权为国有资产报告制度的推进解决了一大障碍。

行政事业性国有资产在2016年启动清查并完成之后，可以说行政事业单位的经营性国有资产集中统一监管全面铺开，为捋顺产权关系提供较好保障。而2021年《行政事业性国有资产管理条例》的颁布并施行，进一步明确了行政事业性国有资产管理情况报告制度，行政事业性国有资产管理情况应按照国家有关规定向社会公开。

就企业国有资产（不含金融企业）和金融企业国有资产而言，产权关系模糊的全民所有制企业将退出历史舞台。而就其他类型国有资产而言，现实中存在着三权（所有权、行政权、经营权）不清、多头管理等问题，影响了国家作为所有者的统一性。建立在国有资产分类监管基础上的报告制度，不仅有利于报告全口径国有资产的"明白账"，更有利于推动规范和改进国有资产管理，使国有资产更好服务发展、造福人民。

（三）全面完善国资监管体系、推进国有资产治理体系现代化

党的十八届三中全会首次提出了"国家治理体系和治理能力现代化"概念，并将其作为全面深化改革的总目标。同时也提出了"完善国有资产管理体制，以管资本为主加强国有资产监管"的改革任务。

深化国资国企改革，需要建立以产权为核心实现管资本为主的现代国有资产管理体系。因此掌握好国有资产和国有资本的规模、布局、投向、收益等信息是优化国有经济结构的基本前提。我国现行的国有资产管理体制是在2003年建立的，国有资产因其类型不同，监管机构也存在差异，虽然财政部门是最主要的监管部门，但仍然难以较为全面掌握我国国有资产的总量规模等信息，这种"家底不清"对于全面监管无疑是困难的。国有资产报告制度是国有资产基础管理的重要内容，其目的就是为国有资产管理提供基础的数据资料和分析依据，可以为深化国资国企改革提供科学支撑。

对于以社会主义公有制为基础的中国而言，国有资产是公有制的重要保障，建立和完善国有资产相关制度并保证制度执行是国家治理体系和治理能力中不可缺少的一环。国有资产报告制度对于加强国有资产管理，完善国家治理体系，提升国家治理能力的重要作用不言而喻。

同时，随着科技水平的提升和经济社会的发展，运用大数据提升国家治

理现代化水平已经成为必然趋势。我国国有资产规模庞大，国有资产也应当通过大数据治理方式实现基础信息资源的搭建。国有资产报告制度无疑将通过建成全口径的国有资产数据库和信息共享平台，服务国家财政与国家治理。

（四）丰富和充分发挥人大监督职能

从中央到地方的各级监管机构，无论是国资监管，还是财政部门、自然资源部门，或者是占有行政事业性国有资产的各级单位，都具有双重职责，既是出资人又是监管人，其权利与义务的履行是个挑战。因此，上述机构本身虽然作为国有资产监督方，同样也需要被监管。而人大的监督正是对专门规制机构的监督可能存在的弊端和不足的弥补，同时也是委托—代理理论下委托人权利的应有之义。

虽然在经济学上，伴随着国有资产产权的分离和产权主体的多元，以产权关系为纽带，必然产生多层级的委托代理关系。而以委托代理关系为依托建立国有资产报告制度正是解决消除信息不对称、加强委托人监督等问题重要而有效的方式。但就其实质而言，国有资产管理中的委托代理关系更多的内涵是一种政治体制的安排。

在《报告国有资产管理情况制度的意见》出台之前，我国的法律法规体系中，唯一涉及人大监督国有资产的规定是《企业国有资产法》第六十三条，即各级人民代表大会常务委员会通过听取和审议本级人民政府履行出资人职责的情况和国有资产监督管理情况的专项工作报告，组织对本法实施情况的执法检查等，依法行使监督职权。该规定对监督主体的设置存在狭隘性，对监督方式的规定过于单一、笼统，力度不够，可操作性也不强，难以形成制度化约束，导致国有资产的外部监督无法落到实处。同时国有资产管理状况公开性、透明度远远不够，人大代表在审议政府工作报告时，只能获得非常粗略的信息，无法有针对性地提出监督意见。另外，各级人大中并未设置专门的国有资产预算监督机构，相对于国有资产监督较强的专业性和技术性，人大监督作用的发挥较为薄弱。

此外，《地方各级人民代表大会和地方各级人民政府组织法》明确了县级以上地方各级人民代表大会行使监督本级人民政府对国有资产的管理情况之职权；《各级人民代表大会常务委员会监督法》明确了县级以上地方各级人民代表大会常务委员会行使监督本级人民政府对国有资产的管理情况之职权。法理上可采取的监督措施包括审查和批准国有资本经营预算及执行情况的报告，听取和审议国有资产管理专项工作报告，对国有资产管理工作进行视察或者专题调查研究，对国有资产管理法律法规实施情况进行执法检查，国有资产管理规范性文件备案审查，询问（包括专题询问），质询，特定问题调查，撤职案的审议和决定等。

国有资产报告制度的建立反映了两个方面，一方面，人大的决定权和监督权分别行使，将国资监管的环节细化，从静态的决定到动态的监督，体现了人大作为权力机关对国有资产行使权力的贯穿始终；另一方面，从信息—对话—问责的维度看，使人大对国有资产的监督实现了制度完善，在一定程度上也是人大预算监督角度的突破与制度创新。

专栏 6 - 1　截至 2021 年我国国有资产总体情况

（一）企业国有资产（不含金融企业）

2021 年，中央企业资产总额 102.1 万亿元、负债总额 68.3 万亿元、国有资本权益 20.7 万亿元，平均资产负债率 67.0%。

2021 年，地方国有企业资产总额 206.2 万亿元、负债总额 129.6 万亿元、国有资本权益 66.2 万亿元，平均资产负债率 62.8%。

汇总中央和地方情况，2021 年，全国国有企业资产总额 308.3 万亿元、负债总额 197.9 万亿元、国有资本权益 86.9 万亿元。

（二）金融企业国有资产

2021 年，中央金融企业资产总额 236.3 万亿元、负债总额 210.9 万亿元，形成国有资产（国有资本及应享有的权益，本章节下同）18.2 万亿元。

2021 年，地方金融企业资产总额 116.1 万亿元、负债总额 102.8 万亿元，形成国有资产 7.1 万亿元。

汇总中央和地方情况，2021 年，全国国有金融企业资产总额 352.4 万亿元、负债总额 313.7 万亿元，形成国有资产 25.3 万亿元。

（三）行政事业性国有资产

2021 年，中央行政事业性国有资产总额 5.9 万亿元、负债总额 1.6 万亿元、净资产 4.3 万亿元。其中，行政单位资产总额 1.1 万亿元，事业单位资产总额 4.8 万亿元。

2021 年，地方行政事业性国有资产总额 48.5 万亿元、负债总额 9.9 万亿元、净资产 38.6 万亿元。其中，行政单位资产总额 17.9 万亿元，事业单位资产总额 30.6 万亿元。

汇总中央和地方情况，2021 年，全国行政事业性国有资产总额 54.4 万亿元、负债总额 11.5 万亿元、净资产 42.9 万亿元。其中，行政单位资产总额 19.0 万亿元，事业单位资产总额 35.4 万亿元。

（四）国有自然资源资产

截至 2021 年底，全国国有土地总面积 52346.7 万公顷。其中国有建设用地 1796.3 万公顷、国有耕地 1955.5 万公顷、国有林地 11295.7 万公顷、国有草地 19757.2 万公顷、国有湿地 2178.3 万公顷。根据《联合国海洋法公约》有关规定和我国主张，我国管辖海域面积约 300 万平方千米。2021 年，全国水资源总量 29638.2 亿立方米。

资料来源：国务院关于 2021 年度国有资产管理情况的综合报告——2022 年 10 月 28 日在第十三届全国人民代表大会常务委员会第三十七次会议上 [EB/OL]. (2022 - 11 - 02). http://www.npc.gov.cn/npc/c30834/202211/cfd355237e82403ca9bbaba62beb7365.shtml.

第二节　人大监督向国有资产管理情况拓展的具体内容

一、明确报告方式

全国人大常委会以每年听取和审议国务院关于国有资产管理情况的报告作为履行人大国有资产监督职责的基本方式，并综合运用执法检查、询问、质询、特定问题调查等法定监督方式。

根据《报告国有资产管理情况制度的意见》，国务院关于国有资产管理情况的年度报告采取综合报告和专项报告相结合的方式。

综合报告要全面、准确反映各类国有资产和管理的基本情况，重点报告国有经济布局和结构，深化国有企业改革，行政事业性国有资产的配置和分布，国有自然资源资产禀赋和保护利用，国有资产安全和使用效率，国有资产管理中的突出问题，加强国有资产管理、防止国有资产流失等情况。

专项报告要根据各类国有资产性质和管理目标，结合全国人大常委会审议的重点内容突出报告重点，分别反映企业国有资产（不含金融企业）、金融企业国有资产、行政事业性国有资产、国有自然资源资产等国有资产的管理情况、管理成效、相关问题和改进工作安排。企业国有资产（不含金融企业）、金融企业国有资产报告以中央本级情况为重点。在每届全国人大常委会任期内，届末年份国务院向全国人大常委会提交书面综合报告并口头报告，其他年份在提交书面综合报告的同时就 1 个专项情况进行口头报告。

二、突出报告重点

根据《报告国有资产管理情况制度的意见》，各类国有资产管理情况报告重点应根据各类国有资产性质和管理目标确定。

（一）报告的重点

1. 企业国有资产（不含金融企业）报告重点

总体资产负债，国有资本投向、布局和风险控制，国有企业改革，国有资产监管，国有资产处置和收益分配，境外投资形成的资产，企业高级管理人员薪酬等情况。

2. 金融企业国有资产报告重点

总体资产负债，国有资本投向、布局和风险控制，国有企业改革，国有资产监管，国有资产处置和收益分配，境外投资形成的资产，企业高级管理人员薪酬等情况。

3. 行政事业性国有资产报告重点

资产负债总量，相关管理制度建立和实施，资产配置、使用、处置和效益，推进管理体制机制改革等情况。

4. 国有自然资源资产报告重点

自然资源总量，优化国土空间开发格局、改善生态环境质量、推进生态文明建设等相关重大制度建设，自然资源保护与利用等情况。

（二）人大重点关注的内容

而从审议国有资产管理情况报告的角度而言，全国人大常委会审议报告开展国有资产监督，应当重点关注下列内容：一是贯彻落实党中央关于国有资产管理和国有企业改革发展方针政策和重大决策部署情况；二是有关法律实施情况；三是落实全国人大常委会有关审议意见和决议情况；四是完善国有资产管理体制，落实党中央有关国有资产和国有企业改革方案情况；五是国有资本服务国家战略目标，提供公共服务、发展重要前瞻性战略性产业、保护生态环境、支撑科技进步、保障国家安全等情况；六是国有资本保值增值，防止国有资产流失制度的建立和完善，国有企业兼并重组、破产清算等国有资产处置以及国有资产收益分配情况；七是推进绿色发展和生态文明建设情况；八是有关审计查出问题整改情况；九是其他与国有资产管理有关的重要情况。

三、提高报告质量

根据《报告国有资产管理情况制度的意见》与相关文件，国务院要采取有力措施，科学、准确、及时掌握境内外国有资产基本情况，切实摸清"家底"。要建立健全全国各类国有资产管理报告制度，依法明确和规范报告范围、分类、标准。省、自治区、直辖市政府应按照国务院规定的时间、要求，将本地区国有资产管理情况报国务院汇总，国务院编写并向全国人大常委会报告中央和地方国有资产管理情况。按照国家统一的会计制度规范国有资产会计处理，制定完善相关统计制度，确保各级政府、各部门各单位的国有资产报告结果完整、真实、可靠、可核查。加快编制政府综合财务报告和自然资源资产负债表。加强以权责发生制为基础的政府综合财务报告备案工作，与国有资产管理情况报告有机衔接。组织开展国有资产清查核实和评估确认，统一方法、统一要求，建立全口径国有资产数据库。建立全口径国有资产信息共享平台，实现相关部门单位互联互通，全面完整反映各类国有资产配置、使用、处置和效益等基本情况。

四、完善报告与审议程序

（一）全国人大及其常委会的审议工作

全国人大常委会围绕年度国有资产管理情况报告议题组织开展专题调查研究，可以邀请全国人大代表参与。专题调研情况向全国人大常委会报告。

围绕各类国有资产管理目标和全国人大常委会审议重点，建立健全人大国有资产监督评价指标体系，运用有关评价指标开展国有资产管理绩效评价，并探索建立第三方评估机制。

全国人大有关专门委员会承担对国务院国有资产管理情况报告的初步审议职责。在全国人大常委会会议举行三十日前，由全国人大财政经济委员会或者会同其他有关专门委员会开展初步审议，提出初步审议意见。

全国人大常委会预算工作委员会承担人大国有资产监督的具体工作，协助财政经济委员会等有关专门委员会承担初步审议相关工作。在全国人大常委会会议举行四十五日前，预算工作委员会应当组织听取全国人大代表的意见建议，听取国务院有关部门介绍报告的主要内容并提出分析意见。

按照稳步推进的原则，建立健全整改与问责情况跟踪监督机制。全国人大常委会对突出问题、典型案件建立督办清单制度，由有关专门委员会、预算工作委员会等开展跟踪监督具体工作，督促整改落实。建立人大国有资产监督与国家监察监督相衔接的有效机制，加强相关信息共享和工作联系，推动整改问责。

（二）国务院问责机制的建立

国务院应当建立健全整改与问责机制。根据审议意见、专题调研报告、审计报告等提出整改与问责清单，分类推进问题整改，依法对违法违规行为追责问责。整改与问责情况同对全国人大常委会审议意见的研究处理情况一并向全国人大常委会报告。

全国人大常委会可以听取报告并进行审议。对审计查出问题的整改和报告按照有关法律规定进行。

专栏6-2　国务院首次向全国人大常委会报告国有资产"家底"

2018年10月24日，十三届全国人大常委会第六次会议审议了《国务院关于2017年度国有资产管理情况的综合报告》和《国务院关于2017年度金融企业国有资产的专项报告》。这是国务院首次向全国人大常委会报告国有资产"家底"，向全体人民交出一份涵盖各级各类国有资产的"明白账"。

国有资产是全体人民共同的宝贵财富。党的十八届三中全会提出，要加强人大国有资产监督职能。2017年12月，中共中央印发了关于建立国务院向全国人大常委会报告国有资产管理情况制度的意见，部署建立国务院向全国人大常委会报告国有资产管理情况制度，这是党中央加强人大国有资产监督职能的重要决策部署，是党和国家加强国有资产管理和治理的重要基础工作。

此次提请审议的综合报告全口径、全覆盖地摸清了国有资产"家底"，报告了各类国有资产的基本情况、现行国有资产管理体制、主要管理工作和改革进展等。主要内容包括：一是国有资产总体情况。采取价值量和实物量相结合的方式，分别报告企业国有资产、金融企业国有资产、行政事业单位国有资产和部分国有自然资源资产总量情况，并单列了文物资源资产情况。二是国有资产管理工作情况。分别报告企业国有资产、金融企业国有资产、行政事业性国有资产和国有自然资源资产管理工作情况，包括国有资本授权经营体制改革、国有企业供给侧结构性改革、国有金融资本管理制度建设、保障和推动行政事业单位改革、促进生态文明建设等。三是下一步关于加强各类国有资产管理的工作措施。

根据报告，2017年，全国国有企业（不含金融企业）资产总额共183.5万亿元，国有金融企业资产总额共241万亿元，全国行政事业单位国有资产总额共30万亿元。

受国务院委托，财政部部长刘昆做了金融企业国有资产的专项报告。金融企业国有资产是推进国家现代化、维护国家金融安全的重要保障。国有金融机构是服务实体经济、防控金融风险、深化金融改革的重要支柱，是促进经济和金融良性循环健康发展的重要力量。因此根据时间表和任务书，金融专项报告被列为首次报告的内容，具体包括：一是金融企业国有资产基本情况，主要介绍我国金融企业国有资产总量、分布与行业结构，以及境外投资形成的资产总量和分布。二是金融企业国有资产管理现状，总结了完善国有金融资本管理制度、健全基础管理框架体系、建立现代金融企业制度、优化收入分配格局和全面加强党建工作五方面取得的阶段性成果。三是金融企业国有资产管理成效，阐述了国有金融资产管理在保值增值、优化布局、深化改革、建立现代企业制度、服务实体经济、贯彻国家战略和防范金融风险等方面取得的成效。四是下一步推进完善国有金融资本管理的工作思路与措施。报告全面摸清我国境内外国有金融资产"家底"，既重点报告中央情况，也汇总反映地方情况，并统计了金融管理部门下属金融基础设施类机构、中央企业集团（非金融）控股各级金融子公司等情况。数据反映出以下几点。

一是金融企业国有资产总量。我国金融企业国有资产（国有资本应享有权益）主要分布在财政部管理的中央国有金融企业、金融管理部门管理的金融基础设施类机构、中央企业集团（非金融）管理的下属各级金融子公司，以及地方金融企业。截至 2017 年末，上述金融机构资产总额 241 万亿元，负债总额 217.3 万亿元，形成国有资产 16.2 万亿元。

二是中央与地方金融企业国有资产分布。金融企业国有资产集中在中央本级。在全国金融企业集团中，中央国有金融企业资产总额 149.2 万亿元，国有资产 10.2 万亿元。地方金融企业国有资产总量相对较少，地区分布不均。地方金融企业资产总额 65.5 万亿元，国有资产 3.2 万亿元。

三是金融企业国有资产行业结构。从行业布局看，银行业金融机构占比最大。截至 2017 年末，中央层面，银行业金融机构资产总额、国有资产分别占 84.8%、65.3%；证券业分别占 0.6%、1.8%；保险业分别占 3.7%、3.2%。地方层面，银行业金融机构资产总额、国有资产分别占 89.1%、54.2%；证券业分别占 4.4%、2.6%；保险业分别占 2.8%、3.1%。

数据显示，2017 年，扣除客观因素后，中央国有金融企业平均保值增值率为 110.8%。2013 年至 2017 年，中央国有金融企业营业收入由 4.3 万亿元增至 5.8 万亿元，归属母公司净利润从 1.2 万亿元增至 1.4 万亿元。

资料来源：根据国务院首次向人大常委会报告国有资产"家底"[EB/OL].（2018－10－24）. http：//www. gov. cn/xinwen/2018－10/24/content5334100. htm. 以及有关资料整理。

第三节　实施中存在的问题与改革创新

从实践情况来看，国有资产管理情况报告工作存在程序不够规范、内容覆盖不够完整、财务会计基础有待加强等问题，需从制度、机制上加以完善。

一、国有资产管理情况报告工作存在的主要问题

（一）多头管理影响报告工作效能

资产管理部门化、碎片化现象严重，并且国有资产监管还存在越位、缺位、错位现象。目前，涉及国有资产的统计制度主要有：国资委系统关于国有企业的财务决算报告；财政部门关于行政事业单位国有资产占有使用信息统计；自然资源部门关于储备土地、矿产资源的统计；水利部门的水资源公报；海洋管理部门关于海洋资源的统计；住房建设部门的城市和村镇建设报表统计；交通运输部门关于公路、铁路、港口等运输能力的报告；统计部门组织编制的自然资源资产负债表等。国有资产报告制度需要与各有关部门的资产统计数据相衔接，而管理的碎片化导致整体战略、政策、规则难以统一，不同管理部门的指标口径、分类标准存在不一致，容易在编制报告过程中产生混淆，影响国有资产报告内容的统一性、完整性、规范性。

（二）财务会计制度不能满足资产管理要求

国有资产管理情况报告应当根据资产管理和财务会计制度等规定，以单

位真实完整的账簿记录、资产台账、资产卡片等为依据进行编制。目前，除了国有企业财会制度相对比较完善，政府会计和财务报告制度正处于转轨期，行政事业单位、自然资源财会制度还需要进一步完善和落实。

在 2019 年《政府会计制度——行政事业单位会计科目和报表》实施之前，现行政府会计领域多项制度并存，体系繁杂、内容交叉、核算口径不一，造成不同部门、单位的会计信息可比性不高，通过汇总、调整编制的政府财务报告信息质量较低。

在一年多的过渡调整与衔接期中，财政部印发了《〈政府会计制度——行政事业单位会计科目和报表〉与〈行政单位会计制度〉〈事业单位会计制度〉有关衔接问题处理规定》对于新制度与旧制度的衔接做了规定，如原制度中只有《行政单位会计制度》单独设置"公共基础设施""政府储备物资"两个会计科目，因此事业单位会计制度中会计核算的衔接就尤为重要。但前述规定的刚性有所欠缺。此外，由于相关法规制度尚不健全及其他历史原因，行政事业单位一般仅在账簿中核算其占有和使用的资产，由政府会计主体控制，满足社会公共需要的大量公共基础设施资产和政府储备物资未入账核算，或未恰当核算。行政事业单位基建并账制度未得到有效落实，且未统一计提固定资产折旧，影响国有资产清查与分析对比。

同时，一些部门、单位经管的土地、矿产、森林等自然资源资产，尚未纳入会计核算，或未有专门的会计核算办法。对此问题，有关部门也承认，自然资源资产的核算范围和计量问题十分复杂，相关研究还在推进之中。①

（三）部分资产计量计价及核算方法有待规范

资产的计量计价及核算方法是会计核算的关键环节，也是资产管理的重要基础，但在具体项目操作层面，还有许多问题。例如，在公共基础设施价值计量方面，一是部分资产价值计量偏低，如对于高速公路、港口和机场等，大多采用历史成本法进行价值计量，远低于其当期真实价值；二是部分资产无法确认其价值，如部分公路、水利设施因建成年代久远，相关历史资料无

---

① 财政部会计司有关负责人就印发《政府会计制度——行政事业单位会计科目和报表》答记者问［EB/OL］.（2017-11-09）. http://kjs.mof.gov.cn/zhengcejiedu/201711/t20171109 2746905. htm.

法取得，难以认定价值。在自然资源资产核算技术方面，一是实物量缺乏统一的核算标准，各资源管理部门在资源量统计中，所依据的标准因行业不同而存在差异，有些相同统计对象存在不同的统计标准，如自然资源部门和林业部门对林地面积的统计；二是价值量核算存在瓶颈，森林、河流、矿藏等自然资源，由于其收益的外部性、公共性，难以准确评估价值。

（四）资产管理信息化支撑不足

全面准确的国有资产数据库是建立国有资产管理情况报告制度的基础，信息化是及时、准确完成国有资产数据统计的保障。目前，国有资产分散记录在各有关部门的报表、信息系统中，部分国有资产没有记录或记录不完整，记录在资产负债表外，或者在单位、使用者的分析记录文件中，数据库更新也不及时。例如，部分代建的财政投融资项目建设形成的国有资产、保障性房产，既未在行政事业单位会计系统中核算，也未纳入行政事业单位国有资产管理信息系统；部分行政事业单位所属企业国有资产信息未覆盖国资委、财政部门的信息系统。有必要整合各部门的国有资产管理信息系统，建立全口径国有资产信息共享平台。

二、建立健全国有资产管理情况报告制度

（一）健全多部门共同参与、协同配合的工作机制

各级政府可以成立专项工作组织协调机构。建立沟通协调机制，根据工作需要，确定年度综合报告和专项报告起草负责部门，其他相关部门按照有关要求，及时、准确、完整提供其管理的国有资产信息，保障信息链条顺畅，明确责任单位。成立编制报告专家咨询组，采集审核基础数据，研究资料来源、核算方法和数据质量控制等关键性问题，提供有关理论、政策和技术咨询。

以有关部门年度资产报表数据作为报告基础。国资委、财政、统计等有关部门在部署企业财务决算报表、行政事业单位国有资产报告、行政事业单位经管资产报告及自然资源国有资产报告、自然资源资产负债表等编报工作

时，应结合落实政府报告国有资产管理情况制度的需要，提出相关要求，落实部门、单位的管理责任，对本部门、本地区国有资产数量、分布状况、结构变动情况，以及存在的问题，进行全面分析，并提出有针对性的意见和建议。

理顺国有资产管理体制。按照《国务院关于改革和完善国有资产管理体制的若干意见》要求，稳步将党政机关、事业单位所属企业的国有资本，纳入经营性国有资产集中统一监管体系。

（二）推进资产管理与财务会计管理相结合

要按照国家统一的会计制度，规范国有资产会计处理，制定完善相关统计制度，确保各级政府、各部门各单位的国有资产报告结果完整、真实、可靠、可核查。

落实现有会计制度。督促行政事业单位严格执行《政府会计制度——行政事业单位会计科目和报表》《事业单位会计制度》关于基建并账的规定，将通过在建工程形成的固定资产，定期纳入相关单位的大账。

完善财务管理制度。行政事业单位会计制度提出了规范的折旧政策，但财务制度未对计提折旧资产种类、折旧年限等做出具体规定，需要统一、细化固定资产折旧政策。

推进会计制度改革。财政部正在推进政府会计准则体系建设工作，继《政府会计准则——基本准则》和存货、投资、固定资产、无形资产四项政府会计具体准则出台后，2017年印发公共基础设施、政府储备物资两项具体准则，对于进一步规范政府会计主体的会计核算，提高会计信息质量，夯实国有资产管理基础，具有重要意义。应当加快推进政府会计准则制度制定和实施进程，并开展对自然资源资产、文物文化资产和政府保障性住房等资产的会计问题研究。

（三）完善资产具体项目计量计价及核算方法

价值量指标填报是国有资产报告工作的重点，各职能部门应当结合各类资产的特点，在摸清实物量的基础上，探索研究资产的价值计量方式和核算办法，尽可能准确地反映资产价值。填报时，应按照相关会计准则制度的规定，进行填报，并对所采用的计量属性进行说明。对于相关会计准则制度尚未规范的资产，以真实反映资产当期价值为目标，研究探索价值量计量的有效方法，如历史成本、重置成本、公允价值、现值、名义金额等，并对资产的初始计量和后续计量要求进行全面系统的规定。由于编制过程中所需要的基础数据来自各资产管理部门，主要适用于本部门管理的需要，在纳入报告指标体系时，需要重新调整。

（四）促进国有资产管理信息系统整合升级

按照统一的业务规范和技术标准，建立全口径国有资产信息共享平台，让有关单位、企业通过网络化的资产管理信息系统，实施相应国有资产的实时管理，让有关职能部门通过信息系统实施动态监管，实现相关部门单位互联互通，全面完整反映各类国有资产配置、使用、处置和效益等基本情况。在此基础上，逐步完善报告编制流程，创新编制方法，充分借助信息化手段，注重发挥国有资产信息共享平台作用，加强关键节点控制，不断提高报告工作效率和编报质量。

三、人大监督的改革创新：地方的探索

我国自 2018 年开始至 2020 年，经过三年实现了省级、设区的市级、县级（有些地方到乡镇级）地方建立政府向本级人大常委会报告国有资产管理情况制度的全覆盖。

专栏 6-3　江苏省淮安市金湖县吕良镇首试镇级国有资产管理工作专题询问

2019 年 8 月 15 日，江苏省淮安市金湖县吕良镇十四届人大第六次人代会上，吕良镇镇长张立武所作的《关于吕良镇 2019 年国有资产管理情况的报告》，引起了与会的镇人大代表的热烈反响和强烈共鸣。会上就镇里的工业集中区目前建设和收益情况如何、国有资产怎样才能保值增值、闲置资源为什么不能盘活等问题开展了激烈讨论。镇人代会主席团及时启动和举行了国

有资产管理工作专题询问会。

怎样解决工业集中区收益较低的现状？

专题询问会一开始，吕良镇大庄选区人大代表邹开余就抢先发声："镇工业集中区建设和收益情况有没有达到预期目标？"张立武回答道："我镇工业集中区已建成标准化厂房22栋，面积3.56万平方米，总投资2181万元（其中，企业自建2栋2600平方米、镇村自建10栋1.92万平方米、县镇共建10栋1.37万平方米）。目前集体所有的厂房20栋出租17栋、入驻企业12家，3栋正在洽谈中，年租金收入107万元。"话音刚落，邹开余又提出一个问题，直截了当，直追原因，颇具辣味："镇工业集中区厂房投入这么大，收益却不太理想，那么政府今后如何实现国有资产的保值增值？"张立武没有回避，他当场表示："让企业优质高效运转，发挥集中区厂房应有的价值是政府追求的目标。我们将借助四桥连接线、420省道的开工建设的契机，铁腕整治和淘汰质量低、存在一定环保问题的企业，大力招引和扶持一批质态好、纳税多、带动能力强的项目，确保厂房建设和收益形成双赢。"

对张立武的回答，邹开余表示认可："有了镇政府的承诺和举措，我们就放心了。"

为什么国有资产产权雾里看花？

"2006年，县土地部门在幸福村实施了3000多万元土地整理项目，建了不少路，修了不少桥。请问，这部分资产的产权是谁，有没有交到镇里？"接过幸福选区王奎洪代表的问题，镇农业农村局局长杨后保作了解答："2006年，吕良镇承担了省级3000万元的土地工程治理项目，工程于当年年底基本竣工，方便了项目区农民的出行，达到增产增效的预期目标，目前该国有资产已经纳入镇级管理。""2000年撤乡并镇后，原孙集、新农包括老吕良乡政府的部分公住房仍在个人手里，不但没有收租金，有的已转租他人，请问镇政府将如何处置？"吉文建代表的提问"一针见血"，让现场参会的同志窃窃私语，不知道镇政府如何"接招"。这时，分管副镇长孙定余来到了答询席，认真予以回复："非常感谢吉代表对镇政府工作的关心。您提的问题确实长期存在，历届镇党委、政府都在关注这个问题，也相继采取过一些措施，并收回了部分被占房屋资产。但由于一些历史原因，考虑个别家庭的特殊困难，完全收回还有一定的难度。目前，我们已要求组织科在办理职工退休时，对占有公租房的同志严格把关，稳妥解决这个遗留问题。"

镇人大代表犀利发问，让台下旁听的人民群众和观摩同志不时感叹"问到了点子上"，也让作答的镇政府部门着实"为难"了一把。县财政局负责人表示："没想到人大代表了解的情况这么实在，很多情况我们都没有掌握，向他们点赞！"

如何保障人大代表参与监督国有资产管理？

一个多小时的询问会上，代表们还对国有资源盘活、国有资产内部管理等问题进行了询问，镇政府领导直面问题不遮掩，应对困难不回避，郑重承诺不含糊。一问一答之间，疑问在询问中化解，共识也在互动中形成。

面对镇政府主动接受监督的态度和诚意，新丰选区吉启能代表非常满意，但也有着不一样的思考，他举手提问道："今后，国有资产管理工作将形成常态化。作为镇政府，将采取哪些措施或通过哪些途径，保障人大代表依法参与到国有资产监督中去？"张立武回应道："欢迎人大代表对我镇国有资产管理工作的监督。我们将定期邀请人大代表，查阅国有资产台账、报表，察看'国有资产云监督'系统，及时了解国有资产购置、使用和处理的情况。同时，镇政府将主动报告国有资产管理情况，接受镇人大代表的监督。"

镇人大主席刘斌随即表示："专题询问不止于问。镇人大也将一跟到底、一督到底，确保问题整改落实，真正做到有询问、有答复、有结果，向全镇人民交出一份国有资产'明白账''放心账'。"

"吕良镇率先在江苏省开展的镇级国有资产专题询问活动，质量高、效果好，体现了人大对国有资产监管的关切，也为全县国有资产监督全覆盖作出了积极的探索。"县人大常委会主任蔡绍忠如是评价。

县人大常委会领导、各镇人大主席、各街道人大工委主任以及县财政局负责同志应邀参加了现场观摩。专题询问会不仅解决了人民心中的疑惑，还作出相应的承诺和具体改进措施。

资料来源： 沈德清，刘斌，王劲枫. 家底清心底稳——江苏省金湖县首试镇级国有资产管理工作专题询问［EB/OL］.（2019－08－20）. http：//jiangsu. china. com. cn/html/jsnews/around/1066164/－1. html.

（一）立法先行，提供制度保障

为贯彻落实中央精神，加强人大国有资产监督职能，上海、广西、内蒙古、江西等地纷纷发布了《关于加强国有资产管理情况监督的决定》。截至2023年2月，已经有十九个省级行政区通过了此项决定，这是全国上下，各地国资委落实人大对国有企业资产监督管理的一个最新行动，为各级政府向本级人大常委会报告国有资产管理制度提供了制度保障，除此之外，深圳等多个城市的本级人大常委会也通过了《关于加强国有资产管理情况监督的决定》的规范性文件（见表6-2）。

表6-2　　　　目前地方关于加强国有资产管理情况监督决定的立法

序号	省级行政区	地方法规/规范性文件名称	施行时间
1	上海市	上海市人民代表大会常务委员会关于加强国有资产管理情况监督的决定	2021-05-21
2	广西壮族自治区	广西壮族自治区人民代表大会常务委员会关于加强国有资产管理情况监督的决定	2021-05-26
3	内蒙古自治区	内蒙古自治区人民代表大会常务委员会关于加强国有资产管理情况监督的决定	2021-05-27
4	江西省	江西省人民代表大会常务委员会关于加强国有资产管理情况监督的决定	2021-06-02
5	四川省	四川省人民代表大会常务委员会关于加强国有资产管理情况监督的决定	2021-06-25
6	江苏省	江苏省人民代表大会常务委员会关于加强国有资产管理情况监督的决定	2021-07-29
7	山西省	山西省人民代表大会常务委员会关于加强国有资产管理情况监督的决定	2021-07-29
8	广东省	广东省人民代表大会常务委员会关于加强国有资产管理情况监督的决定	2021-09-29
9	安徽省	安徽省人民代表大会常务委员会关于加强国有资产管理情况监督的决定	2021-09-29
10	重庆市	重庆市人民代表大会常务委员会关于加强国有资产管理情况监督的决定	2021-09-29

续表

序号	省份	文件	公布日期
11	河北省	河北省人民代表大会常务委员会关于加强国有资产管理情况监督的决定	2021 – 09 – 29
12	山东省	山东省人民代表大会常务委员会关于加强国有资产管理情况监督的决定	2021 – 09 – 30
13	福建省	福建省人民代表大会常务委员会关于加强国有资产管理情况监督的决定	2021 – 10 – 22
14	甘肃省	甘肃省人民代表大会常务委员会关于加强国有资产管理情况监督的决定	2021 – 11 – 26
15	云南省	云南省人民代表大会常务委员会关于加强国有资产管理情况监督的决定	2022 – 01 – 17
16	新疆维吾尔自治区	新疆维吾尔自治区人民代表大会常务委员会关于加强国有资产管理情况监督的决定	2022 – 03 – 25
17	西藏自治区	西藏自治区人民代表大会常务委员会关于加强国有资产管理情况监督的决定	2022 – 03 – 31
18	湖北省	湖北省人民代表大会常务委员会关于加强国有资产管理情况监督的决定	2022 – 09 – 29
19	宁夏回族自治区	宁夏回族自治区人民代表大会常务委员会关于加强国有资产管理情况监督的决定	2022 – 11 – 04

资料来源：根据相关资料整理。

（二）监督方式的多样化

各级地方人大常委会听取和审议本级政府关于国有资产管理情况的报告，是人大履行监督职责的基本方式。此外，《关于加强国有资产管理情况监督的决定》还规定了执法检查、询问、质询、特定问题调查等监督方式作为辅助手段。一方面这些监督方式执法程序简单、灵活、便捷，有利于及时发现问题；另一方面，这些监督方式可以从会前调研、会中审议和会后督办入手，实现事前事中事后的闭环监督，持续提升行政事业性国有资产监督实效。

（三）设计差异化评价指标体系

《关于加强国有资产管理情况监督的决定》要求建立健全反映不同类别

国有资产管理特点的评价指标体系，建立差异化的评价标准。可以考虑区分不同功能和类别的企业，根据国有资产的定位和发展目标设置不同的绩效标准，以降低考核成本，提高监管效率。例如，对于金融类企业，应该突出经济效益和效率的指标；对于公益以及保障类的企业，突出保障能力、质量以及成本、社会效益的考核；对于战略竞争领域的企业，加强对科研创新、研发投入等指标的考核。

《关于加强国有资产管理情况监督的决定》还探索建立第三方评估机制，发挥中介机构、专家学者等社会力量的作用，对整改落实情况以及管理绩效进行评估，运用有关评价指标开展国有资产管理绩效评价，以增强监督深度。

此外，在指标体系推行过程中，由第三方机构对试点单位进行培训和指导，这不仅有助于试点单位熟悉指标体系，同时也为企业资产管理提出了专业化指导，进而帮助试点单位盘活资产，实现资源利用的最大化。宁波鄞州人大对搭建人大国资管理绩效评价指标体系的探索即是典型案例。

专栏 6 - 4　浙江宁波鄞州人大探索搭建人大国资管理绩效评价指标体系

2020 年以来，浙江省宁波市鄞州区人大常委会多次牵头相关部门及企业，围绕国有资产管理绩效评价构建工作召开论证会，探索搭建人大国资管理绩效评价指标体系（以下简称指标体系），并取得了突出效果。

2018 年 1 月，《中共中央关于建立国务院向全国人大常委会报告国有资产管理情况制度的意见》进一步明晰国资管理目标，提出到 2022 年，基本建立起符合国有资产类别特点、以联网数据库为依托、以评价指标体系为重点、以常委会审议意见处理和整改问责为重要抓手的人大国有资产监督制度。

2019 年，鄞州区人大常委会首次对全区国资情况展开调查，发现了不少问题，包括权证不齐、权属不清、闲置、侵占、账面与实物不符等。随后，鄞州区人大常委会发布《宁波市鄞州区人大常委会关于加强国有资产监督管理提升资产使用绩效的决议》，提出建立长效机制，加大对资产的前置监管力度。

设计科学合理的指标体系对于国有资产监管的意义，一方面在于防止资产流失，另一方面也是为了盘活资产。尤其对于国企而言，实现发展不仅需要提高主营业务收入，还需要配合适当的负债，以获得更多资金，这就需要对企业的举债资格进行信用评估，而首要的就是盘点清楚国有资产的情况。对一些财政状况不佳的县市区政府来说，更需要通过科学有效的指标体系摸清"家底"，进而盘活资产，实现资源利用的最大化。

以往人大对企业单位资产的监管以定性评估为主，宽泛地提出其中存在的问题，但要提高评估的准确性，定量评估是必不可少的，即通过指标打分，按照分值判断相关单位的资产管理水平。这也是指标体系建立的重要意义所在。

为保证指标体系的科学性，鄞州区人大常委会成立专班，并组织区国资中心、区财政局、浙江万里学院等多方共同商讨，多次召集区属国企座谈，交流国企国资的监管经验，反复分析研讨。在设计相关指标时，要考虑人大的特点，即以间接监督为主，而非直接参与国有企业与国有资产的管理。如何充分发挥人大的监督作用，使国有资产监督政治站位高、监督力度大、责任落实到位，是体系指标设计、权重分配的主要方向和设定逻辑，也是整个指标设计最大的难题。

为了解决这个难题，大家认为应当将国有资产的安全性作为人大国资监督的最主要指标，因此在指标设计中突出了国资安全性构想，从党的执政基础的重要组成、保值增值、基层国资安全意识等三个方面出发，创造性地设置了"安全性指标"，并赋予其50%的最高权重。同时，也参考了财政部、国资委等国家相关主管部门对于国有企业监管考核等工作的成熟做法，避免选择过于生疏的概念和指标，以降低实际操作中的技术性困难。

根据国有企业和行政事业单位在国资监督目标和领域存在的差异，指标体系分类设计形成了两套不同的评分标准：针对国有企业国资设置"资产安全性、资产管理规范性、资产效益性、资产效率性"4项一级指标；针对行政事业单位设置"资产效率性、资产管理基础工作、资产日常管理"3项一级指标。

在设计体系时也遇到了不少困难。一方面是关于国企国资的指标体系设计，由于涉及金融、工业、商业等不同领域的国企，如何搭建一个通行的评估框架是一大难题。

在这方面，鄞州区人大常委会加入了许多原创构想。在对指标体系进行完整全面设计的同时，也为指标的更新迭代预留了空间，便于在具体实践中针对不同类型的国有企业进行调整。比如，针对市场竞争类型国企特点，体系设计以经营业绩为导向，今后推广至其他类型国企时，在权重方面可能会进行微调。

在行政事业单位中，关于国资管理的评价体系多见于省级及以上的单位，区级单位较少，而且多是零星举措，不成体系。实现制度化、常态化的评估系统，也是指标体系的亮点所在。

指标体系试行后，鄞州区人大引导和邀请人大代表根据工作领域、专业优势参与到具体的审查监督工作中，保证全程跟进，及时发现问题并予以解决。

资料来源：陈和秋．防止国有资产流失 完善国有资产管理水平 宁波鄞州人大探索搭建人大国资管理绩效评价指标体系［N］．民主与法制日报，2021－09－11.

（四）发挥人大代表作用、加强人民议事会议的监督机制

人大代表是人大常委会行使监督权的核心，充分发挥人大代表在监督中的积极作用是加强人大监督、提高监督实效性的必然要求。执法检查、询问、质询、特定问题调查等监督方式需要建立在深入调查的基础上，要求人大代表深入一线进行调查，提出的询问、质询不能文不对题，与报告、议案毫无关联。

调查的环节可以让人民参与进来，监督人大代表行使职权，与此同时，可以邀请对国有资产管理领域深入研究的专家、学者一同参与调查，提升调查的质量与效率。

（五）加强信息共享

《关于加强国有资产管理情况监督的决定》要求国有资产的信息全部联网，使得国有资产的监督更加透明化、公开化。目前涉及国有资产信息报告的方法、口径多种多样，建立全口径国有资产信息共享平台，避免了各单位

之间数据口径不一影响地区间横向、纵向的对比。统一口径，利于实现分类监管、监管预警和量化考核，提升了监督的精准性和监管效率。各单位之间互联互通，利于根据资产的特性跨地区进行专题分析、专项监管，实现全流程的监控，消除监管的盲点。

专栏 6 – 5　河北省人大推动加强国有资产管理的经验

河北省人大率先开启了调研国有资产管理情况的相关工作。2016 年，河北省人大常委会财经工委对省级国有资产总量、资产授权、产权构成、政策规定等进行了详细的调查摸底。2017 年，河北省人大财经委专题听取了省国资委、财政厅、国土厅等 8 个部门的情况汇报，深入调研分析国有资产中存在的问题，初步掌握了河北省国有资产的大致家底和管理现状，有针对性地研究提出了省人大常委会加强国有资产监督的范围、方向和目标，为制度制定打下坚实的基础。在 2017 年河北省十二届人大常委会第二十九次会议中，首次听取和审议了省政府关于国有资产管理和国有企业改革工作情况的报告，省人大财经委同时提交了书面调研报告。2018 年 4 月，河北省 11 个设区市全部出台本级政府国有资产管理情况报告制度，率先在全国实现市级层面全覆盖。[①]

同时，河北省人大常委会还通过调研、报告试点等方式，创新机制。2017 年 9 月出台省政府向省人大常委会报告国有资产管理情况办法，从政府报告的内容和重点、人大监督的重点和方式方法等方面做出全面制度性安排，规定实行年度报告、专题报告、日常报告与重大事项报告相结合的报告方式。该办法对人大监督的方式方法进行了明确，包括视察、听取和审议专项工作报告等。通过建立省和设区市政府向本级人大常委会报告国有资产管理情况制度，不仅对国有资产监管实现全覆盖，而且对国有资产清查实现全口径。

此外，河北省人大常委会在全国创新性建立了企业国有资产风险预警指标体系。在 2020 年河北省人大常委会财经工委召开的主任办公会议中，对河北省企业国有资产风险预警指标体系进行验收。河北省企业国有资产风险预警指标体系是河北省人大常委会国有资产监督五年规划的要求，也是进一步

---

① 杨柳. 各地推进建立实施国有资产管理情况报告制度［N］. 人民日报，2018 – 05 – 14.

完善河北国有资产联网监督软件系统的工作。该体系在全国国有资产监督工作中具有前瞻创新意义，对河北省人大更好地开展企业国有资产监督工作，确保国有资产安全和保值增值提供数据支撑和量化分析支撑。

2021年9月出台的《河北省人民代表大会常务委员会关于加强国有资产管理情况监督的决定》明确了河北省人民政府按照综合报告与专项报告相结合的方式，做好年度国有资产管理情况报告工作。一是在报告内容方面，该决定要求综合报告全面、准确反映各类国有资产和管理的基本情况，重点报告国有资产总量、结构、变动、收益，推进国有经济布局优化和结构调整，深化国有企业改革，行政事业性国有资产的配置和分布，国有自然资源资产禀赋和保护利用，国有资产安全和使用效率，国有资产管理中的突出问题，加强国有资产管理、防止国有资产流失等情况。此外，还应完善国有资产报表体系，健全政府管理评价指标体系，规范国有资产会计处理，落实相关统计调查制度，加强国有资产审计等。二是在加强人大审议工作方面，该决定细化了开展国有资产管理情况专题调研、预先听取报告和初步审议等审议前的相关工作和程序，同时完善了常委会审议重点内容。三是在健全监督机制方面，该决定明确要建立健全整改与问责机制，强化跟踪监督；建立与预算决算审查监督有效衔接机制，推进公开透明；建立健全日常监督工作机制，强化信息化手段的支持。

河北省在2018年就已搭乘"互联网快车"，拓展预算联网监督系统功能，将国有资产监督功能模块纳入其中。河北省内国有资产的企业基本信息、净资产、资产负债状况、盈亏情况在系统中一应俱全，除总体数据外，子项分析以及各种图表的设计，均有效提高了国有资产监督的透明度、精准度。通过开展联网监督，可以使过去的周期性报表审查转变为实时性电子信息审查，有利于拓展人大国有资产监督的广度和深度，由过去对支出结果的概括性监督转变为多层次、多环节、全过程监督。

资料来源：周洁.依法摸清国有资产"家底"管好"明白账"河北出台国有资产监督专门决定［EB/OL］.（2021-09-29）. http://m. hebnews. cn/hebei/2021-09/29/content_8627002. htm；杨菲菲.河北：人大国资监督乘上"互联网快车"［J］.中国人大，2018（10）：30.

　　综上所述，国有资产是全体人民共同的宝贵财富，其表现形态多样，既有企业国有资产，也有行政事业单位国有资产，还有大量国有自然资源。国有资产管理情况审查监督机制是新时代人大预算审查监督范围不断拓展、监督质量不断提升的必然要求，对于完善人大国有资产监督链条，实现人大监督与行政监督的密切配合，构建从流量监督延伸至存量监督，从重流量监督溯及源头监督的人大预算监督新模式，提高人大预算监督的效力等意义非凡。

　　一方面，新时代下建立国有资产管理情况审查监督机制，有助于补齐人大监督链条，充分履行人大国有资产监督职能，完善国有资产管理中的多级委托代理关系，构建科学合理的国有资产行政监督与人大监督体系。在具体落实上，通过设立国有资产管理情况报告制度，政府向人大常委会报告国有资产管理情况综合报告和专项报告，人大常委会通过开展视察或专题调研、听取报告和开展询问、形成审议意见并送政府研究处理。

　　另一方面，新时代下建立国有资产管理情况审查监督机制，有助于建立从流到源的人大预算监督体系。受困于国有资产底数不够清楚，管理不够公开透明，国有资产人为流失、无效损耗、效益发挥不充分等问题，人大预算监督职能很大程度被弱化。国有资产管理情况审查监督机制的建立能有效强化国家权力机关对国有资产经营与管理的监督，进一步推动国有资产管理情况的公开透明，这一过程同时与人大的国有资本预算监督协调配合，大大拓展了人大预算监督范围，实现了对国有资产流量监督与存量监督的全覆盖，提高了人大预算监督效力。

第七章

建立加强地方人大对政府债务审查监督制度

本章导读： 在地方政府债务全面纳入预算管理的情况下，如何加强地方政府债务监管，提高资金使用绩效，有效防范和化解地方政府债务风险，促进地方政府经济社会健康、可持续发展，成为各级人大需要面对的重大课题。2021 年中共中央办公厅印发《关于加强地方人大对政府债务审查监督的意见》，对人大就推动完善政府预算决算草案和报告中有关政府债务的内容、规范人大审查监督政府债务的内容和程序、加强人大对政府债务风险管控的监督、加强组织保障等作出明确规定，并提出了工作要求。目前，各级人大在监督地方政府债务管理方面，已经开展了很多有益的探索，并取得了积极成效，但也面临着很多问题。本章概括了我国地方政府债务的状况，论述了监督地方政府债务是各级人大的法定职责及中央对加强人大对债务监督的要求，分析了各级人大对地方政府债务监督流程，并归纳了各级人大对地方政府债务监督存在的问题，提出了改进的政策建议。

第一节 我国地方政府债务基本情况

2009 年，我国开始了财政部代地方政府发债的试点；2011 年，上海、浙江、广东、深圳四个省市开始了地方政府自行发债试点；2014 年，地方债自发自还的省市扩展为 10 个省市；2015 年修正后的《预算法》实施，正式发行地方政府债券。目前，地方政府债券在地方经济发展中具有十分重要的作用。

一、地方政府债券的发行规模

（一）全国地方政府债券发行规模

2015 年，我国地方政府债券共发行 38351 亿元，2016～2020 年分别发行 60428 亿元、43581 亿元、41562 亿元、43624 亿元、64438 亿元（见图 7－1）。根据财政部的统计数据，2021 年 1～12 月，全国发行地方政府新增债券 43709 亿元，再融资债券 31189 亿元，其中新增一般债券 7865 亿元，专项债券 35844 亿元。2021 年地方政府债券平均发行期限 11.9 年（一般债券 7.7 年，专项债券 14.2 年），平均发行利率 3.36%（一般债券 3.26%，专项债券 3.41%）。

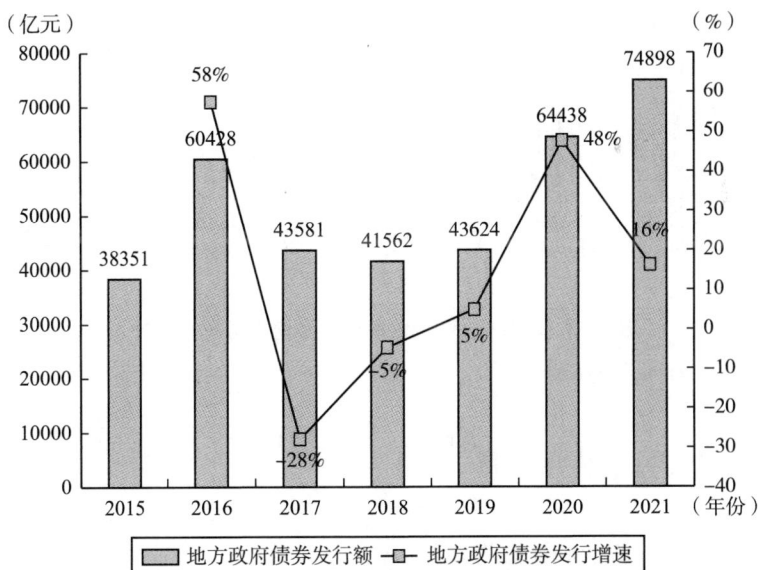

图 7－1　2015～2021 年全国地方政府债券发行情况

资料来源：财政部官网。

（二）各省市地方政府债券发行规模

2015 年以来，各省市发债主体大多按计划完成新增债券的发行工作。2021 年，从全国 31 个省（区、市）、5 个计划单列市和新疆生产建设兵团地方政府债券发行数额来看，广东、山东、江苏、四川等地区排名靠前，广东、山东、河南、四川等 15 个地区新增专项债发行规模超过千亿。具体来看，广东发行 6174 亿元，数额最高，其次是山东，发行 4910 亿元，第三是江苏，发行 3702 亿元（见图 7-2）。

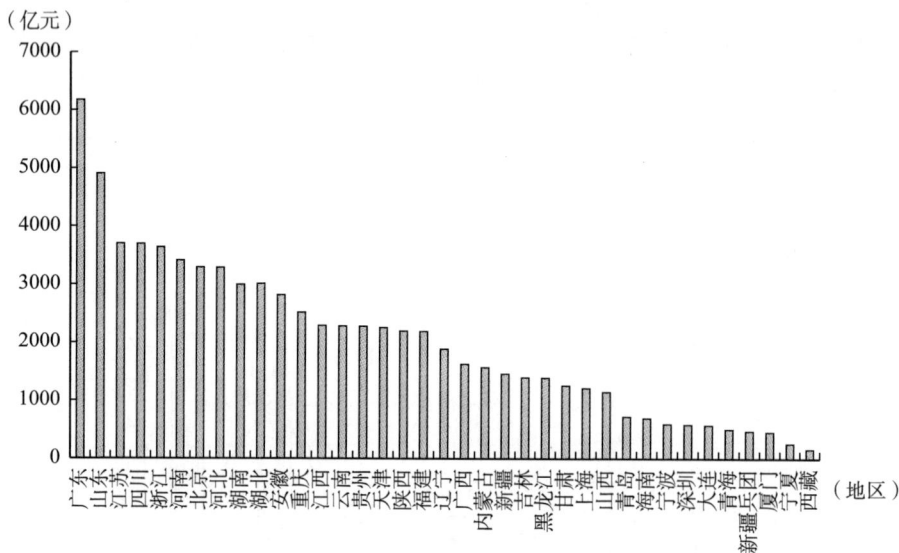

（亿元）

图 7-2　2021 年 37 个地区地方政府债券发行情况

资料来源：各地区财政厅官网。

二、地方政府债券结构

（一）新增、置换和再融资债券

地方政府债券按募集资金用途可分为新增债券、置换债券和再融资债券三类。这三类债券的结构变化服务于社会整体的发展需要和国家的宏观经济政策。置换债券是用于置换 2015 年对地方政府投融资平台债务中甄别为地方政府债务的部分，这一任务已基本完成。

（二）一般债券和专项债券

地方政府债券按偿债资金来源可分为一般债券和专项债券，2021 年各省市发行的一般债券和专项债券的规模和比例如表 7 - 1 所示，专项债券可以分为普通专项债和项目收益专项债。2015 年，一般债券的发行规模比专项债券高，在地方政府债务中依然占有重要地位。2019 年，专项债券发行规模逐渐上升，专项债在地方政府债务中发挥了更重要的作用，地方政府债券在结构上发生了比较大的转变。专项债和一般债不同，要求由项目的收益来偿还本息，要求项目收益和项目融资相匹配。2020 年初，财政部对 2020 年度新增的专项债额度提出了要求，要求不得用于土地储备项目和严格把关棚户区改造项目范围及标准，专项债内部结构出现重大转变。目前，收费公路专项债、轨道交通专项债、医院专项债、高校专项债、绿色债券等类别成为专项债的主要类别。对"十四五"重点项目和保障性安居工程的支持也是今后专项债的重点支持方向。

表 7 - 1 　　　2021 年各省市发行的一般债券和专项债券的规模和比例

省/计划单列市	一般债券		专项债券	
	规模（亿元）	比例（%）	规模（亿元）	比例（%）
江苏省	1308	35	2394	65
山东省	1533	27	4098	73
其中：山东地区	1329	27	3581	73
青岛市	204	28	517	72
广东省	1824	27	4936	73
其中：广东地区	1755	28	4419	72
深圳市	69	12	517	88
四川省	1281	35	2414	65
河北省	1131	34	2157	66
湖北省	887	29	2123	71

续表

省/计划单列市	一般债券		专项债券	
	规模（亿元）	比例（%）	规模（亿元）	比例（%）
浙江省	1325	31	2910	69
其中：浙江地区	1109	30	2530	70
宁波市	216	36	380	64
河南省	1136	33	2278	68
湖南省	1166	39	1830	61
贵州省	1045	46	1231	54
安徽省	730	26	2085	74
云南省	751	33	1531	67
江西省	663	29	1628	71
内蒙古自治区	1081	69	484	31
广西壮族自治区	591	36	1031	64
天津市	489	22	1766	78
上海市	443	37	768	63
重庆市	774	31	1743	69
北京市	462	14	2831	86
新疆维吾尔自治区	276	58	199	42
福建省	547	25	1644	75
其中：福建地区	547	25	1644	75
厦门市	85	19	373	81
陕西省	941	43	1256	57
山西省	501	44	645	56
吉林省	487	35	907	65
黑龙江省	780	56	606	44
辽宁省	1459	60	979	40
其中：辽宁地区	1104	59	779	41
大连市	355	62	220	38
甘肃省	345	27	911	73

续表

省/计划单列市	一般债券		专项债券	
	规模（亿元）	比例（%）	规模（亿元）	比例（%）
海南省	321	46	374	54
青海省	381	76	123	24
宁夏回族自治区	230	88	30	12
西藏自治区	104	64	58	36

注：不包含港、澳、台地区。
资料来源：各地区财政厅官网。

三、地方政府期限结构

2021年地方政府债券发行期限呈现的趋势是整体缩短，平均发行期限是11.9年（一般债券7.7年，专项债券14.2年），与2020年的14.6年相比，缩短2.7年，主要是短期债券（1～3年期）发行数量增加。2021年共发行了1956只地方债，从只数来看，发行期限为10年的约占25.21%，为502只，其次是期限分别为15年、20年、7年的地方债，占比分别为18.08%、15.67%和14.36%（见表7-2）。

表7-2　　　　2021年不同期限地方政府债券发行的只数和占比

期限（年）	数量（只）	占比（%）
1	8	0.40
2	17	0.85
3	91	4.57
5	231	11.60
7	286	14.36
10	502	25.21
15	360	18.08
20	312	15.67

续表

期限（年）	数量（只）	占比（%）
30	184	9.24
总计	1991	100.00

资料来源：Wind 金融终端。

四、地方政府债务限额

自从 2015 年修正后的《预算法》正式实施对地方债务进行限额管理以来，地方政府债务限额在不断提高。按照《预算法》规定，全国人大或常委会批准全国地方政府债务限额。地方预算由地方各级人民政府编制，报本级人民代表大会批准。本级政府新增发债限额，以预算调整方式由本级人大常委会批准。

（一）全国地方政府债务限额

自 2015 年以来，全国地方政府债务限额呈现逐年增长的趋势。2022 年，经全国人大审议通过，全国地方政府债务限额为 376474 亿元，其中一般债务限额 158289 亿元，专项债务限额 218185 亿元（见表 7 - 3）。

表 7 - 3 　　　2015～2022 年经全国人大批准的全国地方政府债务限额 　　单位：亿元

年度	全国地方政府债务限额	地方政府一般债务限额	地方政府专项债务限额
2015	160074	99272	60801
2016	171874	107189	64685
2017	188174	115489	72685
2018	209974	123789	86185
2019	240774	133089	107685
2020	288074	142889	145185
2021	332774	151089	181685
2022	376474	158289	218185

资料来源：财政部官网。

（二）各省市地方政府债务限额

根据《预算法》和相关法律法规的要求，地方政府债务限额的确定程序有两步，一是国务院根据全国人大批准的限额，并考虑债务风险、财务情况等因素，分配和下达各省级政府债务限额；二是省级政府在财政部下达的地区债务限额的要求内，统筹本地区公益性建设需求，确定本级及各市县政府债务限额。2019~2021 年全国地方政府债务限额见表 7-4。

表 7-4　　　　　2019-2021 年全国地方政府债务限额表　　　　单位：亿元

省/区/市	2021 年			2020 年			2019 年		
	限额总额	一般债务	专项债务	限额总额	一般债务	专项债务	限额总额	一般债务	专项债务
北京市	11277	3149	8128	10266	2987	7279	9119	2712	6407
天津市	7982	1952	6030	6841	1884	4957	5054	1524	3530
河北省	14803	6963	7840	12442	6452	5990	10208	5984	4224
山西省	5677	2917	2760	4833	2656	2177	3799	2348	1451
内蒙古自治区	9498	6859	2639	8954	6533	2421	7764	6132	1632
辽宁省	11265	7353	3911	10638	7252	3385	9835	6968	2867
吉林省	6668	3692	2976	5782	3447	2334	4823	3194	1629
黑龙江省	6674	4536	2138	5900	4053	1756	4748	3574	1174
上海市	10603	4640	5963	9723	4392	5332	8577	4192	4386
江苏省	20823	8198	12625	19007	7973	11034	16768	7763	9005
浙江省	18033	7134	10293	15380	6957	8423	11008	5280	5728
安徽省	12486	4595	7891	10691	4435	6256	8913	4190	4723
福建省	10091	3486	6605	9639	3750	5890	7799	3389	4411
江西省	10009	4271	5738	8163	3928	4236	6276	3698	2578
山东省	21144	7823	13321	17900	7596	10304	14308	7224	7084
河南省	14259	6399	7860	10585	6042	4542	9729	3955	5774
湖南省	13807	7080	6727	12161	6738	5423	10229	6220	4009
湖北省	12499	5400	7099	10500	4952	5548	8416	4410	4006

续表

省/区/市	2021 年			2020 年			2019 年		
	限额总额	一般债务	专项债务	限额总额	一般债务	专项债务	限额总额	一般债务	专项债务
广东省	21645	7707	13938	17506	7329	10178	14198	7117	7082
广西壮族自治区	9057	4613	4444	7946	4287	3659	6866	4047	2819
海南省	3251	1715	1536	2811	1593	1217	2426	1456	971
重庆市	8903	3215	5688	7542	3086	4456	6049	2767	3283
四川省	16293	7262	9031	13987	6842	7145	11731	6405	5326
贵州省	12365	6749	5616	11658	6579	5079	10193	6210	3983
云南省	12266	6446	5820	10784	6211	4573	9341	6218	3123
西藏自治区	554	397	157	454	345	109	326	285	41
陕西省	9046	4671	4375	8455	4582	3872	7228	4147	3080
甘肃省	5222	2394	2828	4352	2198	2154	3407	1972	1435
青海省	3075	2297	778	2711	2090	621	2285	1825	460
宁夏回族自治区	2148	1584	564	2040	1475	565	1867	1345	522
新疆维吾尔自治区	6658	4049	2609	6084	3833	2251	4561	3380	1181

资料来源：各地区财政厅官网。

五、地方政府债务管理出现的问题

当前，地方政府债务的风险是总体可控的，但也存在着一些问题。主要包括地方政府债务增长速度过快；债券结构不合理，专项债券所占比例过大；债券发行信息披露不够充分，部分债券信用评级形同虚设；债券发行价格形成机制不合理，债券发行市场化程度有待提高；债券资金项目绩效评价处在起步阶段，存在资金闲置、浪费现象；地方政府隐性债务治理进展缓慢；法制建设较为滞后，等等。

第二节　审查监督地方政府债务是各级人大的法定职责

人民代表大会制度，是我国的根本政治制度。各级人大对"一府一委两院"的监督是宪法和法律的授权，也自然包括对地方政府债务的监督。

一、人大审查监督地方政府债务是《宪法》赋予的权力

在我国，《宪法》是地位最高的法律，各级人大对包括地方政府债务在内的各级政府预算进行监督，是宪法赋予的权力。各级人大对各级政府的债务管理进行监督，既符合宪法的规定，也是人民当家作主权利的重要体现。

《宪法》第六十二条规定，全国人民代表大会行使的职权中，其中第十一项为审查和批准国家的预算和预算执行情况的报告。在《宪法》第六十七条规定全国人民代表大会常务委员会行使的职权中，第五项为在全国人民代表大会闭会期间，审查和批准国民经济和社会发展计划、国家预算在执行过程中所必须作的部分调整方案。《宪法》第九十九条规定，县级以上的地方各级人民代表大会审查和批准本行政区域内的国民经济和社会发展计划、预算以及它们的执行情况的报告；有权改变或者撤销本级人民代表大会常务委员会不适当的决定。在地方政府债务全部纳入预算管理的情况下，上述规定，就成为各级人大及其常委会监督各级地方政府债务的法律依据。

二、人大审查监督地方政府债务是《预算法》授权

在 2015 年正式开始实施的《预算法》中，包括了诸多人大对地方政府债务监督的约束规定，对我国各级人大监督地方政府债务的预算审查监督程序、内容和方式，从制度上加以规范。

（一）《预算法》对债务管理的规定

第一，《预算法》明确了举借债务要报请各级人民代表大会批准。《预算法》第三十五条规定经国务院批准的省、自治区、直辖市的预算中必需的建设投资的部分资金，可以在国务院确定的限额内，通过发行地方政府债券举借债务的方式筹措。举借债务的规模，由国务院报全国人民代表大会或者全国人民代表大会常务委员会批准。省、自治区、直辖市依照国务院下达的限额举借的债务，列入本级预算调整方案，报本级人民代表大会常务委员会批准。举借的债务应当有偿还计划和稳定的偿还资金来源，只能用于公益性资本支出，不得用于经常性支出。

第二，《预算法》明确了地方政府债务限额的规定。《预算法》第三十五条规定，经国务院批准的省、自治区、直辖市的预算中如果遇到了建设投资必需的资金，可以在国务院规定的限额内通过发行地方债的方式筹措。但发行的规模需要报全国人大或全国人大常委会进行批准。对地方来说，省、自治区、直辖市要按照国务院下达的债务限额列入本级预算调整方案，并且报告本级人大常委会进行审批。

第三，《预算法》规定了各级人大的预算管理权限也就明确了人大对地方政府债务管理的权限。《预算法》第二十条、二十一条规定，全国人民代表大会审查中央和地方预算草案及中央和地方预算执行情况的报告；批准中央预算和中央预算执行情况的报告；改变或者撤销全国人民代表大会常务委员会关于预算、决算的不适当的决议。县级以上地方各级人民代表大会审查本级总预算草案及本级总预算执行情况的报告；批准本级预算和本级预算执行情况的报告；改变或者撤销本级人民代表大会常务委员会关于预算、决算的不适当的决议；撤销本级政府关于预算、决算的不适当的决定和命令。乡、民族乡、镇的人民代表大会审查和批准本级预算和本级预算执行情况的报告；监督本级预算的执行；审查和批准本级预算的调整方案；审查和批准本级决算；撤销本级政府关于预算、决算的不适当的决定和命令。

第四，《预算法》规定了各级人大常委会的预算管理权限也就明确了人大常委会对地方政府债务管理的权限。《预算法》第二十条、二十一条规定全国人民代表大会常务委员会监督中央和地方预算的执行；审查和批准中央预算的调整方案；审查和批准中央决算；撤销国务院制定的同宪法、法律相抵触的关于预算、决算的行政法规、决定和命令；撤销省、自治区、直辖市人民代表大会及其常务委员会制定的同宪法、法律和行政法规相抵触的关于预算、决算的地方性法规和决议。县级以上地方各级人民代表大会常务委员会监督本级总预算的执行；审查和批准本级预算的调整方案；审查和批准本级决算；撤销本级政府和下一级人民代表大会及其常务委员会关于预算、决算的不适当的决定、命令和决议。

第五，《预算法》规定了各级人大专门委员会的预算管理权限，明确了各级人大专门委员会对地方政府债务管理的权限。如《预算法》第二十二条规定，全国人民代表大会财政经济委员会对中央预算草案初步方案及上一年预算执行情况、中央预算调整初步方案和中央决算草案进行初步审查，提出初步审查意见。

（二）《预算法》对预算调整的规定

第一，预算调整要经过法定程序，地方政府对必须作出并需要进行预算调整的，应当编制预算调整方案，说明预算调整的理由、项目和数额。《预算法》第十三条规定，经人民代表大会批准的预算，非经法定程序，不得调整。各级政府、各部门、各单位的支出必须以经批准的预算为依据，未列入预算的不得支出。第六十七条规定了预算调整的情况包括需要增加或者减少预算总支出、需要调入预算稳定调节基金、需要调减预算安排的重点支出数额、需要增加举借债务数额这四种情况。

第二，预算调整方案应当提请各级人民代表大会常务委员会批准。《预算法》第二十条、二十一条规定，中央预算的调整方案应当提请全国人民代表大会常务委员会审查和批准。县级以上地方各级预算的调整方案应当提请本级人民代表大会常务委员会审查和批准。乡、民族乡、镇预算的调整方案应当提请本级人民代表大会审查和批准。未经批准，不得调整预算。第六十九条规定，国务院及地方各级政府要将预算调整初步方案送交本级人民代表大会财政经济委员会或有关专门委员会或常委会有关工作机构进行初步审查，时间应当在本级人民代表大会常务委员会举行会议审查和批准预算调整方案的三十日前。此外，地方各级预算的调整方案经批准后，由本级政府报上一级政府备案。

（三）《预算法实施条例》① 中对债务管理的规定

第一，是对地方政府债务余额限额管理进行了细化。各省、自治区、直辖市的政府债务限额应该由财政部在经全国人大或者其常委会批准的总限额内，提出方案报国务院批准；地方政府债务余额不得突破国务院批准的限额。

第二，是对转贷债务管理做出明确规定。省、自治区、直辖市政府可以将举借的政府债务转贷给下级政府，下级政府应当将转贷债务纳入本级预算管理，负有直接偿还责任的政府应当将转贷债务列入本级预算调整方案，报本级人大常委会批准。

第三，是完善地方政府债务风险评估和预警机制。财政部和省、自治区、直辖市政府财政部门应当建立健全地方政府债务风险评估指标体系，组织评估地方政府债务风险状况，对债务高风险地区提出预警，并监督化解债务风险。

第四，是对政府债券的发放做出要求。财政部应当根据全国人民代表大会批准的中央政府债务余额限额，合理安排发行国债的品种、结构、期限和时点。省、自治区、直辖市政府财政部门应当根据国务院批准的本地区政府债务限额，合理安排发行本地区政府债券的结构、期限和时点。

三、中央对人大加强地方政府债务审查监督的顶层设计

自 2015 年地方政府债券发行并纳入预算管理以来，各级人大对预决算草案和预算调整方案中的地方政府债务内容，依法进行审查监督，有力地监管了地方政府债券借、用、管、还各个环节，使地方政府债务的管理日趋规范。近年来，随着经济社会的发展和防范化解地方政府隐性债务的需要，人大对

---

① 指 2020 年修订的《中华人民共和国预算法实施条例》。

地方政府债务的管理进一步强化。

（一）《关于人大预算审查监督重点向支出预算和政策拓展的指导意见》

2018 年 3 月，中央办公厅、国务院办公厅下发的《关于人大预算审查监督重点向支出预算和政策拓展的指导意见》明确提出，将人大预算审查监督的重点从注重赤字规模和预算收支平衡状况向支出预算和政策拓展。地方政府债务是审查拓展的五大主要内容之一，政策要求人大对支出预算的总量与结构、重点支出与重大投资项目、部门预算、财政转移支付、政府债务进行全流程的监督。对于地方政府债务，要硬化地方政府预算约束，坚决制止无序举债搞建设，规范举债融资行为。结合地方政府债务规模、全国经济发展水平等情况，合理评估全国政府债务风险水平。地方政府债务审查监督要重点审查地方政府债务纳入预算管理的情况；要根据各地的债务率、利息负担率、新增债务率等风险评估指标体系，结合债务资金安排使用和偿还计划，评价地方政府举债规模的合理性。积极稳妥化解累积的地方政府债务风险，坚决遏制隐性债务增量，决不允许新增各类隐性债务。

（二）《关于加强地方人大对政府债务审查监督的意见》

为适应进入新发展阶段、贯彻新发展理念、构建新发展格局、实现高质量发展的形势和任务要求，加强地方人大对政府债务的审查监督。2021 年 6 月，中共中央办公厅印发了《关于加强地方人大对政府债务审查监督的意见》（以下简称《意见》），就推动完善政府预算决算草案和报告中有关政府债务的内容、规范人大审查监督政府债务的内容和程序、加强人大对政府债务风险管控的监督、加强组织保障等作出了明确规定。力求做到高度重视政府债务风险防范化解工作，依法推动政府严格规范债务管理，建立健全向人大报告政府债务的机制，明确人大审查监督的程序和方法，深入开展全过程监管，强化违法违规举债责任追究。《意见》针对地方政府债务管理和监督中的突出问题、薄弱环节，对政府债务审查监督的各个环节，从内容、重点、程序、方法等方面，作了具体规定，同时对改进完善预算、决算草案和报告，开展政府债务审计监督，提出了针对性要求。

1. 制定出台《意见》的背景和意义①

党的十八大以来，以习近平同志为核心的党中央就防范化解重大风险、加强人大对政府债务审查监督作出重要部署。适应进入新发展阶段、贯彻新发展理念、构建新发展格局、实现高质量发展的形势和任务要求，加强地方人大对政府债务的审查监督，是地方各级人大及其常委会落实党中央决策部署的重要任务，是人大预算审查监督重点向支出预算和政策拓展的重要内容，是推动防范化解地方政府债务风险的重要保障。在全国人大常委会党组领导下，常委会预算工委在开展调查研究、总结实践经验做法、听取各方面意见建议基础上，研究起草了关于加强地方人大对政府债务审查监督的意见稿。经全国人大常委会党组审议并报党中央批准后，由中共中央办公厅印发。《意见》的印发实施，对加强地方人大对政府债务的审查监督，压实地方政府债务管理主体责任，打好防范化解重大风险攻坚战，更好统筹发展和安全，实现经济持续健康发展和社会大局稳定，具有重要意义。

2. 加强地方人大对政府债务审查监督的总体要求

《意见》提出，要高度重视政府债务风险防范化解工作，依法推动政府严格规范债务管理，建立健全向人大报告政府债务机制，明确人大审查监督的程序和方法，深入开展全过程监管，强化违法违规举债责任追究。一是坚持党中央集中统一领导，确保政府债务资金安排和使用更好体现和落实党中央决策部署。二是坚持依法审查监督，根据《预算法》《各级人民代表大会常务委员会监督法》等法律规定，严格依照法定职责、限于法定范围、遵守法定程序，开展政府债务审查监督。三是坚持聚焦重点问题，针对政府债务管理中的突出问题和监督中的薄弱环节，完善制度机制和程序方法。四是坚持全过程监管，硬化预算约束，强化预算执行，防止政府在法定限额之外违法违规或变相举借债务。

（三）对推动完善政府预算决算编制工作的要求

《意见》要求，地方各级人大及其常委会要积极推动政府在预算草案、

---

① 全国人大常委会预算工委负责人就《意见》有关情况答记者问。

预算调整方案和决算草案中，及时、完整、真实编制政府债务，完善并细化相关报告的内容。在上一年度政府债务执行和决算情况表中，应当反映一般债务和专项债务的限额和余额、债务年限、还本付息等情况，反映本级政府债券项目实施情况。在本年度政府债务预算收支安排情况表中，应当反映政府债务限额和预计余额情况，反映本级政府一般债务和专项债务的限额和预计余额、年度新增债务、债券项目安排等情况。对投资规模较大和对本地区有重要影响的重大建设项目，应当提供项目投资规模、资金来源及构成情况表。在政府债务指标情况表中，应当反映债务率、偿债资金保障倍数、利息支出率等债务风险评估指标情况。政府因举借债务而提请本级人大常委会审查批准的预算调整方案，应当反映政府债务限额和余额、新增债务规模和限额分配等情况。《意见》还明确，政府预算草案中要细化专项债务表的编报，反映上一年度本级政府专项债券收入、支出、还本付息及专项收入情况，反映本级项目的负债规模、期限、利率、还本付息等情况。预算安排的项目，应当按项目编制收支预算总体平衡方案和分年平衡方案。

（四）对加强政府债务限额审查监督的规定

地方政府债务限额是地方政府可以依法举借债务的总规模，是防范重大风险的主要控制指标。《意见》要求，地方各级政府应当在上级政府下达的债务限额之内，依据本地区经济发展和财政收入情况，统筹考虑政府存量债务水平，在保持财政可持续发展前提下，科学编制本级政府和下级政府债务限额分配方案。地方各级人大及其常委会在上级政府下达的债务限额内，按照正向激励原则，统筹平衡各级综合财力，通过债务率、偿债资金保障倍数、利息支出率等指标，衡量和评价政府债务风险，对本级政府和本级政府对下分配的新增政府债务限额总规模的合理性作出评价。

（五）对加强专项债务审查监督的规定

《意见》要求，加强专项债务项目科学性审查。重点审查本级政府新增专项债务规模是否控制在上级政府下达的债务限额内，是否用于有一定收益的公益性项目，债务资金投向是否符合相关政策规定；审查项目的方向和用途、收益测算、还款资金来源、最终偿债责任等内容；审查项目平衡方案是否根据项目建设运营周期、资金需求、项目对应的政府性基金收入和专项收入等因素，经过合理测算确定。

（六）对规范审查监督政府债务程序的规定

《意见》要求，地方各级人大及其常委会围绕政府预算草案、预算调整方案、决算草案的审查批准和预算执行监督，规范工作程序，完善工作机制，开展全过程监管。地方各级人大及其常委会要依法审查政府债务。地方各级人大财政经济委员会或预算委员会等有关专门委员会在对政府预算草案初步方案、预算调整初步方案、决算草案进行初步审查或对政府债务开展专题审议时，政府相关部门负责人应当按有关规定到会听取意见、回答询问。地方各级人大常委会预算工作委员会等工作机构应当加强对政府债务的调查研究，提出有针对性建议。预算草案、预算调整方案、决算草案经本级人大或其常委会审查批准后，本级人大常委会按规定及时将关于预算的决议、预算调整的决议、决算的决议及相应的审查结果报告和有关审议意见等，送本级政府研究处理。地方各级政府及其财政等部门要认真研究，并在规定期限内向本级人大常委会报告研究处理情况。

（七）加强对地方政府债务风险管控监督的规定

《意见》明确，一要加强监督问责。加强对以政府投资基金、政府和社会资本合作（PPP）、政府购买服务等名义变相举债行为的监督；严格对下一级人大及其常委会违法担保、承诺等行为的监督；加强对违法违规建设项目和使用债务资金的监督；加强对政府通过地方国有企业变相融资行为的监督。二要监督政府建立完善债务风险评估预警和应急处置机制。重点监督政府是否定期分析评估债务风险并进行警示、举借债务是否考虑未来偿债压力、是否按规定对出现的风险及时启动应急处置措施等。三要推动政府债务信息公开透明。推动政府建立统一的政府债务信息披露机制，明确披露责任，规范披露内容、时间节点和渠道等。

（八）对地方各级党委、人大及其常委会、政府做好贯彻落实工作的要求

《意见》明确要求，地方各级党委要高度重视政府债务风险防范化解工作，加强组织领导，把握工作方向，支持和保障人大及其常委会依法加强对政府债务的审查监督，确保党中央有关决策部署落实落地，坚决守住不发生系统性区域性风险的底线。地方各级人大及其常委会要依法扎实做好政府债务审查监督工作，增强责任感使命感，将党中央关于加强人大对政府债务审查监督的决策部署落实到预算决算审查、预算执行监督和审计查出问题整改跟踪监督等各项工作中。重大事项按规定及时向本级党委请示报告。地方各级政府要依法接受本级人大及其常委会的监督，加快建立健全政府债务管理制度，不断完善和细化预算草案、预算调整方案、决算草案和报告中有关政府债务的内容。《意见》还对加强协调配合、综合运用监督方式方法等提出明确要求。

专栏 7-1　切实推动地方人大加强对政府债务的审查监督

2021 年 6 月，中共中央办公厅印发了《关于加强地方人大对政府债务审查监督的意见》。全国人大常委会高度重视，采取一系列举措贯彻落实党中央部署要求。中共中央政治局常委、全国人大常委会委员长栗战书主持召开学习贯彻文件精神座谈会，要求认真抓好组织实施，切实推动地方人大加强对政府债务的审查监督。

2021 年 7 月 30 日，全国人大财经委员会、全国人大常委会预算工作委员会联合在京召开视频会议。全国人大财经委副主任委员、常委会预算工委主任史耀斌主持会议并讲话。他首先传达了栗战书委员长关于推动地方人大贯彻落实中央文件精神的批示和讲话精神。栗战书委员长强调指出：加强地方人大对政府债务的审查监督，是党中央明确交给地方人大的重要任务，也是人大的法定职责，全国人大要积极推动地方人大全面落实中央规定。一要提升政治站位，从推动高质量发展的高度防控政府债务风险。二要切实履行好职责，在党的领导下依法做好政府债务审查监督工作。三要依法加强债务管理。

史耀斌指出，中办印发的《意见》，是2015年以来党中央关于加强人大预算决算审查监督职能的又一份重要文件。要深入学习领会习近平总书记重要讲话精神和党中央决策部署，学习领会栗战书委员长批示和讲话精神，把思想和行动统一到党中央决策部署上来，深刻把握新发展阶段的新形势新任务新要求，从贯彻新发展理念、推动实现高质量发展的高度，充分认识《意见》制定出台的重要背景和重要意义，全面把握《意见》作出的重要部署、提出的重要任务和明确要求，提高政治判断力、政治领悟力、政治执行力，切实加强地方人大对政府债务的审查监督，防控政府债务风险，实现稳增长与防风险长期均衡。

会议强调，要依法履行职责，主动担当作为，积极做好政府债务审查监督工作。一是地方各级人大常委会预算工委等工作机构应提出贯彻落实《意见》的具体工作方案。二是将政府债务审查监督在人大监督工作中、在预算审查监督工作中突出出来，纳入人大常委会年度"工作要点"和"工作计划"，统筹谋划、统一部署、一体推进。三是坚持全口径审查和全过程监管，将政府债务限额总规模、债务限额分配是否合理、债务资金投向是否符合党中央方针政策和经济社会发展实际，债务资金有无挪用、长期闲置、损失浪费情况等，全部纳入人大审查监督的范围。在预算审查、预算执行监督、预算调整方案审查、决算审查等各环节，把政府债务资金的借、用、管、还全过程作为监督对象和内容，拓展监督深度，加大监督力度，硬化预算约束。四是充分发挥相关领域、相关专业代表的作用。五是着力提高监督实效。通过法定监督方式，充分发挥预算联网监督系统作用，持续跟踪监督，推动强化问责问效，提高审查监督效果。六是加快健全完善政府债务审查监督制度。建议各省级人大根据需要与可能，适时修改完善人大预算审查监督地方性法规，加强对包括地方政府债务在内的政府预算全口径审查、全过程监管。

财政部部长助理欧文汉就依法接受人大监督、支持地方人大对政府债务开展审查监督工作，对地方各级财政部门提出了明确要求。他强调，地方各级财政部门要坚决贯彻落实党中央决策部署，深刻认识加强地方人大对政府债务审查监督工作的重要性，落实统筹发展和安全的要求，依法依规配合做好本级人大对政府债务各项审查监督工作。

审计署副审计长王陆进就聚焦审计主责主业、依法开展地方政府审计工作，加强审计监督，对地方各级审计机关提出了明确要求。他强调，审计机关要紧紧围绕党和国家中心工作，在地方党政主要领导干部经济责任审计、地方财政收支审计、政策跟踪审计等项目中，进一步聚焦重点，依法开展地方政府债务审计监督。

一些地方人大及政府财政部门、审计部门的同志参加了视频会议并作会议交流发言。

各地同志在发言中表示，要按照中办印发《意见》部署要求，贯彻落实栗战书委员长讲话精神，结合本地区实际，要严格依照预算法等法律规定，规范工作程序，完善工作机制，切实把党中央明确交给地方人大的这项重要任务完成好，把这项重要法定职责履行好；要认真把握好地方政府债务管理面临的新形势新任务新要求，细化完善预算决算草案和报告中政府债务的内容，健全政府向人大报告政府债务机制，提高债务资金使用效益，切实防范化解政府债务风险；要结合审计职能定位和地区实际，持续跟踪监督地方政府债务风险化解情况，加大政府专项债务审计力度，扎实做好审计发现问题督促整改，进一步推动审计监督与人大监督、财政监督的有机贯通、相互协调，形成监督合力，提升监督成效。

资料来源： 全媒体记者李小健，实习记者蔺少春. 切实推动地方人大加强对政府债务的审查监督 [EB/OL]. (2021 - 08 - 27). http://www.npc.gov.cn/npc/c30834/202108/80217b928f4e426588288fce416b4ea5. shtml.

第三节　人大对地方政府债务审查监督的程序

当前，除了人大代表和人大会议以外，人大层面设立了专门负责预算审查的机构。全国人大层面负责预算审查监督的机构有两个，分别是全国人大财政经济委员会和全国人大预算工作委员会。两个机构是由全国人大和全国人大常委会分别设立的，属性也各不相同，属于分设并行的关系。由于《预算法》中没有明确对各级人民代表大会的预算负责机构作出要求，因此在实践中各地市人大具体设置方式不一，但大多也是由各级人大的财经委和预工委组成。

目前，人大对地方政府债务的监督覆盖了预算草案、预算调整方案和决算草案审查批准和预算执行监督的全流程和全生命周期，下面就不同流程进行阐述。

一、预算草案审批中的地方政府债务审查监督

（一）预算草案初步审查阶段

预算草案是未经法定程序审查和批准的财政收支计划。在中央层面的预算草案中，会列明中央财政国债余额限额、地方政府一般债务余额限额、专项债务余额限额等数额报请全国人大批准。在各级地方预算草案中，国务院或者上级政府的债务限额还没有正式下达。省一级政府预算草案会列示新增举借债务和政府债务偿还的情况，包括财政部提前下达的新增债务限额以及拟向财政部申请发行再融资债券等偿债方式。全国人民代表大会批准全国地方政府债务限额后正式下达，收到全年限额后，省政府将及时向省人大常委会报告预算调整方案。市县政府也是照此办理。

对预算方案的初步审查，是各级人大监督政府债务预算审批的起点，也是之后预算审批阶段的质量保证。《预算法》明确了预算初审的时间、内容和初审方式，各级人大在执行中，也根据《预算法》的要求制定适合本地区的预算审查监督条例。根据《预算法》第六十九条的规定，各级财政部门应在本级人民代表大会召开前三十日向省级人大有关专委会提交预算草案的初步方案并进行初审。

1. 初审过程前的准备

在预算草案初审前，各级人大常委会预算监督等工作机构，通过召开专家座谈会、实地调研、组织人大代表视察等形式，加强对政府债务的调查研究。对拟安排的新增债务规模和限额分配、再融资债券发行额的情况，以及拟安排的新增项目的绩效目标设置、项目储备等情况有初步的了解。此外，

各级人大代表参加政府部门进行的对债务资金建设项目的事前评估，并提出有针对性的意见，为人大财政经济委员会等机构对地方债务审查打好基础。

2. 初审具体过程

初审的具体负责单位是各级人大财政经济委员会和预算工作委员会。在对政府预算草案进行初步审查或对债务开展专题审议时，有政府相关部门的负责人到场，听取各级人大财政经济委员会对政府预算草案的意见和问询。针对预算草案，人大会初步审查上一年度地方政府债务发行、资金使用情况和偿还以及债务风险，还会重点关注本年度举债的项目、资金用途、债务清偿计划等，对债务的中长期可持续发展等情况作出有效评估。各级人民政府财政部门应当在收到财经委员会的初步审查意见后 10 日内，将研究处理情况书面反馈财经委员会。

（二）预算草案审查批准阶段

根据《预算法》规定，在各级人民代表大会期间，预算草案要经过预算审批阶段进行修改完善后，提交大会进行审查批准。在听取财政经济委员会或预算委员会等有关专门委员会提出审查结果报告后，各级人民代表大会依法作出相关决议。

1. 具体审查批准过程

会议期间，各级政府依法向本级人大或其常委会提出预算草案报告，各代表团或常委会组成人员对报告的内容进行审议。财经委和预工委提出审查结果报告，包括对地方政府债券项目的绩效目标审查，向大会主席团或常委会会议作报告，各级人民代表大会依法作出相关决议。各级人大常委会根据审议情况，对地方政府债务预算草案作出审批决议。在各级人大常委会审查和批准预算草案时，各级人民政府及其财政等部门的相关负责人列席会议，听取审议意见，并对审议涉及的相关问题进行说明，回答询问。

2. 有关政府债务报表审查的要求

上一年政府预算执行或截止报告月执行表，应当反映本级政府、下级政府的上一年度债务情况。本年度政府债务预算收支安排情况表，应当反映本级政府、下级政府的债务限额和预计余额情况。政府债务指标情况表，应当反映上一年度或截止报告月本级政府、下级政府的债务率、偿债资金保障倍数、利息支出率等债务风险评估指标情况。专项债务表应当反映上一年度或截止报告月本级政府专项债券收入、支出、还本付息及专项收入的情况。

3. 有关政府债务限额的要求

地方政府债务限额是各级政府在财政部下达的年度债务限额之内，审视本地区实际情况、统筹考虑之前年度债务水平和本年度战略发展需要的前提下，科学编制的分配方案，在实际方案下达时要抄送人大常委会相关工作机构。各级人大综合本地区各级政府的综合财力，按正向激励、统筹平衡的原则，对本级政府和下级政府分配的新增债务限额，包括一般债务和专项债务总规模的合理性进行审查。同时，对再融资券的规模、中央下拨特别国债、核准举借国外贷款等特殊情况，人大也会对其规模合理性进行审查。

4. 对政府相关部门的反馈开展监督

在预算草案经本级人大和常委会批准后，各级人大常委会按规定及时将关于预算的决议及其相应的审查结果和有关审议的意见，送本级政府研究处理。各级政府及其财政部门要认真研究，并在规定的期限内，向本级人大常委会报告研究处理结果。

二、预算调整方案审批中的地方政府债务审查监督

预算调整是指经全国人民代表大会批准的中央预算和经地方各级人民代表大会批准的本级预算，在执行中因特殊情况需要增加支出或者减少收入，使原批准的收支平衡的预算总支出超过总收入，或者使原批准的预算中举借债务的数额增加的部分变更。由于我国全国人民代表大会开会的时间与省、市、县级人民代表大会开会的时间不一致，在全国人大或其常委会批准地方政府发债限额后，省、自治区、直辖市依照国务院下达的限额举借的债务，列入本级预算调整方案，报本级人民代表大会常务委员会批准。市县政府如需要发债，由省级政府代理。省级政府在国务院下达的限额内，向市县政府

下达举债额度，市县政府列入本级政府预算调整方案，报本级人民代表大会常务委员会批准。

预算调整方案也需要进行初步审查和审查批准阶段。在人大常委会举行前的三十日，政府财政部门将本级的预算调整方案提交人大专门委员会和常委会相关工作机构进行初步审查，人大相关机构对预算调整方案进行初步审查，征求人大代表等的意见，提出审议意见交财政部门办理，财政部门反馈对初步审查审议意见的办理情况，人大常委会听取和审议政府本级预算调整方案的说明、人大专门委员会和常委会相关工作机构的预算调整审查的结果报告，人大常委会批准决定预算的调整方案。

三、预算执行中的地方政府债务监督

各级政府财政部门按照季度向本级人大预算监督工作机构提供政府债务报表，反映政府债券发行、资金下达和政府债务还本付息情况，包括月度财政收支报表中的债务收支情况报表等。对于政府债券的发行使用、资金投向、资金管理、项目运行和绩效、项目库建设等，向本级人大预算监督工作机构书面报送。各级人大预算监督工作机构采用专题审议、专题调研、组织人大代表视察等形式，依法对债务资金预算执行情况进行监督。

四、决算草案审批中的地方政府债务审查监督

在对决算草案进行审查的过程中，各级人大常委会要求对决算报告进行细化，将政府债务资金有关内容纳入决算的审查，重点审查是否存在虚列收入、隐瞒支出和超出预算支出的问题，是否在批准的限额之外形成新的债务，以及债务资金有无挪用、长期闲置、损失浪费等情况。各级财政、审计等部门对项目实施情况和政府债务资金使用进行绩效评价或绩效审计时，邀请人大代表以及同级人大常委会预算监督工作机构参加。决算草案经同级人大常委会批准后，人大常委会按规定及时将关于决算的决议和有关审议意见等送达各级政府，各级政府认真研究、及时反馈。

专栏 7-2 如何加强地方人大对政府债务审查监督?

近年来,如何加强人大对政府债务审查监督工作一直是社会关注的焦点。2021 年 6 月,中共中央办公厅印发《关于加强地方人大对政府债务审查监督的意见》(以下简称《意见》),9 月,全国人大常委会办公厅、全国人大常委会法工委、全国人大常委会预算工委举行"加强人民代表大会制度建设发展中国特色社会主义民主"集体采访,在回答记者就下一步如何做好《意见》的贯彻落实工作时,全国人大常委会预算工委办公室主任刁义俊表示,全国人大及其常委会始终将加强地方政府债务审查监督作为预算决算审查监督的重点。《意见》就推动完善政府预算决算草案和报告中有关政府债务的内容、规范人大审查监督政府债务的内容和程序、加强人大对政府债务风险管控的监督、加强组织保障等作出明确规定,并提出了工作要求。刁义俊指出,全国人大常委会高度重视,栗战书委员长作出批示并主持召开座谈会,对贯彻落实党中央决策部署、推动地方人大加强政府债务审查监督提出明确要求。7 月,全国人大财经委、常委会预算工委组织召开全国视频会议,邀请财政部、审计署负责同志参加会议,对贯彻落实党中央文件精神提出意见建议要求。下一步将推动地方人大把加强政府债务审查监督与进一步深化人大预算审查监督重点拓展、落实审计查出突出问题整改跟踪监督、推进预算联网监督工作有机结合起来,推动政府债务审批、举借、使用、偿还和管理规范化。

对于下一步围绕贯彻落实《意见》的主要工作,刁义俊介绍,围绕贯彻落实《意见》,全国人大常委会预算工委正在起草《关于推动贯彻落实〈关于加强地方人大对政府债务审查监督的意见〉的实施意见》(代拟稿)。按程序报批后,拟由全国人大常委会办公厅印发。刁义俊表示,全国人大常委会预算工委将进一步加强与地方人大的联系交流,跟踪《意见》的贯彻落实情况,及时总结经验做法,把党中央的部署要求持续深入贯彻好落实好。刁义俊说,常委会预算工委将加强与国务院财政、审计等部门的沟通联系,研究解决贯彻落实中遇到的新情况新问题,推动财政部门进一步完善地方政府债务管理制度,推动审计机关进一步探索对政府债务情况开展全口径、全过程审计监督。

此外，刁义俊强调，全国人大及其常委会在审查批准年度预算、决算和监督预算执行中，通过听取政府专项工作报告和开展执法检查、专题调研、专题询问等方式，进一步加强对地方政府债务的审查监督。同时，推动地方人大把加强政府债务审查监督与进一步深化人大预算审查监督重点拓展、落实审计查出突出问题整改跟踪监督、推进预算联网监督工作有机结合起来，推动政府债务审批、举借、使用、偿还和管理规范化，形成改革的政策集成和效果集成，积极做好加强地方政府债务监督、防范化解债务风险工作。

资料来源：根据集体采访答记者问整理而成。

第四节　人大对地方政府债务审查监督中存在的问题

随着发行规模的迅速增加，以及债务风险的增大，各级人大都逐步加强了对地方政府债务的监督。特别是2021年6月，中共中央办公厅印发了《关于加强地方人大对政府债务审查监督的意见》，有力地推动了地方人大对地方政府债务审查监督工作的开展，有些地方也相应制定和颁布了本地区的监督意见，监督工作取得了积极成效。同时，还存在一些有待完善的问题，需要研究逐步解决。

一、人大对地方政府债务监督的法律制度不够健全

目前，虽然《宪法》《预算法》《各级人民代表大会常务委员会监督法》以及各级人大组织法赋予了人大对地方政府债务监督的法律地位，但是上述法律制度以原则性规范为主，不少法律条款缺乏可操作性。而在政府债务发展中，其债券发行、流通、资金使用、偿还，涉及很多具体问题，如果缺少具体的监督制度与上述法律制度相配套，缺少人大对地方政府债务监督的具体法律条文，特别是对地方人大进行债务监督做出规定的相关具体政策，则必然导致在实践中人大监管难以发挥有效作用。以地方政府债券发行为例，仅监督债务限额的分配、债务资金预算执行的进度还不够，还要监督债券资

金项目库的建设，涉及财政、发改，以及诸多政府部门，如何进行监督就是很现实的问题。如果建设项目的前期论证、准备工作不扎实，实施过程中就可能出现资金闲置、浪费等问题。

因此，从人大对地方政府债务监督的实际效果分析，需要进一步完善各项法律制度的配套制度建设，将目前大量存在的各种意见、规范提升为可操作性强的具体法律制度，才能将人大对地方政府债务的监督落到实处。

二、各级人大对地方政府债务缺少问责监督

在法律实践中，如果有关违法的单位和个人得不到惩处，则法律实施效果就大打折扣。从对地方政府债务监督的实际情况看，各级人大对地方政府债务监管问责力度不够，对有关单位和个人处罚的案例较少、对审计发现的问题的整改工作监督力度不够。各级人大对地方政府违规举债、利用政策漏洞举借隐性债务的问题，大多采用责令整改的方式，并要求政府相关部门对整改作出反馈。在实践中很难看到人大或相关部门对违规举债有关单位和个人进行处罚的案例，单单依靠责令整改不能让监督确有其成效。通过阅读审计报告可以发现，地方政府会出现预算编制没能做到细化、部分预算不能够及时有效调整和下达、债务资金使用效率不高，以及持续出现不合理使用财政资金的投资项目等屡审屡犯的问题。可见，人大对此类问题的问责监督力度不够。

三、尚未实现对地方政府债务全过程、全生命周期的监督

目前，地方政府债务形态较为复杂，债券债务监督涉及借、用、管、还等全生命周期。除债券债务等显性债务外，地方政府还有隐性债务的问题。各级人大在监督过程中，还存在一些问题。

（一）人大对地方政府隐性债务监管还不到位

各级人大对地方政府债务监督，还多局限于监督纳入预算管理的地方

政府债券债务，对地方投融资平台债务等隐性债务，则存在着监管不到位的情况，某些地方政府债务仍游走于预算之外的灰色地带，亟待人大进行更严格的审查监督。隐性地方债务的防范化解，是政府现阶段的工作重点之一，人大对地方政府隐性债务的监管，一直是人大工作的薄弱之处，而隐性债务有着复杂化的特征，且一旦显性化，将会给地方政府债务管理带来较大的风险。

（二）人大对债务项目管理尚未做到全口径全过程监督

所谓全口径是指政府所花的每一笔债务资金，都要受到人大有效的审查和监督。所谓全过程，是各级人大及其常委会对地方政府债务，从各个环节和全部流程进行监督。现在的人大债务监督更多的是对预算、决算层面进行监督，未能做到对项目的立项、债务资金的使用、项目的运营、债务还本付息进行全过程的监督，也未能做到对地方债务的目的、用途、责任追究等进行全方面的监督。

（三）各级人大对地方债务管理绩效的监督有待加强

目前地方政府债务资金建设项目的绩效评价还处于起步阶段，专项债券财政部已发布了绩效管理办法，一般债券尚无制度规范，各地区仍在探索，给人大监督带来了相应的困难。人大委托第三方进行绩效评估，需要进行招投标等一系列操作，周期较长，与人大监管的要求有一定差距。在具体评价技术方面，绩效评价指标容易出现难以选取或者选取不科学的情况，地方政府债务信息披露得不完全、不透明，也会造成评价难以开展。此外，现在的绩效评估主要仍停留在对支出绩效的事后评价，难以做到全生命周期的绩效评价，人大监管出现治标不治本的问题。

四、各级人大对地方政府债务监督的实际效果不理想

从近年来地方政府债务增长及债务风险蔓延的情况看，各级人大的监督发挥了积极作用，但实际效果仍不够理想。主要原因包括以下几点。

（一）各级人大对债务审议、评估的时间较短

在现行体制下，各级政府的预决算报告、预算调整报告报送各级人大审查的时间较短，人大在有限的时间内难以充分运用专题调研、质询等方式，对地方政府债券的相关项目开展有效监督把控。各级人大难以从债务资金申请、分配、使用、偿还等全方位、多角度对债务进行监督，主要依靠对有关报告、报表中的相关数字进行审核、监督，且存在着一定的滞后性。

（二）各级人大对地方政府风险监督的制度建设不到位

当前各级人大缺乏监督各级地方政府债务风险评估、预警和应急处理机制的具体制度，主要依靠国务院以及财政部制定的有关风险控制指标进行监管，缺乏相对的独立性和超前性。

（三）人大对地方政府债务以法定程序监督为主，实质性监督较弱

尽管自 2018 年以来，各级人大对地方政府债务的监督力度和监督效果有了很大提升，但采取的方式依然是在地方"两会"期间对地方政府债务进行资料性监督，难以做到在整个预算年度内持续跟进相关项目，对此类项目进行动态的监督考察，对地方政府债务实施实质性监督的力度并不到位。

从地方政府公开的预决算情况来看，地方政府普遍在上一年度预决算执行情况表和本年度预决算草案中对政府债务情况作出披露，包括一般债务和专项债务的限额和余额、债务年限和剩余年限、债务还本付息情况等有关指标，披露方式较为简略。对与地方债务风险情况关系较为密切、资金绩效领域较为核心的债务率、偿债资金保障倍数等评估指标，披露得不够完整，可能导致地方人大对地方政府债务的监督难以掌握重点，也会导致实质性监督薄弱。

五、各级人大缺少债务预算监管的专业人才

一是各级人大财政经济委员会和预算工作委员会受制于部门人员的编制限制，专业化的审查监督人才配备有限，面对金额巨大的财政预算收支计划

和数量众多的预算科目，很难做到对每条每项进行实质性的初步审查。

二是人大代表背景各异导致预算审查监督水平不一。各级人大对地方债务的监督会涉及资金绩效评估、债务风险评估、中期预算编制等非常专业的内容，而地市一级或区县一级的人大代表，由于背景不一，对预算监督工作熟悉的人才较少，在"两会"期间，很难全面把握政府预算草案中的细节内容，对债务资金的监管有限。

三是聘请第三方机构进行审查有时也会影响预算监督的质量。2015年修正后的《预算法》实施之后，部分省市重新颁布或修订了预算审查监督条例，大部分提到可以聘请社会第三方机构或者高校专家学者，但第三方机构以及专家学者的专业水平也是参差不齐，如选择不当，也会影响评估的质量，给人大监督带来负面影响。

六、人大对地方政府债务的监管缺少信息协同和部门合作

地方政府债务资金的借、用、管、还涉及众多部门和单位，在我国各部门、各单位信息孤岛现象尚未彻底打破的条件下，给人大地方政府债务监督带来了一定的困难，部门之间协调不畅，信息难以共享，地方政府债务监督难以达到预期效果。

第五节　人大对地方政府债务审查监督的改进建议

根据上述各级人大在地方政府债务监督中存在的问题，结合我国"十四五"时期和2035年经济社会发展的需要，对改进各级人大对地方政府债务监督工作，提出以下政策建议。

一、建立健全人大监督地方政府债务的法律法规和配套制度

对《各级人民代表大会常务委员会监督法》在现有的基础上做出进一步

修订，增设人大对地方政府债务进行监督的详细规范，包括监督的主客体、方式方法、途径、反馈机制和问责机制等。需对人大监督预算单独制定一部法律，通过立法的形式对地方政府的债务口径和偿债责任、地方人大的审批责任、审计机关的审计责任作出规定，对违法行为制定具体惩罚措施，规范人大监督预算的各项具体办法。对《预算法》《各级人民代表大会常务委员会监督法》中有关预算责任和预算监管的制度也要作出修订，完善预算编制执行监督中的主体责任。并且各级人大要根据相关的《各级人民代表大会常务委员会监督法》《预算法》《审计法》等对本级人大的实施办法作出具体的规定。

各级政府要在人大常委会审议意见和决议的框架之下，对政府债务的预算管理、偿债准备金的筹集与使用、地方债融资资金管理与绩效评价、政府投资公司债务管理等内容，进一步明确标准，细化完善相关配套制度，从而规范各地方政府债务管理工作，真正实现"借的来，用的好，还的起"的地方债管理政务目标。各省、自治区、直辖市人民代表大会及常务委员会要在国家的顶层设计下，制定出台地方性法规，通过立法"开明渠、堵阴沟、建防火墙"，强化对政府债务的监督。

二、加强人大对地方政府债务管理中违法违规部门及人员的问责力度

从目前地方政府违约举债的情况看，各级人大及其常委会要加强对以下领域的监管。

一是以政府投资基金、政府和社会资本合作（PPP）、政府购买服务等名义变相举债行为，以及通过地方国有企业变相进行融资等问题，全面审查其有无变相举债行为，并依法查处。

二是各级人大及其常委会要加强对下一级人大及其常委会违法担保、承诺等行为的监督。各级人大及其常委会都不能违法为政府举债融资提供担保或作出决议、决定，如果发现，应由上一级人大及其常委会撤销相关决议、决定并且对作出决议、决定的人大及其常委会依法依规实施问责。

三是监管地方政府是否存在使用债务资金建设形象工程、政绩工程，重点审查政府是否存在建设可用市场化方式实施的项目，以及超越本地区财力可能的项目，并且存在将债务资金用于经常性项目支出和挤占、截留、挪用、出借、长期闲置债务资金等行为。

四是加强对审计反映出的债务问题加强监督。各级审计部门会对地方政府债务资金使用做出专项审计，各级人大常委会财政经济委员会及相关工作机构，要将审计暴露出的地方政府债务的有关问题，移交给各级政府。由各级政府及其财政部门纳入各级政府审计整改计划，按规定时间向各级人大常委会报告整改结果，各级人大常委会预算监督工作机构应对整改情况进行跟踪监督。通过加强上述领域的监督，及时查处有关机构和人员，树立政府债务管理的法治性和严肃性。

三、加强各级人大全口径、全过程地方政府债务监督

各级人大全口径、全过程地方政府债务监督的重点包括以下几点。

一是对债务资金的借、用、管、还等各个环节进行规范监督，从源头上全方位进行监督。同时，要求财政部门将地方政府债务以三年为一个周期编入中期预算，对一个中期预算期间内未来地方债的还本付息额、发行额等数据做出合理预测，并且编制滚动预算，设计科学合理的偿债计划，防止出现偿债高峰期和债务风险。

二是加强隐性债务监督。各级人大常委会或相关专委会在对预算决算草案初审、预算调整方案审查、预算执行监督时，同时审查政府隐性债务化解情况，针对政府隐性债务应重点问询，对可能造成隐性债务的项目，应对其严格监管。

三是加强绩效监管。各级人大加强地方政府债务绩效监管，听取各级政府财政部门关于债券资金建设项目全生命周期绩效评价的报告，必要时可以聘请第三方机构和专家学者对地方政府债务的项目开展绩效评价。

四是推动政府债务信息公开透明。各级人大要重点落实各级政府建立统一的政府债务信息披露机制，明确地方政府债务的披露责任，规范其披露的

内容、时间截点和相应渠道，使地方政府债务的类别、规模大小、剩余期限、层级等信息都能公开透明并且在社会的监督之下，从而为社会、市场和监管机关传达出全面真实有效的地方政府债务信息。

四、提升各级人大对地方政府债务的审查监督效果

提升各级人大对地方政府债务的监督效果的重点包括以下几点。

一是强化人大预算审议前对地方政府债务问题的介入。做到事前介入、事中监控、事后反馈总结，让人大代表有充足的时间深入对相关政府项目进行调研、审议。即在预算审议前，由人大财经委员会或预算工作委员会针对地方政府债务管理重点问题，组织有人大代表参加的座谈会、专题审议会、专题调查，明确问题，分析原因，提出解决的思路，为正式审议预算时，对政府债务重点问题进行监督奠定良好的基础。

二是提高人大对地方政府债务的监管质量。由于人民代表大会期间会议议程较多，在有限的时间内提高审查批准的质量成为各级人大努力实现的主要目标。因此，各地一方面可以开展对人大代表关于预算审查监督的培训；另一方面，按照《预算法》的要求，提高预算草案编制的详细程度，便于人大代表审查和监督。

三是监督各级地方政府建立完善债务风险评估预警和应急处理机制。各级人大要实时审查政府债务管理情况，定期对地方债务风险进行分析评估并对存在一定风险的项目作出警示，并且检查地方政府防范化解风险的相关措施。尤其是作为偿债主要来源的一般公共预算收入、土地出让收入，其未来增长情况要合理预测，如存在可能的风险，必要时要启动应急处理措施。

五、加强专业队伍建设，综合运用各种方式进行监督

根据各级人大加强对地方政府债务监督的需要，针对其技术性强、专业要求高、业务量大的特点。首先，进一步加强各级人大财政经济委员会、预

算工作委员会等专门委员会的专业队伍建设，积极开展现有工作人员的业务培训，邀请高校、智库和科研研究所专业人员开展专题培训，学习预算监督的理论基础和实务应用，提高工作人员的专业水平。把政府债务审查监督干部队伍建设作为加强人大预算监督的基础性工作来抓，选好配强专业人才。其次，加强人才引进的力度，吸引更多专业人才加入各级人大财政经济委员会、预算工作委员会等专门委员会的队伍。再次，聘请具有相关资质的第三方机构和专家学者，共同参与地方政府债务监督工作，特别是对专业性要求较强的滚动预算编制和项目绩效评估等。另外，运用各种监督方式，增强监督效果。例如，各级人大每年听取一次同级地方政府关于地方政府债务的专项工作报告，并且依法开展专题询问；使用预算联网监督系统对政府债务的全过程加强监管；发挥各级人大预算监督研究基地的作用，探索如何有效引入专家评估、第三方评价等方法，增强监督的有效性；对政府综合财务报告进行分析，明确各级政府整体财政情况、财政运行情况，有利于更好监督政府债务管理工作。

六、加强地方政府债务审查监督的组织建设和部门之间协调

首先，各级党委要加强地方政府债务风险化解的组织领导工作，把握总体方针政策和工作方向，为各级人大及其常委会依法加强对政府债务的审查监督做好支持，着力解决地方政府债务风险防范化解中的重点难点问题，保障党中央决策部署坚决落地执行，坚守不出现系统性、区域性风险的红线。其次，以中共中央办公厅《关于加强地方人大对政府债务审查监督的意见》为指导纲领，各级人大及其常委会要依法落实对政府债务的审查监督工作，全面、完整、有效地对地方政府债务开展监督。结合各地实际情况，完善预决算审查、预决算执行、审计监察问题落实的程序机制，提高政府债务的透明度，增强社会、市场的投资决策信心。此外，要进一步落实好人大预算审查监督重点向预算支出和政策拓展的国家改革部署要求，带动人大及其常委会各项监督工作的有效进展。在此，各级政府以及有关部门要严格按照法律规定配合各级人大及其常委会的监督工作开展。出台相关政府债务管理制度，

不断完善预算草案、预算调整方案中的内容，及时合规地送达给各级人大进行审议。对待人大提出的建议和质询，要及时回复、落实整改并提交反馈，让地方各级人大实现"实质化"监督。地方各级审计机关依法加强对政府债务的审计监督，加强对风险预警地区的审计，揭示反映问题，提出审计建议，推动完善政府债务管理制度，有效防范化解政府债务风险。另外，对于各级人大之间的协作，人大常委会预算工作委员会要和其下一级的预算工作委员会进行交流沟通，做好对本级人大及其常委会和财政经济委员会等专门机构审查政府债务的服务保障工作。

第八章

建立人大对审计查出问题整改情况监督制度

本章导读：审计监督是党和国家监督体系中的重要组成部分，审计整改是实现审计工作目标、发挥审计监督作用的重要环节。习近平总书记高度重视审计查出问题整改工作，多次作出重要指示批示，要求各有关部门依法自觉接受审计监督，认真整改审计查出的问题，深入研究和采纳审计提出的建议，完善各领域政策措施和制度规则。2021年新修订的《审计法》明确了党对审计工作的领导，强化了顶层设计，拓展了审计范围，优化了审计监督手段，强化了审计整改跟踪，健全了审计工作机制，提升了审计制度支撑人大依法履职的效力。立足新时代，熟悉审计制度支撑人大履职的相关法律法规，把握审计监督以及审计整改监督的重点和方式，运用好审计结果，是人大代表践行新使命、实现新作为的必修课。本章梳理了我国新时代人大对审计查出问题整改情况的顶层设计，阐述人大对审计查出问题整改情况监督的意义，同时对新形势下人大对审计查出问题整改情况监督的重点内容和方式进行了总结，结合近年来地方人大具体的实践探索，归纳了新时代下人大对审计整改监督实践中仍存在的问题及部分地区的创新做法。

第一节　人大对审计查出问题整改情况监督的意义

一、人大对审计查出问题整改情况监督制度建立的背景

（一）审计查出问题整改效果亟须提升

审计作为一种经济监督活动由来已久，1999年审计署关于中央预算执行和其他财政收支的审计报告首次公开披露以后，社会公众高度关注，尤其在2003年、2004年更是引发了一场严查"乱管理、乱投资和违规挪用资金"的"审计风暴"。公众除了对审计所暴露的问题感兴趣以外，更加关心的是，查出来的问题是否得到了解决、有关单位或部门及其直接责任人员甚至领导人是否被追究了责任等。但现实中随着大大小小"审计风暴"查出的违法违规金额逐年攀升，"屡审屡犯""屡禁不止""审而不改"现象时常涌现，审计查出问题难以脱离"审计→整改→再审计→再整改"的恶性循环，这说明整改效果不够理想，从体制制度上建立根本解决问题的机制还不够，审计监督的作用没有得到充分发挥，人大推动审计查出问题整改工作的力度还需要进一步加强。加强对审计查出突出问题的整改工作，全国人大代表和社会公众有着强烈的呼声。

（二）人大预算监督制度对国家治理的支撑作用越来越强

进入新时代，以习近平同志为核心的党中央把加强人大预算决算审查监督、国有资产监督职能，作为坚持和完善人民代表大会制度、完善国家监督体系、推进国家治理体系和治理能力现代化的一个重要内容，作出一系列重要决策部署，提出一系列重要改革举措。在此背景下，拓展人大预算审查监督的范围，加快建立人大对审计查出问题整改情况监督制度成为改革的重要内容之一，通过加强人大对审计整改监督，进一步健全全国人大常委会监督工作制度，推进审计查出问题整改工作制度化、长效化，增强监督的针对性和实效性，推动审计查出问题的整改工作落实到位，建立健全全面规范、公

开透明的预算制度，切实把财政资金管好、用好，更好发挥人大在国家治理体系和治理能力现代化中的重要作用。

二、党的十八大以来人大加强对审计查出问题整改情况顶层设计

人大对审计查出问题整改情况监督作为一种监督制度和机制与国家治理现代化密不可分。建立完善的人大对审计查出问题整改情况监督制度不仅关涉制度本身是否健全合理，更关涉制度的执行力和国家的治理能力。依法开展审计，对于维护财政经济秩序，促进廉政建设，保障国民经济健康发展，都具有重要作用。党的十八大以来，以习近平同志为核心的党中央就治国理政提出了许多新思想、新观点、新论断，深刻回答了新的历史条件下党和国家发展的重大理论和现实问题。党的十八届三中全会《中共中央关于全面深化改革若干重大问题的决定》明确指出，全面深化改革的总目标是完善和发展中国特色社会主义制度，推进国家治理体系和治理能力现代化。这一决定为全面深化改革确立了重大原则、方针政策和总体方案。此后，各领域的顶层设计及改革方案陆续出台，其中就包括《关于改进审计查出突出问题整改情况向全国人大常委会报告机制的意见》等。这表明加强对审计查出问题整改情况的监督不仅是为了更好地解决屡审屡犯、屡改屡犯的审计难题，更是努力实现国家治理现代化的重要一步。

（一）法律法规

从法律法规来看，为了满足新时代下预算管理改革，加快建立全面规范、公开透明的现代预算制度，深化财税体制改革，以及依法治国的迫切需要。修正后的《预算法》实现了由管理法向控权法的转型，由过去的政府管理法变成了规范政府、管理政府的法，充分发挥其在提高财政资金的使用效率以及优化资源配置方面的重要作用。从审计监督方面来看，《预算法》第七十七条和第七十九条明确了审计是人大审查和批准决算草案的前提，同时人大审查决算草案时应当结合上一年度的审计工作报告。因而，审计制度为人大

预算监督提供了一定的基础。① 同时，党的十九大以来，党中央作出改革审计管理体制的重大决策部署，组建中央审计委员会，加强党对审计工作的集中统一领导；整合优化审计监督力量，将国家发展改革委的重大项目稽察、财政部的中央预算执行情况和其他财政收支情况的监督检查、国务院国资委的国有企业领导干部经济责任审计和国有重点大型企业监事会的职责划入审计署。党中央、国务院对审计工作的有关要求逐步转化为法律规定的必要性并不断凸显，2021 年十三届全国人大常委会第三十一次会议表决通过关于修改审计法的决定。从审计监督方面来看，在最新修订的《审计法》第四条中对审计工作报告的内容做了扩充，增加了"决算草案""预算执行绩效""国有资源""国有资产"和"审计问题整改"。② 从制度上将近年来人大监督不断拓展的范围巩固了下来，为人大依法履职提供了重要制度支撑。

（二）重要文件

除了颁布法律法规外，党中央、国务院和全国人大印发多项涉及人大对审计查出问题整改情况监督的重要文件。

2015 年，为了贯彻落实党的十八大和十八届三中、四中全会精神，按照中央全面深化改革领导小组的统一部署和全国人大常委会的统一安排，全国人大常委会预算工委牵头承担了"加强人大预算决算审查监督、国有资产监督职能"的改革任务。《关于改进审计查出突出问题整改情况向全国人大常委会报告机制的意见》（以下简称《报告机制意见》）成为改革的重要举措之

---

① 《预算法》第七十七条：国务院财政部门编制中央决算草案，经国务院审计部门审计后，报国务院审定，由国务院提请全国人民代表大会常务委员会审查和批准。县级以上地方各级政府财政部门编制本级决算草案，经本级政府审计部门审计后，报本级政府审定，由本级政府提请本级人民代表大会常务委员会审查和批准。乡、民族乡、镇政府编制本级决算草案，提请本级人民代表大会审查和批准。第七十九条：县级以上各级人民代表大会常务委员会和乡、民族乡、镇人民代表大会对本级决算草案，……县级以上各级人民代表大会常务委员会应当结合本级政府提出的上一年度预算执行和其他财政收支的审计工作报告，对本级决算草案进行审查。

② 《审计法》第四条第二款：国务院和县级以上地方人民政府应当将审计工作报告中指出的问题的整改情况和处理结果向本级人民代表大会常务委员会报告。第五十二条：被审计单位应当按照规定时间整改审计查出的问题，将整改情况报告审计机关，同时向本级人民政府或者有关主管机关、单位报告，并按照规定向社会公布。各级人民政府和有关主管机关、单位应当督促被审计单位整改审计查出的问题。审计机关应当对被审计单位整改情况进行跟踪检查。审计结果以及整改情况应当作为考核、任免、奖惩领导干部和制定政策、完善制度的重要参考；拒不整改或者整改时弄虚作假的，依法追究法律责任。

一，其目的是健全全国人大常委会监督工作制度，推进审计整改工作制度化、长效化，增强监督的针对性和实效性，更好发挥全国人大常委会的重要作用。全国人大常委会要把宪法和法律赋予的监督权用起来，实行正确监督、有效监督，把听取和审议审计查出突出问题整改情况报告，同开展专题询问等监督形式结合起来，把督促审计查出突出问题整改工作同审查监督政府、部门预算决算工作结合起来，改进报告方式，加强督促办理，增强监督实效。从主要措施来看，《报告机制意见》从审计查出突出问题整改情况报告时间、报告主体、报告形式、报告内容、被审计部门单位派人到会听取意见安排及跟踪调研等方面作出了明确部署，标志着全国人大常委会听取和审议国务院关于审计查出问题整改情况报告成为一项常态化监督工作。

2018年，为了满足党的十八届三中全会提出的预算审核的重点由平衡状态、赤字规模向支出预算和政策拓展；加强人大预算决算审查监督、国有资产监督职能，弥补过去政府预算审核管理和人大预算审查监督对支出预算和政策、财政资金使用绩效和政策实施效果关注不足的问题，中共中央办公厅印发了《关于人大预算审查监督重点向支出预算和政策拓展的指导意见》，将人大对审计查出问题整改情况监督作为重要改革内容之一。明确要求将人大对审计查出问题整改落实情况贯彻于支出预算和政策的全口径与全过程之中。在总体要求上，要求坚持问题导向，紧紧围绕贯彻落实党中央重大方针政策和决策部署，结合审计查出的突出问题等，加强人大对相关支出预算和政策的审查监督，提出可行意见建议，着力推动解决突出矛盾，推动建立健全解决问题的长效机制。在主要内容上，重点审查监督部门预算中审计查出问题整改落实情况等。在程序和方法上，人大财政经济委员会结合审计查出问题探索开展预算专题审议。政府有关部门负责人应到会听取意见，回答询问。人大有关的专门委员会就重点支出项目开展调查研究，更好发挥人大专门委员会的专业特点和优势。

人大常委会开展整改情况监督的重点内容、方式方法、结果运用等规定还不够具体明确，实践中各地开展监督工作还不够均衡，监督深度和力度还需要加大，监督质量和效果还需要提高，审计结果运用和追责问责机制还不够完善，特别是推动从源头上整改审计查出突出问题还需要着力加强。为深入贯彻落实《报告机制意见》，解决上述存在的问题以适应新形势和新要求。2020 年，全国人大常委会办公厅印发了《关于进一步加强各级人大常委会对审计查出突出问题整改情况监督的意见》，其中从五个方面明确提出强化监督的主要措施：一是深化拓展监督内容。制定跟踪监督工作方案，方案主要内容包括确定突出问题、运用监督方式方法、使用监督结果等。围绕审计查出普遍存在的问题、反复出现的问题，结合问题性质、资金规模和以往整改情况等，确定跟踪监督的突出问题。督促政府完善整改情况报告和审计工作报告内容。二是用好监督方式方法。听取政府负责人作整改情况报告，也可委托审计机关主要负责人作报告。根据需要，人大常委会可听取存在审计查出突出问题责任部门单位的报告。综合运用专题询问、质询、特定问题调查等法定监督方式。通过座谈调研、实地察看、调阅资料等多种形式，提高跟踪监督质量。探索开展满意度测评。根据需要依法对审计工作报告、整改情况报告作出决议。三是强化监督结果运用。督促政府及有关部门单位落实人大常委会关于审计工作报告、整改情况报告的决议或审议意见。与纪检监察机关和审计、财政等部门建立整改工作联动机制，推动处理违纪违法问题。推动深化体制机制改革，努力做到防患于未然。推动建立健全审计结果及整改情况与政策完善和预算安排挂钩机制。四是与预算决算审查监督、国有资产监督紧密结合。加强整改情况监督，与审查决算草案和监督预算执行、加强国有资产监督、发挥人大代表作用、推进预算联网监督紧密结合。五是政府及其部门应当依法接受人大监督。政府应当健全审计查出问题整改工作机制。审计机关应当对整改情况进行跟踪检查。审计查出问题责任部门单位应当制定可行有效整改方案，积极整改。强化信息公开，自觉接受社会监督。

2021 年，中共中央办公厅、国务院办公厅印发《关于建立健全审计查出问题整改长效机制的意见》为审计查出问题整改工作提供了重要参考。其中，各级人大常委会要加强对审计查出问题整改情况的监督，推动政府及其部门依法接受人大监督，督促落实整改责任。听取和审议同级政府对审计整改情况的报告，必要时依法作出决议。综合运用听取和审议专项工作报告、质询、组织特定问题调查等方式，深化拓展监督内容，开展跟踪监督。根据需要对审计查出问题整改情况进行专题询问，探索开展对有关主管部门、被审计单位提交的整改情况进行满意度测评。监督中的重要情况及时按程序向同级党委请示报告。同时，该意见还明确各级人大常委会要强化监督结果运用，把审计查出问题及其整改情况，与人大开展预算决算审查监督、国有资产管理情况监督紧密结合，作为监督政府优化财政资源配置的参考。

经过以建立现代财政预算制度为目标的一系列改革推动，我国已基本建立起现代财政预算制度。1999年颁布的《全国人民代表大会常务委员会关于加强中央预算审查监督的决定》无法满足人大有效审查监督预算的现实需要，为了立足于现行预算运行新机制，满足新时代人大预算审查监督制度健全完善和工作创新发展的现实要求，2021年十三届全国人大常委会第二十八次会议表决通过新修订的《全国人民代表大会常务委员会关于加强中央预算审查监督的决定》，其在保留原有总体框架下，新增加强审计查出突出问题整改情况监督等四条内容，更好发挥全国人大代表作用（见表8－1）。具体来看，针对加强审计监督和审计查出问题整改情况监督重点主要涉及三个方面：一是加强对中央预算执行和决算的审计监督。审计工作报告全面客观反映审计查出的问题，揭示问题产生的原因，提出改进工作的建议。加强审计结果运用，完善审计查出问题整改工作机制，健全整改情况公开机制。二是对审计查出突出问题整改情况开展跟踪监督，推动建立健全整改长效机制。健全人大预算审查监督与纪检监察监督、审计监督的贯通协调机制，加强信息共享，形成监督合力。三是每年十二月全国人大常委会听取和审议国务院关于审计查出问题整改情况的报告，根据需要可以听取突出问题的单项整改情况报告。

表8－1　党的十八大以来人大对审计查出问题整改监督的法律及文件

年份	法律法规名称	人大对审计查出问题整改监督的内容
2014	《中华人民共和国预算法》（修正）	第七十七条和第七十九条：明确人大审查和批准决算草案的前提；人大审查决算草案时应当结合上一年度的审计工作报告
2015	《关于改进审计查出突出问题整改情况向全国人大常委会报告机制的意见》	把督促审计查出突出问题整改工作同审查监督政府、部门预算决算工作结合起来；明确报告时间、报告主体、改进报告形式、完善报告内容、被审计部门单位派人到会听取意见、开展跟踪调研、开展专题询问等

续表

年份	法律法规名称	人大对审计查出问题整改监督的内容
2018	《关于人大预算审查监督重点向支出预算和政策拓展的指导意见》	将人大对审计查出问题整改落实情况贯彻于支出预算和政策的全口径与全过程之中。人大财政经济委员会结合审计查出问题探索开展预算专题审议；人大有关的专门委员会就重点支出项目开展调查研究
2020	《关于进一步加强各级人大常委会对审计查出突出问题整改情况监督的意见》	制定跟踪监督工作方案；综合运用专题询问、质询、特定问题调查等法定监督方式，座谈调研、实地察看、调阅资料等形式，探索开展满意度测评；建立健全审计结果及整改情况与政策完善和预算安排挂钩机制；与预算决算审查监督、国有资产监督紧密结合等
2021	《关于建立健全审计查出问题整改长效机制的意见》	建立计划、实施、审理、整改的工作闭环。各级人大常委会加强对审计查出问题整改情况的监督，推动政府及其部门依法接受人大监督，督促落实整改责任。听取和审议同级政府对审计整改情况的报告，必要时依法做出决议；综合运用听取和审议专项工作报告、质询、组织特定问题调查等方式，开展跟踪监督；根据需要对审计查出问题整改情况进行专题询问，探索开展对有关主管部门、被审计单位提交的整改情况进行满意度测评。监督中的重要情况，及时按程序向同级党委请示报告；强化监督结果运用，把审计查出问题及其整改情况，与人大开展预算决算审查监督、国有资产管理情况监督紧密结合，作为监督政府优化财政资源配置的参考
2021	《全国人民代表大会常务委员会关于加强中央预算审查监督的决定》（修订）	加强对中央预算执行和决算的审计监督，加强审计结果运用，完善审计查出问题整改工作机制，健全整改情况公开机制；对审计查出突出问题整改情况开展跟踪监督，健全人大预算审查监督与纪检监察监督、审计监督的贯通协调机制；每年十二月全国人大常委会听取和审议国务院关于审计查出问题整改情况的报告，根据需要可以听取突出问题单项整改情况报告
2021	《中华人民共和国审计法》（修正）	第四条扩充：增加了"决算草案""预算执行绩效""国有资源""国有资产"和"审计问题整改"

资料来源：根据上述文件自行整理。

　　从上述相关法律法规与文件精神来看，审计制度支撑了人大依法履职，同时人大依法履职也对审计制度建设和审计工作提出了更高的要求。二者协同配合，形成监督合力，共同促进党和国家监督体系愈加完善，对权力运行的制约和监督得到进一步加强。

三、人大对审计查出问题整改情况监督的意义

审计监督是党和国家监督体系的重要组成部分，在国家治理中发挥着国家财产看门人、经济安全守护者等重要作用。听取和审议政府关于年度预算执行和其他财政收支的审计工作报告、审计查出问题整改情况报告，对审计查出突出问题整改情况开展跟踪监督，是各级人大及其常委会依法开展预算决算审查监督的重要方式。加强人大审计整改监督既符合法定要求，又满足建立现代财政制度的现实需要。建立对审计查出问题整改情况监督制度对落实审计查出整改问题、提升审计监督效力、发挥人大监督与审计监督合力、促进构建新时代现代财政制度等方面都具有重要意义。

（一）督促了审计查出问题整改的落实

审计查出问题只有真正整改到位，才能实现预算目标、提升财政绩效。预算监督是各级人大及其常委会监督政府"钱袋子"的重要手段，是各级人大监督工作的重点领域。加强审计整改监督是提高人大预算监督针对性和实效性的关键环节之一。人大对审计查出问题整改情况监督改变了人大原有听取审计工作报告的方式，转为听取审计整改报告方式并根据审计问题整改情况进行跟踪监督，有效发挥审计监督"治已病、防未病"的重要作用，切实推进审计查出突出问题的整改，举一反三，完善制度，严肃财经纪律，规范预算行为，提高财政资金使用效益。加强人大审计整改监督，通过事前预防、事中控制、事后整改，构建人大对财政运行全过程、全方位的监督大格局，确保公共资金合理配置、高效使用，是实现地方人大预算监督链条完整性的重要途径。

（二）提升了审计监督的效力

审计监督效力反映的是审计监督行为下产生的积极作用，人大对审计查出问题整改情况监督有利于全面贯彻实施《各级人民代表大会常务委员会监督法》《预算法》《审计法》的规定和深入贯彻落实党中央有关改革要求，各

级人大常委会在党中央集中统一领导下依法履行监督职责，结合实际创造性
做好监督工作，保障党中央重大方针政策和决策部署的贯彻落实，更好助力
经济社会发展和改革攻坚任务。通过加强人大对审计查出问题整改监督，增
强相关部门外部监督约束，更好提升人大对审计监督的效力。

（三）探索了人大监督与审计监督形成合力的途径

审计整改是审计工作的重要组成部分，是实现审计目标的必经途径，也
是发挥审计"免疫系统"功能的关键环节。长期以来，审计查出问题屡审屡
犯、屡改屡犯等现象一直没有得到很好解决，落实审计整改需要各有关方面
的共同努力。人大监督作为强有力的外部监督，是推动审计整改工作落实的
极为有效的监督。人大对审计查出问题整改情况监督可以更有效地发挥人大
监督职能，提高审计整改监督层级，为实现人大法治监督和审计专业监督的
有机结合，增强监督合力和实效探索了新的途径，推动了审计整改工作长效
机制的建立。

（四）促进了新时代现代财政制度的构建

提高财政资金使用效益是建立现代财政制度的应有之义。从历史轨迹来
看，审计工作报告所揭示的问题和提出的建议与财政制度改革举措趋于一致，
在为国家治理提供制度保障的同时，也为经济社会发展注入新的动力。因此，
人大对审计查出问题整改情况监督，可以将审计整改监督工作同预算决算审
查监督工作有机结合起来，把政府开支的合理性、绩效性纳入监督范围，督
促政府加强财政收支管理，科学编制、规范执行、注重绩效，推动加快构建
全面规范、公开透明的预算制度。

近年来，从全国人大到地方各级人大都非常注重做好审计整改"后半篇
文章"，重视对审计查出问题整改的监督，通过人大监督助力审计制度发挥
最大效用。

专栏 8 - 1　北京市积极响应党中央关于人大监督审计整改的决策部署

2015 年，中共中央办公厅转发全国人大常委会党组《关于改进审计查出

突出问题整改情况向全国人大常委会报告机制的意见》。该意见明确规定，在全国人大常委会听取和审议审计工作报告后的6个月内，国务院要向全国人大常委会作审计查出突出问题整改情况的报告，并对落实整改责任、改进报告方式、完善报告内容、做好审议保障、增强监督实效、加强督促办理等提出了要求。

2016年11月，北京市人大常委会首次审议"审计整改情况报告"，旨在防范屡查屡犯问题。

2018年，根据中共中央办公厅印发《关于人大预算审查监督重点向支出预算和政策拓展的指导意见》，12月中共北京市委办公厅印发《关于人大预算审查监督重点向支出预算和政策拓展的实施意见》，明确要进一步加强事后监督，加大对审计查出突出问题整改情况的监督力度，推动强化追责问责，提高支出绩效，推进贯彻落实好党中央重大方针政策和决策部署及市委工作要求；加强对部门决算的审查，审查内容包括部门上年度决算公开情况及上年度审计查出问题的整改落实情况等；深入开展专题调研，人大常委会有关工作机构要坚持问题导向，紧紧围绕贯彻落实党中央重大方针政策和决策部署及市委工作要求，结合人大代表和人民群众普遍关心的热点难点问题、审计查出的突出问题、制约事业发展的关键问题，根据人大常委会年度工作要点和监督工作计划，提出调研题目、工作方案等建议。

2020年5月，北京市人大常委会主任会议讨论通过《关于进一步加强市人大常委会对审计查出突出问题整改情况监督的实施意见》，该实施意见紧扣全国人大常委会办公厅印发《关于进一步加强各级人大常委会对审计查出突出问题整改情况监督的意见》中"规范、改进、加强"的精神实质，结合北京市实际，对加强审计整改监督提出四大方面、十七条具体举措，作出一系列制度规范。

2021年4月，十三届全国人大常委会通过修订《关于加强中央预算审查监督的决定》，其中第九项内容专门提到"加强审计查出问题整改情况监督工作"。

2021年12月，北京市第十五届人民代表大会常务委员会第三十六次会议通过《北京市人民代表大会常务委员会关于加强市级预算审查监督的决定》，其中专列第八项"加强对预算执行和决算审计的监督"和第九项"加强对审计查出问题整改情况的监督"。

资料来源：根据北京人大网站相关法规文件整理。

第二节　人大对审计查出问题整改情况监督的内容和方式

一、人大对审计查出问题整改情况监督的基本原则

结合新形势新要求，为了更好发挥人大监督作用，在总结实践经验基础上，人大对审计查出问题整改情况监督基本原则主要概括为四个方面。

一是统一领导原则。始终坚持党中央集中统一领导，认真贯彻落实党中央重大方针政策和决策部署，贯彻落实中央审计委员会部署要求，在人大常委会党组领导下开展监督工作。跟踪监督中的重要情况，及时向党中央或同级党委请示汇报。

二是依法监督原则。始终坚持依法监督按照《各级人民代表大会常务委员会监督法》《预算法》《审计法》规定，寓支持于监督之中，综合运用法定监督方式，探索创新监督工作方法，拓展监督深度，加大监督力度，增强监督实效。

三是问题导向原则。始终坚持问题导向，紧扣贯彻落实党中央决策部署，紧扣人民群众关心的热点难点问题，紧扣体制机制性问题，深入开展监督。

四是绩效管理原则。始终坚持建立健全长效机制，推动政府及其部门分析问题根源，落实整改责任，健全规范制度，优化财政资源分配，提高资金使用绩效，强化追责问责，不断提高依法行政、依法理财水平。

二、人大对审计查出问题整改情况监督的重点内容

（一）审计整改监督工作制度规范化

2020年，全国人大常委会办公厅印发实施《关于进一步加强各级人大常

委会对审计查出突出问题整改情况监督的意见》，结合中央文件要求，各级人大紧扣"规范、改进、加强"的精神实质，结合地区实际，对加强审计整改监督提具体举措，形成一系列制度规范，如2020年5月，北京市人大常委会主任会议讨论通过的《关于进一步加强市人大常委会对审计查出突出问题整改情况监督的实施意见》，2020年9月重庆市人大常委会第二十一次会议审议通过的《重庆市人民代表大会常务委员会关于加强对审计查出问题整改情况监督的决定》等。具体来看，推动审计整改工作制度化涉及如下三个方面。

一是年度审计工作计划与人大监督重点的紧密衔接。规定审计部门制定年度审计工作计划时，要征求人大有关工作机构的意见建议，通过座谈会、通报会等形式，听取人大代表、专门委员会、专家顾问等关于年度审计监督重点的意见建议。

二是强化审计工作对人大监督工作的支撑。人大常委会在审议相关议题时，应当将议题涉及的支出政策和专项资金接受审计的情况、审计结果、整改情况等作为重要参考，必要时可以要求政府责成审计部门开展专项绩效审计并提供报告。在审查决算草案时，审计部门应当提供部门预算执行审计查出问题的目录清单、重点支出和重大投资项目执行情况的专项审计报告等相关材料。听取审议国有资产管理情况报告时，审计部门应当提供相关专项审计报告。

三是对审计工作报告和整改情况报告的内容、体例提出要求。审计工作报告要强化对审计查出问题的综合分析和分类管理，着重从体制机制和制度方面分析原因、提出建议，并提供问题分类清单。对审计工作报告和整改情况报告提出"两个三分之一"的要求，即问题和原因部分应当不少于三分之一，解决问题的建议举措部分应当不少于三分之一。

专栏8-2　广东省人大：加强审计整改监督 助力常态化"经济体检"

广东省认真贯彻落实全国人大常委会有关审计查出突出问题整改监督工作要求和省委办公厅《关于改进审计查出突出问题整改情况向省人大常委会报告机制的意见》的要求，认真开展审计查出突出问题整改工作。整改报告内容详实全面、逻辑脉络清晰，同时还将审计查出突出问题整改情况清单和有关部门单位的单项整改报告作为附件一并提交省人大常委会审议，为更好地发挥人大监督作用，推动提高审计工作效能，推进国家治理体系和治理能力现代化发挥积极作用。

一是省委省政府高度重视审计整改工作。2019年8月16日，省委常委会会议强调，要认真学习贯彻习近平总书记重要讲话精神，扎实做好新时代审计工作，不断提升全省审计工作质量和水平；扎实推进全省审计全覆盖，坚持依法审计、规范审计，做好常态化"经济体检"工作，抓好审计整改落实"后半篇文章"，建立审计整改长效机制。省政府召开专题会议研究部署审计整改工作，并转发了省审计厅制定的整改分工方案。经省委省政府同意，省委审计办出台《关于进一步加强我省审计整改工作的意见》，明确了全省审计整改工作六大责任体系，提出了整改报告、整改跟踪督促、整改综合分析、整改信息公开和整改结果利用等5项工作长效机制。

二是省人大加大审计整改跟踪监督力度。为增强审计查出突出问题整改监督的针对性和实效性，省人大常委会预算工委加强与省审计厅、省财政厅等有关部门的沟通，推动完善整改重点、报告重点、审议重点，按照统筹做好疫情防控和人大监督工作的新要求，着重对审计查出的市县财政挂账、落实国家医疗卫生重大政策资金绩效、扶贫和污染防治攻坚战资金管理等突出问题的整改情况进行了跟踪调研，要求省财政厅、省卫健委、省农业农村厅、省生态环境厅等重点部门提供详细整改材料、突出问题单项整改结果和整改详细清单，并委托惠州、汕头、茂名、河源4个市以及惠东、龙湖、澄海、化州、和平5个县（区、市）等重点地区人大常委会开展专题调研，反馈整改落实情况。预算工委对调研发现的市县财政收支挂账问题整改效果反复、重要政策落实项目资金管理衔接不畅拖累实施效益、部分单位整改责任不落实、审计整改机制有待完善等问题，着重从政策制定、制度执行、预算管理、项目管理、绩效评价、监督检查、责任落实等环节上深入分析原因，提出坚决遏制财政挂账屡审屡犯、提升财政管理水平、优化专项资金管理使用、强化绩效管理等意见建议，为常委会组成人员审议整改情况报告提供参考。

三是着力促进提升全省审计整改工作效能。省审计厅落实审计整改"三级监督"工作机制，按照审计项目类型、审计查出问题轻重和风险程度等进行分门别类、统筹安排、精准施策、对症下药，提升审计整改监督工作的整体效能。据统计，对2018年度审计查出的594条突出问题，截至2020年2月底已整改到位437条，整改完成率73.57%。责成上缴国库、加快拨付和统筹使用结转结余资金、调整账目等方式整改问题金额1012.37亿元，推动制定完善相关规章制度58项，处理相关责任人3人。

对目前尚未整改到位的问题，省政府已要求相关地区和部门作出整改计划和限期整改承诺，省审计厅继续跟踪督促检查整改情况，并于2020年7月汇总全省整改结果向省人大常委会专题报告并向社会公开。省政府及有关部门将进一步贯彻落实省人大常委会的审议意见，坚持高质量内涵式审计发展路子，创新研究型审计方式方法，紧紧围绕省委"1+1+9"工作部署和工作重点，扎实开展推进粤港澳大湾区建设、支持深圳建设先行示范区、支持广州推动"四个出新出彩"实现老城市新活力、构建"一核一带一区"区域发展新格局、新冠肺炎疫情防控的财政资金及捐赠款物等国家重大政策措施落实情况跟踪审计以及财政资金绩效审计，积极拓展民生审计广度，促进财政资金提质增效、促进优化营商环境、促进就业优先，推动经济高质量发展。同时，进一步完善审计整改长效机制，发挥"治已病、防未病"功能，认真做好常态化"经济体检"，更好发挥审计在党和国家监督体系中的重要作用。

资料来源：广东人大常委预工委．加强审计整改监督 助力常态化"经济体检"［EB/OL］．（2020-03-31）．http：//www. gdrd. cn/gdrd/cwhgzjg/ysgzw-yh/gzdt/content/post_165716. html.

（二）审计整改监督工作机制健全化

一是构建财经委员会专题审议和常委会专题询问"双问"衔接机制，层层递进督促整改到位。一方面，人大有关专门委员会可以对审计查出问题整改情况报告相关内容、重点整改部门单位整改情况开展专题审议；另一方面，人大常委会分组审议整改情况报告时，存在突出问题的相关责任部门单位有关负责人应当到会听取意见，回答询问，不断推动专题询问常态化。

二是健全审计查出问题清单和人大常委会重点跟踪监督清单"双清单"。在人大常委会审议审计工作报告后，审计机关应及时向人大常委会提供审计查出问题清单。人大常委会围绕贯彻落实党中央决策部署，聚焦审计查出普遍存在的问题和反复出现的问题，结合问题性质、资金规模、以往整改情况，结合人大代表、人民群众普遍关心的热点难点问题，结合预算审查监督的重点内容，形成重点跟踪监督清单，确定跟踪监督的突出问题和责任部门单位。立足全局的同时有重点地开展审计整改监督工作。

三是针对重点审计项目进行联动监督。审计部门在对重点支出和重大投资项目及相关部门预算执行情况开展审计工作时，人大常委会预算工作机构在审计部门配合下，可以组织人大代表、人大常委会有关工作机构，围绕重点支出和重大投资项目及相关部门预算执行情况，听取有关主管部门的汇报，提出意见建议，形成监督合力。审计部门相关负责人到会听取意见建议。

（三）审计整改监督结果应用落实化

人大对审计查出问题整改情况监督的直接目标是让审计查出问题真正整改到位，以此实现预算目标、提升财政绩效。因此，落实审计整改监督结果应用，推进绩效审计和健全审计结果运用的工作机制以形成监督闭环是新时代人大对审计查出问题整改情况监督的重要内容之一，具体表现为四个方面。

一是督促落实决议和审议意见。推动政府及有关部门认真落实人大常委会有关决议，进一步完善审计查出问题清单、问题整改清单和问题整改销号清单等制度，建立健全严格的审计查出问题整改台账管理制度。决议落实情况要作为下一年度审计工作报告的重要内容，向人大常委会报告。审议意见研究处理情况及整改台账销账等情况要在6个月内向人大常委会报告。人大常委会及其相关工作机构要加强对落实决议和审议意见的跟踪监督。

二是推动违纪违法问题的处理。建立人大与纪检监察机关和审计、财政等部门建立审计查出突出问题整改工作联动机制，加强信息沟通和工作协调。监督和支持有关机关和主管部门依法对审计查出问题的部门单位进行追责问责和处理处罚，对审计查出问题屡查屡犯、未在规定时间内整改和整改不到位的进行督察或约谈。

三是推动与预算安排和政策完善进行挂钩。督促政府及有关部门结合审计查出突出问题及其整改情况，进一步健全预算管理制度，深化体制机制改革、完善支出政策，优化支出结构，把审计结果及整改情况作为优化财政资源配置和完善支出政策的重要依据。对审计查出问题屡查屡犯的、未整改或整改不到位的部门单位，在安排下一年度预算时采取硬性约束措施，应当相应压减部门年初预算数或取消相关支出项目。

四是促进与预算初审工作进行挂钩。人大财经委员会对预算进行初审、人大各专门委员会开展对口部门预算"预初审"中，将跟踪监督结果作为重要参考。进一步加强对存在屡查屡犯问题和未整改、整改不到位部门单位的监督，必要时，可以要求相关责任部门单位负责人到会说明情况、回答询问。

三、人大对审计查出问题整改情况监督的方式

（一）制定专题询问制度

各级人大常委会在听取整改情况报告的同时，开展对审计查出突出问题整改情况的专题询问，原则上每届人大常委会至少开展一次。各级人大常委会开展专题询问时，本级政府相关责任人、审计部门和重点整改部门单位负责人应当到会接受询问、回答问题，加大监督力度，拓展监督深度，强化监督实效。

（二）开展专题调研活动

各级人大有关专门委员会、常委会有关工作机构开展跟踪监督工作时，可以根据跟踪监督重点，提出调研题目、工作方案等建议，经人大常委会主任会议批准后，对审计查出突出问题整改重要内容、重点项目开展专题调研。专题调研报告提交人大常委会审议时参考，有重要价值的调研成果以专报形式报至各级党委。

（三）开展满意度测评

各级人大常委会在听取审议整改情况报告后，组织全体常委会组成人员对相关主管部门、被审计单位提交的整改情况报告进行满意度测评。满意度测评结果应当报送至本级党委，抄送至本级政府，并根据需要向社会公告，

以此督促审计整改完成实效。从实践情况来看，地方人大针对审计查出问题整改情况监督已积极开展满意度测评相关工作，部分地区如湖南省、江西省等满意度测评工作已下沉至地市级层面，成效显著。

专栏 8 - 3　贵州省六盘水人大：多措并举 重点出击推动审计查出突出问题整改落实

为推动审计查出突出问题整改落实，六盘水市人大常委会着力打好监督"组合拳"。一是创新监督方式。在听取和审议市人民政府关于 2020 年度市级预算执行和其他财政收支审计查出问题整改工作情况报告的同时，开展工作评议和满意度测评，这是六盘水市人大常委会监督史上的第一次。二是注重跟踪督查。制定审计查出突出问题整改情况跟踪监督工作方案，强化对整体整改工作的常态化监督。市人大财政经济委员会与市财政局、市审计局和市乡村振兴局组成调研组，深入县区、市直有关部门，对审计查出突出问题整改情况开展跟踪督查和调研，市人大财政经济委员会向评议工作会议作了专题调研报告。三是强化评议调研。市人大常委会组织四个评议调研组，深入 7 个被评议部门调研，听取整改情况汇报、查验整改印证资料，实事求是、客观公正，对整改情况作出评价，并向评议工作会议提交调研报告，为工作评议和满意度测评提供依据。通过听取和审议专项工作报告、专题询问、跟踪督查、评议调研、工作评议和满意度测评等一系列监督措施，使人大监督真正长出了"牙齿"，有力有效地推动审计查出突出问题整改工作走深走实。在市人大常委会强有力的监督下，被审计部门提高站位，采取措施，落实责任，强化整改，整改工作取得实实在在的效果。截至 2021 年，审计查出的 241 个问题，已整改完成 218 个，整改中问题 23 个，整改率 90.46%，比上一年度提高了 14.85 个百分点。共收缴财政资金 2.73 亿元，归还资金原渠道 2.62 亿元，促进资金拨付到位 9.58 亿元，规范资金管理使用 65.13 亿元，完善、更新识别不精准建档立卡数据信息 4158 条，规范项目建设程序、促进加快项目实施进度 308 个，制定、完善相关制度 34 项。

资料来源：詹高. 六盘水人大：审计问题整改监督亮新招 [EB/OL]. (2021 - 11 - 08). http：//www. gzrd. gov. cn/xwzx/sxrd/48752. shtml.

第三节　各地方的实践探索：工作特色与改革趋势

一、典型地区特色实践

（一）北京市

北京市人大不断丰富创新审计整改监督工作方法，拓展审计整改监督深度，取得了显著成效。①

一是制定工作方案，明确监督重点。在北京市人大常委会听取和审议审计工作报告后，财经办、预算工委主动与审计部门沟通，聚焦审计查出普遍存在的问题和屡查屡犯问题，结合人大代表、人民群众普遍关心的热点难点问题及预算审查监督重点内容，与审计部门共同确定了政府投资管理、支出政策实施、科技成果转化专项资金、政府债券资金、生态保护资金5个方面审计查出突出问题清单，并制定了《市人大常委会听取和审议市人民政府关于审计查出突出问题整改情况报告的工作方案》，从指导思想、工作目标、实施方式、重点内容、组织分工、时间步骤等方面对今年审计整改监督工作进行了周密的布置和安排，经市人大常委会主任会议审定，依法、按程序、创新性履行人大监督职能②。

二是邀请专门委员会参与，多方共同监督。为发挥人大专门委员会的专业优势，形成监督合力，根据先试点、后推开的工作安排，2020年选择了教科文卫委员会、农村委员会分别参与对口的"科技成果转化专项资金""生态保护资金"审计整改跟踪监督，两个专委会结合自身特点，9月初分别赴市高新技术成果转化服务中心及朝阳、通州、昌平3区8个整改地块，开展了深入调研，并出具了详实的调研报告，提出了建设性意见，为财经委员会的专题审议提供了重要参考。

---

① 北京人大官网"审计整改"相关新闻动态。
② 北京市人大预算工作委员会综合处：《市人大常委会审计整改跟踪监督工作启动会召开》. 北京人大官网，2021年9月10日。

三是开展市区联动，形成点面监督合力。2020 年，针对涉及 6 个区的"政府债券资金"专题，采取了与区人大常委会点面结合的方式，共同开展跟踪监督。丰台、海淀、密云、怀柔、门头沟、延庆 6 个区在市人大统一指导下，对涉及的审计整改情况开展了全面自查及跟踪监督，并分别出具了跟踪监督调研报告。此外，选取怀柔区作为市区共同调研的监督试点，形成了市区联动监督合力。

四是开展财经委员会专题审议，直击问题促整改。2020 年首次在财经委员会层面组织开展了审计查出问题专题审议。会议听取市审计局关于 2019 年市级预算执行和其他财政收支审计查出问题整改情况的报告，提出修改意见和建议，并对市发展改革委、市商务局、市科委、市财政局、市园林绿化局五个重点整改部门的专项整改报告进行了专题审议。十几位委员、代表、预算监督顾问针对审计查出突出问题总报告及五个重点整改部门专项报告进行询问，按照提问、回答、追问的方式，各相关单位主要负责人认真回应了有关问题①。

五是首次专题询问审计查出问题整改情况。专题询问是人大常委会的重要监督方式。在 2021 年 12 月举行的市十五届人大常委会第三十六次会议上，首次围绕审计查出问题整改情况开展专题询问。市审计局和 5 家重点整改部门负责人等到会应询，千龙网同步直播。会上，常委会委员、人大代表围绕整改任务落实、政府投资管理、养老保险基金、养老服务驿站、背街小巷环境整治和文化服务设施等向各部门提出一系列问题。市审计局、市发展改革委、市人力资源社会保障局、市民政局、市城市管理委、市文化和旅游局负责人进行逐一作答，直面问题、自我剖析，认真回应了各位委员、代表的关切。此次专题询问凸显了本届人大常委会对审计整改工作的高度重视，是人大进一步加强对审计查出问题整改情况监督的重要方式，也是支持和推动审计机关依法开展审计监督，推动本市建立健全审计查出问题整改长效机制的具体举措。到会应询的重点整改部门回答问题，接受监督，有利于进一步压

---

① 陈京朴. 北京市人民代表大会财政经济委员会关于审计查出问题整改情况报告的意见和建议——2020 年 11 月 25 日在北京市第十五届人民代表大会常务委员会第二十六次会议上 [J]. 北京市人大常委会公报，2020（6）.

实整改责任，增强做好审计整改工作的紧迫感。审计机关也将补短板、强弱项，进一步提升审计整改工作质量①。

（二）上海市

结合上海人大开展审计查出问题整改情况监督的实践情况，其特色实践可归纳为如下几点②。

一是全过程监督理念优化工作模式。一方面，确定监督方向。坚持问题导向，聚焦审计查出的普遍存在和反复出现问题，聚焦人大代表和人民群众高度关注的热点难点问题，聚焦人大预算联网监督系统数据分析和预警反映的突出问题，综合考量问题性质、资金规模、以往整改情况等要素，确定跟踪监督的重点问题和责任部门，切实找准人大监督发力点，提高监督精准性。另一方面，程序上健全人大预算监督提前介入机制，通过跨前一步了解部门整改计划，率先会同各委员会、部分市人大代表进行跟踪监督，在掌握重点领域整改情况、把握重点问题症结的基础上，再由市人大常委会召开审计整改跟踪监督专题会议，听取市审计局的汇报，更有针对性地提出了意见，并形成跟踪调研报告。着力将加强审计查出突出问题整改情况监督与预决算审查、预算执行监督、国有资产管理情况监督等工作紧密结合，并要求财政、审计部门加强对审计查出突出问题责任部门整改工作的过程指导，形成贯穿全年的全过程监督模式。

二是多维度监督模式创新调研方式。（1）深度加强协同配合开展调研。市人大与市财政局、审计局共同赴责任部门开展监督调研，督促其深入查找原因，完善整改措施，并提出整改指导意见；着力将审计查出问题整改库与人大预算联网监督系统对接共享，提升监督效率。（2）充分发挥代表作用。组建人大专业代表小组全程参与调研，邀请区域内全国人大代表、理论专家辅导培训并分享履职经验，进一步汇智聚力，为责任部门加强整改工作建言献策。（3）采用全覆盖穿透式调研。深入责任部门及其发生问题的下属单

---

① 北京市审计局：《北京市人大常委会首次专题询问审计查出问题整改情况》. 北京审计局官网，2021 年 12 月 27 日。

② 左宏宇，鲁申昊. 联动监督促整改 强化运用显成效［J］. 上海人大月刊，2021（8）：30.

位，全面听取整改情况汇报；自上而下提高思想重视，加强整改力度，确保整改实效。全面增强监督效能。将人大制度优势转化为监督工作制度，常委会采取专题询问和边审边询方式进行审议，代表问到要害、问出深度，体现人大监督的针对性、权威性；部门厘清原委、拿出举措，体现其责任担当；问题整改及时全面、制度先行，体现出审计整改成效。

三是推动落实政府建立审计查出问题与预算安排挂钩机制以增强监督刚性。预算工委与市财政、审计部门建立协同沟通机制，明确相应职责。预算工委监督和推动市财政、审计部门深化工作协同，组织年度重点跟踪事项会商，明确挂钩机制年度工作要求，协调研究工作推进中的相关问题。市财政局根据市审计局提供的相关审计材料，结合年度预算编制工作，督促各市级预算主管部门组织落实挂钩机制。从实际结果来看，上海人大已将《关于进一步加强各级人大常委会对审计查出突出问题整改情况监督的意见》中的制度要求落实到了实践中。以 2021 年上海市预算安排工作为例，针对项目建成后使用率低的问题，据实安排 2021 年专项资金补贴针对节能减排专项资金对相关设施建设补贴 3724 万元，建成后使用率偏低的问题，根据人大调研发现整改成效不明显，故 2021 年节能减排专项资金计划暂缓下达该项补贴，待落实整改后再研究安排相关经费；针对连续两年预算执行管控不到位的部门专项，按实际申请调减当年预算。2019 年审计报告反映，市交通委的部分项目预算执行管控不到位；人大调研发现并指出，2020 年市交通委的部分项目仍存在执行问题。为此，2021 年市交通委当年相关项目经费预算调减了近 1 亿元①。

（三）湖南省

湖南省人大常委会在准确把握《关于进一步加强各级人大常委会对审计查出突出问题整改情况监督的意见》的基础上，出台《关于贯彻全国人大〈进一步加强各级人大常委会对审计查出突出问题整改情况监督的意见〉的实施意见》，进一步明确了研究制定跟踪监督工作方案的程序，听取责任部

---

① 上海市人大. 推动政府建立审计查出问题与预算安排挂钩机制 [EB/OL]. (2021 - 07 - 22). http：//www.jlrd.gov.cn/zwgk/ysjd/202107/t20210722_8149071.html.

门单位整改情况报告,开展满意度测评,明确工作职责、形成整改监督合力,建立审计整改清单制度等内容。①

一是确定跟踪监督突出问题狠抓重点。2020年湖南省审计厅首次运用大数据对省级109家一级预算单位年度预算执行情况和其他财政收支进行审计全覆盖,使审计整改监督的范围扩大。对此省人大财经委、常委会预算工委明确了精准识别的标准及程序,重点针对被审计单位普遍存在的共性问题、反复性问题与热点难点问题。以2020年为例,省人大财经委、常委会预算工委对审计查出的761个问题进行了全面梳理、逐一分析,最终将"银行账户及其存量资金清理盘活不及时""政府采购管理不严格""协会学会依托行政职能违规收费"三类问题确定为跟踪监督的突出问题。同时,根据问题性质、涉及资金规模、问题严重程度等,选择了若干重点整改责任单位。

二是以满意度测评提高问题整改成效。以2020年为例,2020年11月,湖南省十三届人大常委会第二十一次会议听取省人民政府关于审计查出问题整改情况报告,同时,听取10个整改责任单位负责人关于突出问题整改情况的报告,并进行满意度测评。测评结果显示,10个单位均为满意,但7个单位有不满意票,少数单位不满意票较多,测评结果比较客观反映了审计整改真实情况。通过满意度测评传导了压力,强化了审计整改责任,理清突出问题整改的责任链条,有力促进了审计查出问题的整改。

三是完善问题整改监督机制。首先,对未整改到位的问题,一抓到底。对于审计整改报告中反映的未完全整改到位的问题,湖南省人大常委会要求省审计厅继续督促整改,建立了整改清单,落实对账销号制度,并向省人大常委会报告整改进展情况。其次,强化审计成果在人大预算审查监督中的运用。人大预算联网监督系统专门设置了审计监督模块,审计查出问题及其整改情况已全部录入系统,实现对部门历年审计发现问题及整改情况的"一键查询"。再其次,支持和督促政府建立财、审联动机制。支持和督促省财政厅与省审计厅出台财政管理和审计监督协同联动的实施方案,建立联席会议制度,强化审计结果运用,构建财政部门与审计部门信息共享、成果共用、

---

① 袁力志,李超,孟伟. 湖南人大:满意度测评促审计整改落地见效[J]. 中国人大,2021(10):29-30.

整改共促的工作机制，把审计结果及整改情况作为优化财政资源配置、加强财政绩效管理的重要依据。最后，探索建立省市县人大联动推进审计整改机制。向市县人大常委会通报部分审计发现问题及其整改情况，协同开展监督，形成监督合力，增强工作整体实效。

二、人大对审计查出问题整改情况监督的经验总结

为适应新形势新要求，各级人大在深入贯彻落实习近平同志关于坚持和完善人民代表大会制度重要思想和习近平同志关于审计查出问题整改工作的重要批示精神，坚持依法监督和有效监督的同时，不断创新实践，把审计查出问题整改监督工作摆在十分突出的位置，取得显著成效。在改革实践中探索出的创新方式具有重要借鉴意义，总结概括来看，主要包括如下几点。

（一）制定监督工作方案以明确审计监督重点

在新时代加强人大对审计整改监督实践过程中，从工作内容针对性与落实性角度出发，人大常委会每年在听取和审议审计工作报告后，围绕贯彻落实党中央决策部署和工作要求，聚焦审计查出普遍存在的问题和屡查屡犯的问题，结合人大代表、人民群众普遍关心的热点难点问题，结合预算审查监督的重点内容，如选择重点整改部门单位涉及的政府债务、政府投资等重点与难点问题，在审计部门、财政部门等单位的配合下，研究制定跟踪监督工作方案，经人大常委会主任会议讨论通过后实施。通过制定监督工作方案，确定跟踪监督突出问题和重点整改部门单位，明确监督方式方法、监督结果应用等内容。

（二）邀请专门委员会参与以实现多方共同监督

在新时代加强人大对审计整改监督实践过程中，除了人大常委会、人大财经委员会依法履行监督职能外，充分发挥人大专门委员会的监督作用，人大有关专门委员会通过对审计查出问题整改情况报告相关内容、重点整改部门单位整改情况开展专题审议。人大财经委员会审议整改情况报告时，邀请

其他有关专门委员会、人大代表和专家学者参加，审计部门、重点整改部门单位负责人应当到会介绍有关情况并回答问题。通过专门委员会、代表、专家顾问等全流程参与，发挥多主体协同监督的积极作用，强化审计整改落实的外部约束。

（三）开展人大协同联动以形成点面监督合力

与纪检监察机关和审计、财政等部门建立整改工作横向联动机制，推动处理违纪违法问题。同时，考虑我国行政层级划分，在财政分权下，审计查出突出问题存在涉及两级或多级政府部门的情况，因此，在新时代人大对审计查出问题整改情况监督的改革过程中，人大常委会根据问题的性质、产生的影响等情况，通过委托下一级人大常委会开展跟踪监督，以此加强监督工作计划的有效衔接，创新实现人大跟踪监督工作的纵向协同联动，形成监督合力。

（四）注重专题调查研究以落实问题导向原则

在新时代加强人大对审计整改监督实践过程中，人大有关专门委员会、常委会有关工作机构开展跟踪监督工作时，根据跟踪监督重点，提出调研题目、工作方案等建议，经人大常委会主任会议批准后，对审计查出突出问题整改重要内容、重点项目开展专题调研。在聚焦每个跟踪监督重点的同时形成调研报告，并将专题调研报告提交人大常委会审议作为重要参考依据，有效贯彻落实人大对审计整改监督的问题导向原则，提高人大预算监督质量。

（五）利用专业机构与信息技术支撑以增强监督实效

在新时代加强人大对审计整改监督实践过程中，一方面，通过发挥人大预算监督研究基地、社会中介机构等专业力量优势。根据需要委托人大预算监督研究基地、社会中介机构对审计工作及整改工作监督中的相关重点问题、重要内容，开展专题评估，提出评估报告。评估报告作为人大常委会、相关专门委员会进行审议的重要参考。另一方面，注重运用人大预算联网监督系统的数据资源，加强对历年审计查出突出问题及其整改情况等内容信息的分析对比，增强开展监督工作的深度和力度，提高监督的针对性和有效性。审计部门要按时向预算联网监督系统推送相关数据资料，促进信息共享，增强监督合力。

三、未来展望

结合近几年各地方人大对审计查出问题整改情况监督的实践来看，未来仍需从如下几方面持续发力，推动改革进程以解决如下问题。

（一）审计及其整改情况报告的内容完整性待完善

在当前法定程序下，审计查出问题及其整改情况报告内容即为人大常委会审议内容，因此报告的内容和质量直接决定着人大监督的效果。而当前一些地方审计查出问题及其整改报告的完整性仍有提高空间。具体体现在：一是审计报告内容不完整。即向人大常委会报告的审计查出问题会有所保留或过滤。二是移送问题整改情况反映不够充分。审计移送公安、司法、纪检监察机关和有关主管部门处理的问题，大都性质比较严重、影响面较大，但在审计整改情况报告中对处理情况不能充分反映，甚至往往被忽略。三是审计整改报告导向还不够明确。审计整改情况报告大部分是已经整改的问题，未整改的问题寥寥无几，尤其对整改不到位、应付性承诺整改等现象，更缺少分析揭示。

（二）人大对审计整改情况的审议质量有待提高

当前，各地人大常委会对审计整改情况的监督，较多依赖于对听取报告、分组审议等会议期间的议题式监督，但考虑会议周期，多数人大常委会委员都是在开会时才拿到审计整改情况报告，几乎没有时间进行准备，且会期又较短，要审议的内容又很多，对审计整改报告进行认真审查的难度较大。分组审议时，人大常委会委员对审计机关和被审计单位的询问针对性不强，或者只发表意见建议，不愿意提出质疑，审计过程存在程序化、走过场的现象。会后对未整改到位问题跟踪监督的重视程度不够，督查力度不足。

（三）审计整改监督问责机制的实效性有待加强

审计整改工作中，对有些问题的责任人很少进行有效的追责问责，较低的违法违规成本无形中使一些被审计单位负责人的主体责任意识和整改意识不到位，对人大常委会的审议意见不够重视，对审计查出的问题缺乏整改落实的主动性，甚至还存在"书面整改实际不整改、形式整改内容不整改、局部整改关键不整改"的现象，严重影响了审计监督的权威性。

（四）人大对审计整改监督手段实质性运用有待强化

《预算法》《各级人民代表大会常务委员会监督法》赋予各级人大及其常委会多种监督方式，但在实际工作中刚性的监督方式很少被使用，经常在人大审查监督中使用的"询问"监督方式，往往陷于"柔性"的现实困境，较难实现其应有功能。部分地区探索试行的审计整改效果满意度测评中，人大常委会委员在尚未充分审议的情况下就开始投票，甚至有的委员按照自己对被审计单位或其主要负责人的主观认识进行投票，使满意度测评未起到促进整改的应有作用。专题询问近几年才在一些地区试行，但与审计整改监督结合较少，且执行得较为宽松，质询、特定问题调查等更为少见，对审计发现重大问题的整改情况进行专题调查不够深入会直接导致人大对审计整改的监督缺乏刚性和实效性。

▌第九章▐

新时代人大预算监督的创新实践

本章导读： 党的十八大以来，以习近平同志为核心的党中央高度重视人大监督工作，对加强和改进人大监督工作作出一系列重要论述和重大决策部署。各级人大常委会根据新时代的新要求，按照党中央的决策部署，结合新形势新情况贯彻实施监督法，坚持正确监督、有效监督、依法监督，开展了许多创新实践和探索。本章对新时代人大预算监督工作的不断加强和改进所呈现出的一系列创新特点进行了梳理和提炼：在监督范围上，实现了全口径审查与全过程监管；在监督着力点上，从收支合规性审查向全过程绩效性拓展；在监督方法上，从传统手段向预算联网监督等多元现代手段拓展；在监督主体上，重视发挥人大代表的主体作用，引进专家顾问发挥智库的作用，等等。伴随着新时代人大预算监督工作的创新，人大预算监督效果不断得到提升。

第一节　监督范围扩大链条完整：全口径审查与全过程监管

人大预算监督的范围是否涵盖国家财政分配的全部内容，是判断人大预算监督广度和深度的重要指标，也是人大预算监督能力的具体体现。中国特色社会主义进入新时代，近年来，为更好地发挥财政资金作用，确保经济高质量发展和解决社会主要矛盾，人大及其常委会的预算监督工作在党中央指导下不断改进，全口径审查与全过程监管逐渐完善，监督范围全覆盖逐步实现。

一、全口径审查：监督范围进一步扩大

全口径审查，即人大要对一般公共预算、政府性基金预算、国有资本经营预算、社会保险基金预算进行审查，将政府的全部收入和支出纳入监管视野。党的十八大以来，人大预算监督范围逐步实现从预算内收支到全口径预算监督，再到国有资产监督、地方债监督的全覆盖。

（一）监督范围扩大：全口径覆盖四本预算

2012年，党的十八大提出要加强对政府全口径预算决算的审查和监督。2014年修正的《预算法》充分体现了党中央的要求，在第四条和第五条中明确规定政府的全部收入和支出都应当纳入预算；预算包括一般公共预算、政府性基金预算、国有资本经营预算、社会保险基金预算。自此，人大预算监督的范围也从一般公共预算逐渐覆盖到包含一般公共预算、政府性基金预算、国有资本经营预算、社会保险基金预算在内的四本预算。同时，《预算法》第四十六条规定，报送各级人民代表大会审查和批准的预算草案应当细化。本级一般公共预算支出，按其功能分类应当编列到项；按其经济性质分类，基本支出应当编列到款。本级政府性基金预算、国有资本经营预算、社会保险基金预算支出，按其功能分类应当编列到项。

（二）监督对象从流量至存量：国有资产监督与预算紧密衔接

国有资产是全体人民共同的宝贵财富，新中国成立70多年来，积累了丰厚家底，为国家经济社会发展稳定和人民生活持续改善提供了坚实的物质基础。建立国务院向全国人大常委会报告国有资产管理情况制度，是以习近平同志为核心的党中央加强人大国有资产监督职能的重要决策部署。2017年12月30日，中共中央办公厅印发《关于建立国务院向全国人大常委会报告国有资产管理情况制度的意见》，要求建立健全人大国有资产报告监督机制，对政府向人大常委会报告国有资产管理情况制度化、规范化、程序化作出了全

面部署，对人大常委会加强审议监督提出了明确要求，从而将各种形式的国有资产陆续纳入全国及地方人大监督范围。由于国有资产规模大、种类多，底数还不完全清楚；国有企业和国有资产管理改革正在深化推进，体制还不完全顺畅；人大监督所需的信息还不够充分。所以，实现全口径、全覆盖的国有资产管理情况报告和监督不可能一蹴而就，需要长期努力。2019年4月12日，栗战书委员长主持召开第十三届全国人大常委会第二十八次委员长会议，审议通过《十三届全国人大常委会贯彻落实〈中共中央关于建立国务院向全国人大常委会报告国有资产管理情况制定的意见〉五年规划（2018－2022)》，公布了人大加强国有资产管理监督的任务书、路线图和时间表，明确提出，经过5年努力，全面摸清国有资产家底，理清国有资产管理体制机制，建立健全国有资产管理情况报告和监督制度，为向全国人民交出国有资产"明白账""放心账"奠定坚实基础。2020年12月，第十三届全国人大常委会第二十四次会议通过了《全国人民代表大会常务委员会关于加强国有资产管理情况监督的决定》，在此前基础上对相关工作进行了更明确、详细的规定，共作出了九项决定，标志着人大对国有资产的监督力度进一步加强。

（三）监督视野从规范到风险：加强对地方政府债务的监督

党的十八大以来，以习近平同志为核心的党中央多次就防范化解重大风险、加强地方政府债务管理和监督做出重要部署。2014年修正的《预算法》确认了地方政府的有限举债权，确立了疏堵结合、"开前门、堵后门、筑围墙"的管理改革思路，规定地方债务必须纳入预算，奠定了人大对地方政府债务预算监督的制度基础。① 2018年3月，中共中央办公厅印发实施《关于人大预算审查监督重点向支出预算和政策拓展的指导意见》，明确将政府债务列为审查监督五大重点内容。全国人大常委会高度重视对地方政府债务的审查监督，按照党中央关于防范化解地方政府债务风险相关文件部署和分工

---

① 《预算法》规定，经国务院批准的省、自治区、直辖市的预算中必需的建设投资的部分资金，可以在国务院确定的限额内，通过发行地方政府债券举借债务的方式筹措。举借债务的规模，由国务院报全国人民代表大会或者全国人民代表大会常务委员会批准。省、自治区、直辖市依照国务院下达的限额举借的债务，列入本级预算调整方案，报本级人民代表大会常务委员会批准。举借的债务应当有偿还计划和稳定的偿还资金来源，只能用于公益性资本支出，不得用于经常性支出。

方案要求，全国人大预算工委在常委会党组领导下，研究起草相关文件。2021 年 6 月，中共中央办公厅印发了《关于加强地方人大对政府债务审查监督的意见》，针对地方政府债务管理和监督中的突出问题、薄弱环节，对政府债务审查监督的各个环节，从内容、重点、程序、方法等方面，作了具体规定；对改进完善预算、决算草案和报告，开展政府债务审计监督，提出了针对性要求。这是党中央、全国人大加强人大对政府债务的审查监督、防范化解地方政府债务风险的重要举措。在实践中，各级人大除了在地方政府发债额度、种类及用途等方面通过审批预算、预算调整等法定程序进行监督外，还实质性参与到债务资金分配、使用、绩效等全生命周期管理中去。

二、全过程监管：预算审查前听取建议与审计查出突出问题整改

全过程监管，即人大预算监督要将事前审查、事中监督、事后监督有机贯通衔接，形成监督闭环。在新时代，全过程监管在以往对预算、执行、决算进行审查监督的基础上，向前延伸至建立预算审查前听取人大代表和社会各界意见建议的工作机制，向后拓展至审计查出问题整改情况向人大常委会报告，要求在"事后"环节建立预算审计整改报告机制，进一步强化对审计查出突出问题整改情况的追责问责。

（一）向前延伸：建立完善预算审查前听取人大代表和社会各界意见建议的工作机制

《预算法》第四十五条规定，县、自治县、不设区的市、市辖区、乡、民族乡、镇的人民代表大会举行会议审查预算草案前，应当采用多种形式，组织本级人民代表大会代表，听取选民和社会各界的意见。2016 年，中央全面深化改革领导小组和全国人大常委会将"建立预算审查前听取人大代表和社会各界意见建议的机制"列入了年度工作要点或监督工作计划。2017 年 3 月，全国人大常委会办公厅发布实施《关于建立预算审查前听取人大代表和社会各界意见建议的机制的意见》，明确要求全国人大财政经济委员会等专门委员会和常委会预算工作委员会，以及国务院财政等部门应当在国务院部

署编制下年度预算草案后，通过开展调查研究、召开座谈会和通报会等多种形式，听取人大代表和社会各界关于预算的意见建议，并要求地方各级人大也结合本地情况，建立健全该机制。

《关于建立预算审查前听取人大代表和社会各界意见建议的机制的意见》提出了建立预算编制工作通报制度，完善听取有关方面专家意见建议制度，建立健全听取部门预算意见建议制度，完善预算草案和预算报告通报工作制度，完善人大代表参加预算初步审查会议制度，建立听取人大代表意见建议网络服务平台六方面的具体改革措施，以及建立预算审查联系代表机制，建立预算审查专家顾问制度、密切协调配合，精心组织安排三项保障措施。文件提出，作为国务院具体负责编制预算草案和组织预算执行的部门，财政部应当创新方式、丰富手段，逐步健全与人大代表和社会各界沟通交流的机制，及时通报人大代表关心、社会关注的财政热点、财政发展和改革工作进展情况。在全国"两会"前等重要时点，及时听取、收集整理人大代表和社会各界的意见建议。在推进相关财税改革、制定财税政策过程中，注意听取人大代表意见，吸收采纳合理化建议。重大财税政策出台前，及时向财政经济委员会、其他有关的专门委员会和预算工作委员会等通报，听取意见建议。进一步提高人大代表议案以及建议、批评和意见办理质量。

该项改革措施很快得到了落实。在开展 2017 年预算审查的前期准备和初步审查等工作中，全国人大财政经济委员会、常委会预算工作委员会等有关方面积极贯彻落实《关于建立预算审查前听取人大代表和社会各界意见建议的机制的意见》提出的措施要求，先后召开了预算编制情况通报会、专家学者座谈会、中央有关部门预算情况座谈会、预算草案和预算报告通报会等，并邀请了财经委员会预算审查小组成员、其他专门委员会委派的组成人员、部分全国人大代表以及有关专家学者、利益相关方参加，国务院财政等有关部门到会认真听取意见建议。很多意见建议在财政部代拟起草编报的预算草案、预算报告和对草案、报告的修改完善中得到采纳反映，也体现在全国人大财政经济委员会提出的初步审查意见等相关文件中。按照该意见要求，国务院财政部门制定了贯彻落实的系列措施，认真介绍财政改革进展和政策实施情况，积极沟通交流听取意见和建议，主动接受指导和监督，扎实做好服务保障工作。

（二）向后拓展：建立完善审计查出突出问题整改情况向人大常委会报告的工作机制

长期以来，虽然每年的审计查出问题整改工作都取得了积极成效，但每年审计查出问题中屡审屡犯的现象仍然比较突出，整改不到位、不彻底的情况也时有发生，这说明从体制制度上建立根本解决问题的机制还不够，审计监督的作用还没有得到充分发挥，人大推动审计查出问题整改工作的力度还需要进一步加强。此外，自党的十八大以来，加强对审计查出突出问题的整改工作，全国人大代表和社会公众有着强烈的呼声。

2015年，为加强和改进人大预算审查监督，推动审计查出问题整改，中共中央办公厅转发全国人大常委会党组《关于改进审计查出突出问题整改情况向全国人大常委会报告机制的意见》。该意见明确指出，在全国人大常委会听取和审议审计工作报告后的6个月内，全国人大常委会会议听取审计查出突出问题的整改情况报告，相关被审计部门单位和审计署等部门有关负责人要到会听取意见，回答询问。通过改进审计查出突出问题整改情况报告机制，推动审计查出问题的整改工作落实到位，有助于建立健全全面规范、公开透明的预算制度，增强监督的针对性和实效性，更好发挥全国人大常委会的作用。

在2015年12月份召开的全国人大常委会第十八次会议上，全国人大常委会首次听取和审议国务院关于审计查出突出问题整改情况的报告，并开展专题询问，督促国务院抓好审计整改、严肃追责问责、完善制度措施。另外，国务院向人大常委会报告上年度中央预算执行和其他财政收支审计查出问题整改情况成为制度性安排，定为每年12月下旬常委会会议议程之一，迄今已连续五年，由此形成了审计署一年一次报告预算执行和财政收支审计情况、一次报告审计问题整改情况的格局，而且报告内容越来越全面详实，审计意见越来越明确具体，监督力度越来越大，审计监督与人大监督良性互动的格局已然形成。

为更好履行人大常委会监督职责，更好发挥审计监督作用，把制度优势转化为国家治理效能，2020年6月，全国人大常委会办公厅印发实施《关于进一步加强各级人大常委会对审计查出突出问题整改情况监督的意见》，明确提出了五个方面的主要措施：一是深化拓展监督内容；二是用好监督方式方法；三是强化监督结果运用；四是审计查出突出问题整改情况监督与预决算审查监督、国有资产监督紧密结合；五是政府及其部门应当依法接受人大监督。该意见的出台，有助于进一步加强人大常委会对审计查出突出问题整改情况的监督，更好地发挥全国人大常委会、地方各级人大常委会的监督作用，有助于推动建立健全全面规范透明、标准科学、约束有力的预算制度。

三、案例分析：北京市全口径审查与全过程监管工作

改革开放 40 多年来，北京市人大预算审查监督经历了起步探索、规范发展、创新实践和建立新格局四个阶段，预算审查监督的制度体系不断健全完善，越来越好地发挥了人民代表大会制度的内在优势。

（一）案例基本情况

自 2013 年开始，在北京市人大常委会的领导下，北京财经委员会对预决算审查工作进行了一系列改革，形成了具有北京市特色的人大预算审查监督格局。特别是党的十九大以来，党中央和全国人大常委会先后印发《关于建立国务院向全国人大常委会报告国有资产管理情况制度的意见》《关于人大预算审查监督重点向支出预算和政策拓展的指导意见》《关于推进地方人大预算联网监督工作的指导意见》等重要文件，北京市人大常委会全面贯彻落实文件精神和市委的要求，扎实推进新时代人大预算审查监督的各项重要工作，在全口径审查与全过程监管方面，存在诸多亮点。

1. 建立市政府向市人大常委会报告国有资产管理情况的制度

2018 年，在北京市人大常委会党组领导下，北京市委牵头起草了《中共北京市委关于建立市政府向市人大常委会报告国有资产管理情况制度的意见》，经北京市委常委会讨论通过印发。根据该意见要求，北京市人大常委会首次听取和审议了本市国有资产综合报告，重点审议了年度金融企业国有资产专项报告，推动摸清国有资产家底。

2. 推动本市落实人大预算审查监督重点向支出预算和政策拓展工作

在北京市人大常委会党组领导下，牵头起草了市委《关于人大预算审查监督重点向支出预算和政策拓展的实施意见》，将本市改革举措进一步深化、具体化。其中，该文件强调北京市、区人大及其常委会要对"四本预算"的支出预算、决算和政策进行审查，实现审查范围和内容的全覆盖。

此外，要进一步加强对预算编制、预算执行、预算调整和决算的审查监督，做到事前监督、事中监督、事后监督各环节紧密衔接、相互贯通。特别的，要进一步加强事后监督，加大对审计查出突出问题整改情况的监督力度，推动强化追责问责，提高支出绩效，推进贯彻落实好党中央重大方针政策和决策部署及市委工作要求。

3. 开展审计查出问题整改情况的跟踪监督

北京市人大常委会在2016年首次听取和审议审计查出问题整改落实情况报告，并要求市发展改革委等5个重点部门将整改报告作为附件一并提交常委会审议。北京市政府及其有关部门高度重视，制定整改措施600余项，切实加强了整改力度，提高了整改效果。

（二）案例评析

全口径审查与全过程监督是充分落实人大预算监督职能，提高监督质量，保证预算过程的科学性、可行性和效益性，改进预算管理制度的一种制度创新。北京市人大全面贯彻落实文件精神和市委的要求，适应新形势新任务，增强监督实效，预算审查监督工作向全口径审查与全过程监督迈出新步伐。

1. 建立国有资产管理情况报告制度

此举可以强化国家权力机关对于国有资产经营与管理的监督，进一步推动国有资产管理情况的公开透明，这一过程同时与人大的国有资本预算监督协调配合，大大拓展人大预算监督范围，提高人大预算监督效力。

2. 预算监督重点向支出预算和政策拓展

人大对支出预算和政策开展全口径审查和全过程监管，强化对财政资金使用绩效和政策实施效果的关注，充分发挥重要政策对编制支出预算的指导约束和作用，这是党中央加强人大工作、促进我国经济健康稳定发展的一项重要决策部署，对加强人大预算审查监督工作具有十分重大的意义。

3. 向审计查出突出问题整改情况拓展

听取和审议政府关于年度预算执行和其他财政收支的审计工作报告、审计查出问题整改情况报告，对审计查出突出问题整改情况开展跟踪监督，是各级人大及其常委会依法开展预算、决算审查监督的重要方式，有利于支持和推动依法开展审计监督，更好发挥审计监督"治已病、防未病"的重要作用，完善制度，严肃财经纪律，规范预算行为，提高财政资金使用效益。①

四、进一步完善全口径审查与全过程监管

尽管我国各级人大在预算全口径全过程审查监督工作中取得了一定的成效，但与中央对于人大预算审查监督重点向支出预算和政策拓展的要求还存在一些不足，如思想认识还不够到位、审查监督的广度深度和方式还有待拓展、预算审查监督的刚性约束不足、审查监督力量相对薄弱等。下一步，要进一步加强人大对预算全口径全过程审查监督，深入贯彻落实中央关于人大预算审查监督重点向支出预算和政策拓展的指导意见，增强预算审查监督的针对性、实效性。

（一）统一思想认识，增强监督的使命感和责任感

加强人大对预算全口径全过程审查监督，必须统一思想认识。一是提高政治站位。深入学习领会新时代党中央对人大预算审查监督工作提出的新定位、新要求、新举措，使预算更好地贯彻落实党中央重大方针政策和决策部署，更好发挥财政在国家治理中的基础和重要支柱作用。二是树立正确的监督理念，创新监督方式。按照"敢于监督、善于监督、实施精准监督"的要求，寓支持于监督、寓监督于发展。

---

① 樊丽明，等. 中国政府预算改革发展年度报告 2019：聚焦中国人大预算监督改革 [M]. 北京：中国财政经济出版社，2020.

（二）突出重点，增强预算审查监督的针对性与实效性

一是加强对重点支出与重大投资项目的审查监督。每年在政府预算草案编制前，人大财经委要组织听取人大代表及社会各界的意见建议，促进政府合理确定重点支出与重大投资项目预算。在预初审环节，逐步建立专题审议制度，每年选取部分重点支出或重大投资项目进行重点审议。此外，探索建立重点支出和重大投资项目预期绩效目标、绩效评价结果的报告随预算报本级人代会或常委会会议审议制度。二是加强对政府债务的审查监督。在按照法定程序重点审查地方政府债务规模、结构及使用情况的同时，加大防范化解政府债务风险的监督力度，推动高风险地区完善存量债务化解方案和应急处置预案，积极委托化解累积的债务风险。高度重视隐性债务问题，督促政府及其有关部门严控政府融资平台公司、相关国有企事业单位、PPP项目及政府引导基金等融资行为。三是加强重大财税政策的审查监督。逐步建立各级政府在重大财税政策出台前影响本级人大常委会作专项工作报告的制度。人大财经委要加强调查研究，对拟出台重大财税政策提出初步审查意见。

（三）壮大预算审查监督力量，强化审查监督能力建设

一是加强预算审查机构队伍建设，进一步健全财经工委内设机构，加大干部交流和培养力度。二是借助审计机关和第三方中介机构，增加预算审查监督力量。要求各级审计机关加强对专项资金绩效和政策执行的审计监督，为人大开展支出预算和政策审查监督提供支持，并根据预算审查监督工作需要，引入第三方社会中介专业机构为人大预算审查监督工作提供服务。通过借助外力提高人大预算审查监督的专业化水平，壮大人大预算审查监督力量。

第二节　监督着力点拓展实效增强：从收支合规性向绩效性转变

审查和监督预算是《宪法》赋予人大的职责和权力，新中国成立后相当

长的时期，人大审查监督预算的重点是关注赤字和预算收支平衡状况，强调财政收支的合规性，即预算的收入和支出安排都应当符合预算法和其他法律法规的具体要求等。随着 2018 年《中共中央 国务院关于全面实施预算绩效管理的意见》对全面实施预算绩效管理改革工作做出全面部署，人大预算监督也由收支合规性向全过程绩效性拓展。人大加强预算绩效监督，是贯彻落实党中央有关决策部署，支持和推动政府及其财政等部门全面实施预算绩效管理改革的现实需要，也是新形势下健全完善人大预算审查监督制度的重要内容。

一、人大全过程绩效监督

（一）人大全过程绩效监督的含义与环节

人大在全过程预算审查监督过程中，运用科学、规范的绩效评价方法，按照统一的评价标准，对财政预算过程及其效果进行客观、公正和科学的衡量比较与综合评判。具体环节和步骤是：第一，预算绩效目标监督，它是全过程预算绩效监督的基础。人大应加强对预算绩效目标的监督，进一步细化基本支出和项目支出指标体系，提高财政支出绩效评价的准确性和严谨性，并作为预算安排的前提和主要依据。第二，预算绩效运行监督，它是全过程预算绩效监督的关键。人大要对重点项目绩效进行跟踪监督，重点监督是否符合预算批复时确定的绩效目标，发现预算支出绩效运行与原定绩效目标发生偏离时，及时采取措施予以纠正。情况严重的，暂缓或停止该项目的执行。第三，预算支出绩效监督，它是全过程预算绩效监督的重点。预算执行结束后，人大要认真分析和积极利用决算数据，对财政支出的实际绩效进行监督，客观公正地评价绩效目标的实现程度，提高预算绩效评价的准确性和有效性。预算绩效监督结果应用是全过程预算绩效监督的落脚点，应积极探索绩效监督结果应用方式，切实发挥预算绩效监督实效。

（二）人大全过程绩效监督的进程与意义

党的十九大报告提出全面实施绩效管理，《中共中央 国务院关于全面实施预算绩效管理的意见》明确指出，要构建全方位、全过程、全覆盖的预算绩效管理体系，着力提高财政资源的配置效率和使用效益。绩效既能体现资金利用程度，反映目标完成状况，又能反馈需求变化、引导支出方向。实施绩效管理作为优化财政资源配置、提升公共服务质量的关键举措，是预算制度改革的必然趋势。

2018 年 3 月，中共中央办公厅印发实施的《关于人大预算审查监督重点向支出预算和政策拓展的指导意见》对人大预算监督工作提出了新的要求，将审查重点由过去的赤字规模和收支平衡状况拓展为支出预算和政策、加大财政资金使用绩效和政策实施效果的监督。加强绩效监督、积极参与绩效管理，是人大预算审查监督工作的细化和深化，有利于督促预算主体增强绩效意识、主动提高绩效水平，有利于规范预算安排、提升预算编制质量，有利于强化政策指导、加快绩效管理进程，从而增强财政可持续性，更好发挥财政在国家治理中的重要支柱作用。可见，人大绩效监督对于绩效预算改革意义重大。

2018 年 9 月，《中共中央 国务院关于全面实施预算绩效管理的意见》正式公布，文件指出各级财政部门要推进绩效信息公开，重要绩效目标、绩效评价结果要与预决算草案同步报送同级人大、同步向社会主动公开，搭建社会公众参与绩效管理的途径和平台，自觉接受人大和社会各界监督。此外，文件要求建立全过程预算绩效管理链条，将预算绩效管理贯穿预算编制、执行、监督全过程，具体措施包括建立绩效评估机制、强化绩效目标管理、做好绩效运行监控以及开展绩效评价和结果应用。为贯彻落实党中央关于全面实施预算绩效管理等改革要求，2021 年 4 月修订的《全国人民代表大会常务委员会关于加强中央预算审查监督的决定》第七条提出加强预算绩效的审查监督工作，要求各部门、各单位将重要绩效评价结果与决算草案同步报送全国人民代表大会常务委员会审查。全国人民代表大会常务委员会加强对重点支出和重大项目绩效目标、绩效评价结果的审查监督。必要时，召开预算绩效听证会。由此可见，人大作为预算绩效管理的重要外部监督主体，是全面实施预算绩效管理中不可分割的一部分，肩负着预算全过程绩效监督的重要职责。

自实施绩效管理以来，在人大及其相关部门的有效监督下，各级预算主体加快预算改革步伐、不断完善顶层设计，从强调收支合规性的传统预算向重视全过程绩效性的绩效预算模式积极转变，财政资金配置效率和使用效益均得到有效提升。2018 年，绩效目标已基本实现全覆盖，初步建立了较为规范的绩效指标体系，绩效运行监控范围扩大到所有中央本级项目，并不断强化评价结果反馈和应用，推动绩效信息公开，加大监督力度。

（三）新时代人大开展预算绩效监督的主要方式

目前，各地人大不断尝试新方式方法和新技术手段，人大预算绩效监督的实施卓有成效，主要采用的方式有以下三种。①

一是听取预算绩效工作报告。人大定期听取预算绩效管理工作实施以及绩效评价结果的报告，已经成为各地推进人大预算绩效监督的主要形式。例如，四川省自贡市人大常委会将听取预算绩效管理情况报告作为年度预算监督内容之一，每年至少专门听取一次预算绩效管理情况，建立起常态化监督管理机制。此外，人大直接听取项目、政策和部门预算的绩效评价报告，并进行审议。例如，2018 年福建省厦门市同安区人大在专项审议财政重点绩效评价报告的过程中，通过满意度测评投票的形式，对绩效评价报告进行审议。

二是直接参与绩效评价过程。为了进一步提高人大预算绩效监督的独立性，部分省市开始尝试由人大主动开展对重点部门和项目的绩效评价，从而跟踪资金使用情况。如浙江省温岭市人大采取将重点项目交办财政部门进行绩效评价、交办审计部门进行绩效审计的方式，并建立预算绩效调研组，对交办绩效评价项目开展绩效调研，使预算绩效监督更加全面、准确、有效。

三是在预算联网监督系统中引入绩效监督。北京、浙江、山东、重庆、内蒙古等地纷纷推出预算联网监督系统，方便代表查询本级部门预算编制和执行的全过程。这是在人大预算监督过程中运用互联网及大数据等新兴技术的重要体现，也是人大做好预算绩效监督的重要手段。四川省达州市通川区人大将部门的绩效目标同步导入系统，可直接查看该部门的绩效目标情况，

---

① 马蔡琛，赵笛. 人大预算绩效监督的时代挑战与路径选择［J］. 财政监督，2022（2）：27-33.

让人大的监督更有深度。

二、案例分析：浙江温岭人大开展预算绩效监督

(一) 案例基本情况

温岭市人大常委会积极探索建立预算绩效监督体系，开展从预算绩效目标管理到评价结果运用的全过程监督。

1. 监督预算绩效管理基础工作

温岭市人大常委会在预算绩效监督中始终坚持将预算绩效目标和预算绩效评价指标体系建设作为监督的重点，以推进和夯实预算绩效管理基础工作。第一，要求预算编制要有绩效目标。市财政部门在每年部署预算编制时，要求相关部门单位编制年度预算时一并编制预算绩效目标，对部门单位预算绩效目标进行组织评审。市财政部门还专门下发文件，将部门单位预算绩效目标审核任务分解落实到科室（局），并实行考评，明确实行全员责任制，将此项工作作为干部"三评三改"的内容。第二，要求财政部门认真研究制定切实可行的预算绩效评价指标体系。一直以来，温岭市预算绩效评价指标体系的设立，基本上都参照上级部门印发的格式内容，联系实际、体现个性化程度较少。对此，温岭市人大常委会要求市财政部门要高度重视，联系实际，大胆创新，认真制定具有温岭特色的预算绩效评价指标体系，合理确定评价等级，通过评价明确提出哪些方面资金使用需加大投入，哪些方面资金使用应该退出，使预算绩效评价更具实际意义。经过近三年的跟踪监督，温岭市预算绩效评价的指标体系明显趋向合理，为绩效评价结果的运用和问题的整改打下了扎实的基础。

2. 交办预算绩效评价

2018年，温岭市人大交办市财政部门对经市人代会预算审查批准的市住建局和市行政执法局整体支出进行绩效评价，市人大常委会主任会议专题听取两部门整体支出绩效评价情况的汇报，并将绩效评价发现的问题反馈给市政府和相关部门。市政府要求两部门认真抓好绩效评价发现问题的整改。通

过抓问题整改,使两部门在预算编制、项目管理、预算执行等方面有了很大的改变和提升。2019 年,市人大常委会交办市财政部门对经市人代会预算审查批准的市民政局和市残联整体支出进行绩效评价。

3. 交办预算绩效审计

2018 年,温岭市人大常委会将市人才经费使用和农村生活污水工程资金的绩效项目交办审计。根据市审计局提供的审计报告,市委书记、市长分别就农村生活污水工程资金的绩效项目审计报告作出批示,明确由市委、市政府领导牵头,专题召开会议部署整改。经过数月的上下联动,逐个问题整改落实,挽回损失 1100 多万元。2019 年,市人大常委会又对预算安排的 4000万元的美丽乡村建设垃圾分类专项资金交办审计。

4. 开展预算绩效调研

一方面,温岭市人大常委会通过建立预算绩效调研组对交办绩效评价项目开展绩效调研,使预算绩效监督更加全面、准确、有效;另一方面,市人大常委会根据预算安排实际,对一些在预算执行中有一定反映,且可通过调研了解预算绩效情况的项目,组织人员开展预算绩效调研监督。

5. 注重预算绩效监督结果的运用

温岭市人大常委会十分重视预算绩效监督结果的运用,在积极探索预算绩效监督向政策完善拓展的同时,将预算绩效监督结果作为调整支出结构和科学安排预算的重要依据。市人大常委会主任会议和市人大常委会会议专门听取全市财政预算绩效管理和交办预算绩效评价、绩效审计情况的汇报,向市政府反馈预算绩效监督意见建议,要求市政府及相关部门要狠抓绩效监督发现问题的整改落实,并及时报告整改落实情况。特别是要求市财政部门要重视内部沟通协调,及时将财政监督局绩效评价情况向预算局及相关科室反馈对接,将预算绩效监督结果运用好。市财政部门针对财政预留资金比例太高影响资金绩效的问题,及时降低比例,提高预算资金的分配率。例如,市财政部门在部署 2020 年预算编制工作时,要求每个科室(局)都要根据绩效评价自报三个以上因预算绩效差而建议取消预算安排的项目。

（二）案例评析

温岭市人大常委会在中共温岭市委的领导下，不断深化参与式预算工作，及时提出将预算监督内容从预算审查监督向预算绩效监督纵深推进，紧紧围绕以预算绩效目标管理、预算绩效运行、绩效评价实施、绩效评价结果运用为内容的全过程监督，突出人大在全面实施预算绩效管理中的独特作用，着力提高财政资金配置效率和使用效益。

全面预算绩效管理贯穿预算编制、执行、决算的全过程，包括绩效目标管理、绩效运行跟踪监控管理、绩效评价实施管理、绩效评价结果反馈和应用管理。因此，不断完善人大全过程预算绩效监督机制，能够实现预算绩效监督与预算编制、执行、决算有机结合，促进完善相关政策。此外，将评价结果与下年度预算安排挂钩，作为调整支出结构和科学安排预算的重要依据，能够进一步提高财政资金使用效益。

在全面实施预算绩效管理的过程中，预算绩效管理为政府内部提供了现代预算管理的理念、方法、机制和手段，更多强调内部管理，而人大和审计重点是实施外部监督。作为外部监督主体，人大相较于预算部门、财政部门更加具有独立性，而由预算部门和财政部门委托的第三方评价主体仍然不能完全脱离于资金使用部门的利益纠葛。因此，充分发挥人大预算绩效监督的作用，可以有效提高预算绩效评价结果的客观性和审慎性。[①]

三、进一步加强人大全过程绩效监督

我国的人大全过程绩效监督仍处在起步阶段，面临着绩效监督专门机构和人员的匮乏、未能形成独立的绩效监督报告、预算联网监督系统与绩效监督的进一步融合仍需加深等方面的挑战。新时代人大全过程绩效监督可以从以下路径进一步完善。[②]

[①]　林继平. 温岭人大开展预算绩效监督的实践与思考［J］. 人大研究，2019（12）：48－51.
[②]　马蔡琛，赵笛. 人大预算绩效监督的时代挑战与路径选择［J］. 财政监督，2022（2）：27－33.

（一）全过程绩效监督理念和规范的深化

目前，预算绩效管理在我国仍处于初步阶段，除了明确人大全过程绩效监督的程序和形式外，人大代表在预算审批和决算审查的过程中，如何运用绩效监督推动预算决策的理论和规范仍有待进一步深化。除了在预算流程中重视绩效之外，也应将绩效理念深入到人大预算全过程绩效监督的人员、方法以及技术层面，注重人大绩效人才的培养和绩效管理能力的提升。此外，在全国层面出台人大全过程绩效监督的实施指南，明确人大绩效监督的项目筛选方法、监督指标设置、跟踪监督内容以及绩效监督报告格式及公开范围等多方面的具体内容，从而明确监督重点，制定监督规范，形成更加科学和精确的人大全过程绩效监督体系。

（二）人大全过程绩效监督的专业化

为了进一步提升人大全过程绩效监督能力，人大可以尝试设立专门的绩效监督办公室，培养专业的预算绩效管理人才。目前，由于我国人大内部绩效评价人员较为欠缺，人大全过程绩效监督多采取专家评审、委员投票等形式进行监督。但部分委员对预算绩效管理领域并不完全熟悉，外聘专家的能力也良莠不齐，因此专门的机构和人才培养非常重要。人大预算绩效监督办公室负责对各部门（单位）的预算绩效情况进行跟踪和记录，整理各部门（单位）上报的预算绩效信息，从而为人大及其常委会进行全过程绩效监督提供必要的支撑。

（三）人大全过程绩效监督的公开化

听证会是各国立法机关预算绩效监督的重要方式，也体现了公众在预算绩效监督中的重要作用。我国各地方人大在全过程绩效监督的实践中，为促进人大与社会协同开展绩效监督，也积极探索绩效评价听证会的运用。在此基础上，人大也应及时将重点项目和政策资金使用的绩效监督结果向社会公开，增加政府预算资金使用的透明度，接受更广泛范围内社会公众的监督。

（四）人大全过程绩效监督的技术化

预算执行中的绩效监督已成为全过程预算绩效管理链条中的一个关键步骤，预算联网监督系统加快了人大全过程绩效监督技术的进步。在预算联网监督系统中引入大数据等新兴技术，运用传感器、检测仪等实时监测设备，可以实现预算资金使用客观数据的动态传输。进而，根据上传的数据以及导入的绩效评价指标进行自动化的监督评价。在绩效跟踪监督过程中，人大可随着资金的使用及时获取绩效信息，这样既节省了人大全过程绩效监督所需要投入的技术人员和评价成本，也在一定程度上增强了监督结果的客观性。

（五）人大全过程绩效监督的协同化

在预算绩效管理的不断发展中，我国财政部门的预算绩效评价以及审计部门的绩效审计都取得了明显的进步。因此，人大全过程预算绩效监督在充分发挥其作为外部评价主体的独立性，主动参与绩效评价工作的同时，也可以借助财政部门已有的绩效指标体系（包括指标内容、指标解释、目标值、标准值以及权重设置等）和评价方法。此外，人大可以委派审计部门对重点项目和政策进行绩效审计，在绩效审计结果的基础上，人大再对项目和政策实施进一步的抽查和监督，这样既节省了人大全过程绩效监督的人力和物力，也更加具有专业性。

第三节　监督方式创新提升监督效率：从传统方式向预算联网监督拓展

大数据时代的来临，对人大传统的监督理念和监督方式方法提出了诸多挑战，也为人大监督能力的提升带来了巨大的机遇。要实现有效的人大预算监督，就必须保证预算信息的准确、充分和及时。因此，信息化是实现及时有效预算监督的必经之途。进入 21 世纪以来，信息技术和互联网快速发展，国家电子政务工程建设和信息安全技术水平提高，为预算联网监督提供了技术支持和安全保障。2014 年修正的《预算法》的实施和一系列预算改革的推进，为预算联网监督提供了法律和制度基础。运用联网监督系统能够实现对财政预算和部门预算的全口径、全过程、多层次的监督，可以进行专题监督和多维度分析，对进一步推动预算公开透明，加强对政府全口径预决算的审查和监督，增强审查监督工作的针对性、深入性和有效性，都具有十分重要的意义。

一、预算联网监督

（一）预算联网监督的内涵及意义

预算联网监督，即利用政务内网光纤专线实现人大及其常委会与同级财政的联网，建立各级人大预算支出联网监督系统，把财政数据同步到人大，实现各级财政部门与人大的实时互联互通，将政府各部门单位预算情况置于人大监督之下。

预算联网监督是党中央、全国人大对新时代人大预算审查监督工作提出的新要求，是人大对政府预算实施全口径审查和全过程监管的重要抓手，也是加强和改进人大监督工作、提高监督针对性和有效性的客观需要。开展预算联网监督，人大能及时了解资金流向，及时发现预算编制、预算执行中存在的问题并提出建议，使人大对政府预算监督由事前、事后监督，转变为实时在线全程监督，由形式上的程序监督升级为多层次、全方位的实质监督，拓展了预算监督的广度和深度，提升了预算监督的质量和实效。

（二）预算联网监督的特点

与传统模式下的监督相比，预算联网监督的优点表现在以下四个方面。①
一是由定期性的报表审阅转变为实时性的电子信息审阅。预算联网系统使得监督变得更为简便，预算监督的常规性查询监督可每日、每星期或每月

---

① 福州市鼓楼区南街街道人大工委课题组. 推进人大预算联网监督工作的思考［EB/OL］.（2018-07-17）. http：//www. fjrd. gov. cn/ct/1300-141043.

进行，极大缩短了预算检测的周期，有效提高了监督工作的效率。除此之外，预算工作还可根据要求临时进行查询，在常规性的同时又增强了灵活性和机动性。

二是由静态的时点监督转变为动态的全过程监督。传统模式下的监督开展多体现为听报告、看报表等静态式的时间节点监督，重点关注书面方式呈现的预算草案和预算执行报告，而针对具体过程的实现和执行有所欠缺。预算联网监督不仅关注预算草案的编制和执行结果的汇报，更抓紧每一环节的监控，从草案编制、审批、执行、调整再到后续整改评价，并通过大数据间的整合对比、统计分析，生成各类动态模型和表格，从而实现对预算资金的多层次、全过程的动态监督。

三是由事前、事后的被动监督转变为事前、事中、事后监督三位一体的主动监督。事前体现为对预算编制的提前介入，传统监督模式下，人大代表审查预算草案和报告的时间往往限于会议期间，即使发现问题，亦只能提出原则性或小修小补的意见；而联网监督模式的启动则可让代表们在会议召开前提早介入预算编制，使其全面体现代表们的意见建议。所谓事中即对预算执行开展监督，信息化技术将大数据进行解构，抽象数据变成了实际问题，监督更能击中要害，分析预警功能的开启则将庞大专业的财政数据过滤为特定信号的提示。所谓事后则表现为发现问题后的集中整改和反馈，并引入第三方绩效评价机制。在监督启动的方式上，亦由传统的被动接受材料后的审核模式进入随时可主动开启主题查询监管的主动模式。

四是由发现问题监督转变为预防问题监督。传统预算监督模式下，各级人大或常委会除在每一预算年度内至少两次听取并审核预算执行情况的报告外，并无其他经常性监督的具体要求。如此一来，监督只能发现已经存在的问题，甚至在这一点上亦存在滞后性，相应的解决问题也无法做到及时。而预算联网监督因其实时性特点，可有效避免问题发生与问题发现及解决间的时间差，更能通过整体数据的分析、预警功能的开发等实现提前干预，发挥预防性作用。如在年度预算的范围内，可设置月度或季度支出的最低及最高值，减少年底突击花钱现象的出现，亦可大幅降低结余结转资金的数量，实现科学合理规划支出。

五是由程序性转为实质性监督。在历年人民代表大会召开时,必定存在的一项重要议程就是提交并审查政府预算报告,预算报告包含上年度预算执行情况及本年度预算草案,是对各个领域收入支出的高度浓缩,编制上趋于粗略,极易导致"外行人看不懂,内行人看不清"的混沌效果。例如,就资金用途通常采取笼统的经济分类式,如日常办公用品及图书资料等均属办公类,无法清晰看出预算资金的详细用途,而每笔资金的具体去向更是无法完整体现。而通过预算联网监督系统则可监控预算单位的每一笔资金收入及支出的详细情况,包括资金收入的来源、类别、用途,支出资金的金额、流向、结算方式,等等。

(三)向预算联网监督拓展的进程

早在 2012 年 11 月,全国人大常委会办公厅在《2012–2017 年人大机关信息化建设规划》中就提出了信息化建设方向。2015 年 6 月,中共中央转发《中共全国人大常委会党组关于加强县乡人大工作和建设的若干意见》,在"逐步地推进基层人大工作意见"中提出要推进信息化进程。同年 11 月,全国人大常委会办公厅发布《关于通过网络平台密切代表同人民群众联系的实施意见》,明确提出要做到让各级人大代表能够接触到更多的信息。

2017 年,全国人大常委会在工作要点中明确提到推进预算联网监督工作。当年 3 月,张德江委员长向十二届全国人大五次会议所作的全国人大常委会工作报告中明确要求,在国务院财政部门的积极支持下,尽快研究制定推广预算联网监督的系统建设的指导意见,确保试点工作扎实稳妥推进。同年 7 月,全国人大常委办公厅印发《关于推进地方人大预算联网监督工作的指导意见》,明确推进地方人大预算联网监督工作"时间表"和路线图、任务书。这是贯彻落实党中央关于加强人大预算审查监督重要部署,实施全面规范、公开透明的预算制度的具体举措,是建立和完善中国特色社会主义预算审查监督制度的有益探索,也是新形势下加强和改进人大预算审查监督、提高监督针对性和有效性的客观需要。该意见对分步建设具有查询、预警、分析、服务等功能,实现定期推送和实时查询相结合的信息传输,以及财税与其他相关部门横向联通、省市县纵向贯通的预算联网监督网络进行了规划部署。

2018 年，中共中央办公厅印发《关于人大预算审查监督重点向支出预算和政策拓展的指导意见》，对预算联网监督工作提出明确要求，指出要适应信息社会发展要求，加快推进预算联网监督工作，实现预算审查监督信息化和网络化。2019 年，《十三届全国人大常委会贯彻落实〈中共中央关于建立国务院向全国人大常委会报告国有资产管理情况制度的意见〉五年规划（2018－2022）》中明确要求有计划、有步骤地将各类国有资产管理信息纳入人大预算联网监督系统。2020 年，全国人大常委会办公厅印发《关于进一步加强各级人大常委会对审计查出突出问题整改情况监督的意见》，提出要充分利用预算联网系统的数据资源，分析对比历年审计查出突出问题及其整改情况等内容信息，增强开展监督工作的深度和力度，提高监督的针对性和有效性。2020 年 12 月 26 日，十三届全国人民代表大会常务委员会第二十四次会议审议通过全国人民代表大会常务委员会关于加强国有资产管理情况监督的决定，提出国务院有关部门应当建立全口径国有资产信息共享平台，实现相关部门、单位互联互通，并通过人大预算与国资联网监督系统定期向预算工作委员会报送相关国有资产数据和信息。

2017 年 12 月底，全国人大预算联网监督系统（一期）上线运行，全国31 个省级人大常委会预算工委实现了与政府财政部门预算决算的信息联网查询。2020 年 12 月，全国人大预算联网监督系统（二期）电脑版核心模块和手机 App 版同步上线运行，与国务院有关部门建立了预算数据信息共享机制，初步实现了对预算的智能审查，有效保障了代表对预算的知情权、参与权、表达权和监督权。同时，有很多地方人大也建成了预算联网监督系统并投入使用，形成了各具特色的做法和有益经验。实践证明，开展预算联网监督，推动实现了人大对政府预算的全口径审查和全过程监管，保障了人大代表在线实时了解和监督国家"钱袋子"的运行情况，提升了人大代表和人民群众对财政预算的满意度，把全过程人民民主具体地、现实地践行到预算审查监督的全流程、各环节。

二、案例分析：广东省人大预算联网监督

广东省人大预算联网监督，开全国之先河。经过多年实践探索，广东省人大预算联网监督系统呈现出纵横联网监督的格局，发挥着日益重要的作用。

（一）案例基本情况

长期以来，地方人大财经监督手段落后，人大与政府预算基本信息不共享，程序性监督多于实质性监督，事后监督多于事前的有效防范。时任中共中央政治局委员、广东省委书记的张德江在依法治省工作领导小组会议上提出，要改革对政府预算执行情况的监督，财政部门要与人大财经委员会联网，每一笔财政支出都要让人大知道，加强财政支出的审批监督、使用监督和事后监督。

2003 年，广东省启动建设人大预算联网监督系统，并于 2004 年 8 月初步实现了广东省人大预算联网系统与财政厅国库集中支付系统联网。此前，广东省人大常委会对省财政预算执行情况的日常监督，主要依据财政部门报送的月报表，而一般月报表反映的均是各项支出大数，无法准确反映具体支出项目。实现联网监督以后，人大能够开展对财政预算资金支付情况的实时查询监督，实时掌握财政资金的收支及预算执行情况，开展经常性监督，由过去偏重于形式上履行法定程序向注重多层次、全方位的实质性监督转变。

2005 年，根据广东省委和省纪委关于"继续探索建立实时在线财政预算监督系统的做法，加强人大对财政开支的监督"的统一部署和要求，财政预算支出联网监督系统纳入广东省建立健全惩治和预防腐败体系总体框架。此后，广东省人大常委会的预算联网监督系统建设进入快车道，在纵向上，努力推动省市县三级人大预算监督系统贯通，在横向上，不断拓宽人大与财政、审计、社保等部门的联系沟通。

为全面贯彻实施修正后的《预算法》，进一步发挥预算联网监督系统作用，2015 年 8 月底，广东省人大常委会建立了省级人大预算支出联网监督工作情况分析评估会议制度。随后，省人大财经委制定了《省级财政预

算支出联网开展财政监督工作的暂行规定》，省人大常委会办公厅制定了《省级财政预算支出联网监督分析成果使用暂行规定》，省人大常委会预算工委修订了《省级财政预算支出联网查询系统管理工作规定》，为人大预算联网监督提供了有效的制度保证。

2016年，《中共广东省委关于加强新形势下人大工作的决定》中提出，要推进县级以上人大预算支出联网监督。广东省人大常委会不断升级完善省级预算联网监督系统，大力推进全省市县人大预算联网监督系统建设，积极探索省市县人大预算联网监督，预算联网在全省得到普遍运用。至2017年8月底全省21个地级以上市121个县区已全部实现了本级人大与财政联网，联网率达100%[①]。另外，13个地级以上市、17个县区还实现了本级人大与社保部门联网[②]。

至此，广东省的预算联网监督系统已经基本实现了预算资金全纳入、预算单位全覆盖、预算执行全跟踪、预算监督全方位。具体来说，预算联网监督系统实现了对全部预算资金的监督，涵盖一般公共预算、政府性基金预算、国有资本经营预算和社会保险基金预算这四本预算；系统实现了预算单位的全覆盖，涵盖了119个省级一级预算单位和21个地级市[③]；系统实现了预算执行的全跟踪，从年初编制预算、年终决算到年中每笔财政资金拨付情况，都可以实现全程跟踪；系统实现了预算监督的全方位，联网监督系统有效沟通了审计部门和纪检监察部门，从而实现了人大监督、审计监督与纪检监督的全方位监督体系。

近年来，广东省人大充分利用"数字广东"建设优势，推动部署预算联网监督系统升级改造，打造高端联网监督平台。2021年，广东省人大预算联网监督系统升级迈入3.0时代，功能模块由原来的4大模块拓展为9大模块。系统新增智能搜索功能，加强与广东地市人大、省直有关部门推送数据的对接及智能搜索定位。同时，该系统更新智能分析预警内容，进一步强化全口

①② ［五年回顾］广东人大推进预算联网监督 打造政府"透明钱柜"［EB/OL］．（2018-01-23）. http：//www.gdrd.cn/rdzt/sssjrdychy/zxdt/content/post_169182.html.

③ 看好政府"钱袋子"晒出一本明白账——广东省开展预算支出联网监督工作纪实［EB/OL］．（2016-12-30）. http：//www.gdrd.cn/rdzt/xcyszc/content/post_168503.html.

径预算总量与结构、重点支出、转移支付、部门预算、政府债务以及收入质量等问题的分析和预警，使系统反映预算执行情况更直观、发现问题更迅速、处理问题更顺畅。横向联通方面，系统联网范围不断拓展，目前已实现与广东省财政、社保、国资、医保、审计、税务六个部门联网，并于年底实现与广东省自然资源、省统计部门联网。此外，该系统联网应用端进一步延伸，联网环境由单一的联网查询室延伸到了广东省人大有关委员会负责人和工作人员的办公桌面，联网数据从电脑端延伸到了手机政务微信端，为广东省人大常委会、有关委员会、省人大代表开展审查监督工作提供了便捷高效的数据查询和监督服务。

（二）案例评析

人大预算联网监督源自广东基层实践探索，经实践检验后推向全国，是人大适应信息时代发展要求，创新监督形式，规范预算监督工作和提高预算监督效力的一种主动应变与改革，对提高人大预算监督实效发挥了重要的作用。

1. 人大预算联网监督，保证了对全口径政府预决算的审查监督

党的十八大以来，加强对政府全口径预决算的审查和监督成为了人大预算监督的重要任务和要求。全口径预决算审查和监督，对人大审查监督范围提出了更高的要求。但随着财政业务的不断扩展，财政数据呈几何级数增长，受传统人大预算监督技术制约，人大对预算的实质性监督难以推进，特别是对地方人大而言，预算联网监督系统，真正实现对全口径预决算的审查和监督，保证人大监督不流于形式。也正是基于广东省人大常委会的有效实践，2017年6月，全国人大常委会办公厅印发《关于推进地方人大预算联网监督工作的指导意见》，推动全国层面人大预算联网监督。

2. 人大预算联网监督，推动了人大预算监督工作的规范化、透明化

通过线上查询与线下监督、全面监督与专项监督、人大常委会监督与人大代表参与监督、查询分析和督促整改、人大预算与审计监察监督相结合，进一步推动了人大预算监督工作的规范性和透明度，增强了人大预算审查监

督工作的针对性和有效性。

3. 人大预算联网监督,提高了人大预算监督的实效性

预算联网监督系统建成后,可以充分发挥网络的规模效应,系统涵盖范围不断扩大、反映内容逐渐丰富、监督功能日益强大。依托互联网监督系统,人大预算监督实现了由周期性的报表审阅转变为实时性的电子信息审阅,由对支出结果的概括性审核监督转变为多层次多环节的全方位监督,由静态时点监督转变为动态过程与静态时点相结合监督,由事后监督转变为事前、事中和事后相结合的全过程监督,由发现问题监督转变为预防问题监督,预算监督实效性大大增强。①②

三、进一步完善预算联网监督的建议

目前,我国人大预算联网监督仍面临一些问题与挑战。③ 一是联网监督系统重建设,轻使用,没有发挥应有的作用。自 2017 年全面推进联网监督体系建设后,各地先后建成了联网监督系统,硬件设备和软件系统都投入了相当的人力、物力和财力,但建成后系统的使用频率较低,部分地区的系统甚至经常不能正常使用。此外,当前大部分地区联网监督采用外网专线专机接入的方式,不仅限制了监督主体的覆盖面,而且多数日常联网监督仅能在人大常委会下设的财经委或预算工委中实施,极大限制了监督作用的发挥。二是缺乏核心监督内容,数据分析能力亟待提升。一方面,目前多数地方人大联网监督系统仅靠经验值或地区平均值设置系统预警,但这并非适用于所有情况,也难以应对特殊例外情况下的监控;另一方面,当前地方人大预算联网监督系统普遍缺乏对重点监督内容的设置,也缺少全职专业的数据分析人才,无法对各部门的海量数据进行有效的分析利用。三

① 樊丽明,等. 中国政府预算改革发展年度报告 2019:聚焦中国人大预算监督改革 [M]. 北京:中国财政经济出版社,2020.
② 广东省人大预算联网监督迈入 3.0 时代 [EB/OL]. (2021 – 01 – 14). https://baijiahao. baidu. com/s? id = 1688858332525995709&wfr = spider&for = pc.
③ 王金秀,杨翟婷. 完善人大联网监督,健全预算监督体系 [J]. 经济研究参考,2021 (8):5 – 15 +54.

是数据衔接不够，联合监督尚未形成。当前，地方人大多采用全省统筹（监督系统省内相对统一）或省市县分别推进的模式，但均存在数据共享衔接低效的问题。市县数据覆盖面相对较窄，大多依靠财政数据，缺乏税务、审计、人社和国资等数据接入，且各级数据各自为政，横纵联通的数据共享平台尚未真正形成。由于缺乏其他部门积极支持，数据衔接不畅，人大监督的沟通协商机制难以有效发挥作用。因此，可从以下方面进一步完善人大预算联网监督。

（一）推进多方信息互联互通，为人大预算联网监督提供充分信息

人大要和财政、审计和行政等相关部门沟通协调，将联网监督系统从纵向和横向两个维度进行多方联网、拓展信息，强化部门主体责任，构建以部门为重点主动参与联网监督系统的基础构架，推进预算联网监督工作，提高预算信息透明度，为人大开展全面预算监督创造条件。具体来说，一方面，突破技术瓶颈，完善纵向联通的信息共享机制；另一方面，财政、审计等部门要采用统一数据报送标准，主动配合提供联网监督的数据，真正实现数据的纵向联通与横向共享。

（二）与法定监督手段并用，点面结合加强实质性监督

为了有效发挥人大监督预算的作用，人大监督预算一方面要依托预算联网进行及时、便捷的监督，另一方面还可同时依法采取询问、听取相关报告、重大问题调查等《预算法》《各级人民代表大会常务委员会监督法》规定的法定手段，在预算联网与法定手段相结合的基础上对预算收支、结余结转、国有资产、政府债务、财政政策等进行全口径审查和全过程监督。

（三）以问题为导向开展联网监督，构建重点监督的指标体系

人大每年都需要根据国家发展需求科学合理地制订特定时期的监督计划，人大预算监督计划应该聚焦重点领域、突出问题导向、选择恰当的监督主题。有效利用预算联网形成的海量大数据，恰当设计具有问题导向的人大预算监督计划，使之成为提高预算联网监督的重要抓手。此外，设置科学的联网监

督指标体系，有利于人大常委会和人大代表通过监督实施与部门的对话和强有力的监督，提升监督效果。

（四）各方协同形成监督合力，依托大数据完善人大预算监督体系

人大预算监督应充分重视财会监督、审计监督等各类监督中发现的问题，整合各类监督的监督成果，以防范重大风险为导向，建立完整的合规管理制度体系，依靠大数据以制度流程建设来提高监督效率，保证地方政府和各部门的合法高效履责。此外，不断完善预算联网监督系统开发，拓展完善预决算审查分析、预算执行监督、重点项目跟踪、执行监督预警等功能模块，深化预算联网监督工作。在关联财政信息的基础上，要逐步实现与审计、税务、国资、社保等部门信息系统的互联互通、整合资源，加强大数据信息归集和综合分析运用，用现代化技术变事后监督为事前、事中监督，实现预决算审查监督的全覆盖，切实提高人大监督成效。

第四节　监督主体多元提升治理水平：重视发挥人大代表和专家智库的作用

为了发挥好人大代表在预算审查监督中的重要作用，按照党的十八届三中全会关于加强人大预算决算审查监督职能的改革部署，全国人大常委会办公厅先后印发了《关于建立预算审查前听取人大代表和社会各界意见建议的机制的意见》及《全国人大预算审查联系代表工作办法》，建立了预算审查联系代表机制。两部文件的印发实施，将全国人大预算审查联系代表工作规范化、机制化，进一步保障了全国人大代表对预算的知情权、参与权和监督权，更好地发挥了人大代表在预算审查中的主体作用。此外，党的十八届三中全会提出加强中国特色新型智库建设，建立健全决策咨询制度。因此，近年来，建立人大预算监督智库咨询制度，也成为各级人大及其常委会加强和改进预算监督工作的一项重要举措。

一、人大代表在预算监督中的作用

（一）人大代表的性质和地位

按照《宪法》和《全国人民代表大会和地方各级人民代表大会代表法》的规定，各级人大代表是各级国家权力机关的组成人员，即全国人大代表是最高国家权力机关的组成人员，地方各级人大代表是地方各级国家权力机关的组成人员。全国和地方各级人大代表，代表人民的利益和意志，依照宪法和法律赋予本级人大的各项职权，参加行使国家权力。人大代表依法享有的权力包括：（1）出席本级人民代表大会会议，参加审议各项议案、报告和其他议题，发表意见；（2）依法联名提出议案、质询案、罢免案等；（3）提出对各方面工作的建议、批评和意见；（4）参加本级人民代表大会的各项选举；（5）参加本级人民代表大会的各项表决；（6）获得依法执行代表职务所需的信息和各项保障；（7）法律规定的其他权利。人大代表依法应当履行的义务包括：（1）模范地遵守宪法和法律，保守国家秘密，在自己参加的生产、工作和社会活动中，协助宪法和法律的实施；（2）按时出席本级人民代表大会会议，认真审议各项议案、报告和其他议题，发表意见，做好会议期间的各项工作；（3）积极参加统一组织的视察、专题调研、执法检查等履职活动；（4）加强履职学习和调查研究，不断提高执行代表职务的能力；（5）与原选区选民或者原选举单位和人民群众保持密切联系，听取和反映他们的意见和要求，努力为人民服务；（6）自觉遵守社会公德，廉洁自律，公道正派，勤勉尽责；（7）法律规定的其他义务。

人大代表地位具有法定性。各级人大代表都是经过严格的法律程序，按照法律的有关规定选举产生的。法律规定代表享有的权利和履行的义务，是人大代表经选举产生后法律赋予的，是与代表的法定职务同时存在的。不经过必要的法律程序，任何组织和个人都不能剥夺代表的法定职务。人大代表的这种法律地位，是由人民在国家政治生活中的地位决定的，是一切组织和个人必须尊重和维护的。此外，按照《全国人民代表大会和地方各级人民代表大会代表法》的规定，人大代表依法在本级人大会议期间的工作和在本级人大闭会期间的活动，都是执行代表职务。人大代表执行的代表职务是一种政治性很强的职务，就其性质来说，是参加对国家各项事务的管理，参加国家权力的行使。代表执行的代表职务不是一般的社会职务，而是一种严肃的、政治性很强的职务，是国家职务，承担着宪法和法律赋予的重大职责。这种性质和地位，标志着人大代表责任重大，在国家政治生活中处于重要地位。

（二）人大代表的作用

人大代表作为国家权力机关的组成人员，在我国的经济、政治与其他方面的社会生活中，发挥着重要作用。具体来说，代表的作用主要体现在这样几个方面。

1. 参加决策的作用

人大依法行使职权，讨论和决定重大事项，都需要代表积极地、集体地参加，也只有代表积极地、集体地参加才能得以实现。代表对人大会议上各项议案、报告的审议、表决，直接关系到这些议案、报告的通过与否，关系到决策的后果。人大决策的民主化、科学化水平，反映着人大代表参加决策的能力和程度。

2. 监督推动的作用

人大通过的法律或者法规和决议、决定，能否得到有效的实施，与人大的监督是分不开的，因而也是与人大代表的共同努力分不开的。代表在自己参加的生产、工作和社会活动中，也有义务协助宪法和法律的实施，督促"一府两院"有效地开展工作。"一府两院"依法行政、公正司法的状况，反映着人大代表监督推动的力度和效果。

3. 桥梁纽带的作用

人大代表来自人民、服务于人民，扎根于人民群众之中，与人民群众有着天然的、紧密的联系。代表在人大会议期间和闭会期间，认真履行代表的职责，一方面体察民情，反映民意，另一方面宣传动员，组织发动，做到下情上达、上情下达，可以起到党和国家机关联系人民群众的桥梁和纽带的作用。

4. 模范带头的作用

代表要在自己的日常工作和社会活动中，模范地遵守宪法和法律，努力做好代表工作和本职工作，并自觉接受原选区选民或者原选举单位的监督。这样，才能执行好代表职务，真正发挥好代表的作用，也才能得到人民群众的信服和拥护。

应当说，人大代表在我国经济与社会生活中发挥的上述作用，是其他任何人都不可替代的。人民代表大会在国家政权体系中处于主导和中心地位，是整个政权体系的基础。人民代表大会重大作用的发挥，依赖于人大代表作用的发挥。

（三）新时代人大代表预算监督职能的发挥

审查和批准政府预算决算、监督预算执行情况，是《宪法》《预算法》《各级人民代表大会常务委员会监督法》等法律赋予各级人大及其常委会的重要职权，是人大行使国家权力的重要体现。人大代表依法履行预算审查监督职责，对于深入贯彻党的精神，更好发挥国家根本政治制度的特点和优势，推动党中央重大方针政策和决策部署在政府预算编制和预算执行中的贯彻、落实，具有十分重要的意义。因此，在预算审查监督工作中，坚持和尊重人大代表主体地位，充分发挥人大代表作用，充分听取社会各界的意见和建议，是编制好预算和做好预算审查监督工作的重要保证，也是打造"阳光预算"、提高财政透明度的重要举措。与此同时，预算监督关系财政制度的运行和国家的现代化进程，新时代预算监督新形势对发挥预算监督主体参与作用的人大代表提出了更高的要求。

然而，过去虽然预算审查监督机制不断创新，但人大代表在其中的参与成效差强人意，究其根本存在着主客观方面的原因，主观上人大代表参与预算监督主观动力羸弱，监督意识以及自信心不强，客观上代表专业能力不高以及创新监督机制不够完善。[1] 2015 年修正后的《预算法》正式实施，强化了

---

[1] 罗敏. 创新型预算审查监督视域下人大代表参与预算监督之困境与优化 [J]. 财政科学，2019（11）：5 – 14.

人大代表的预算监督权，从预算的管理、预算的编制，到预算的审查和批准、预算的执行调整以及决算监督，都明确了人大的监督职权，为人大代表监督预算提供了法律保障。与此同时，为提高人大代表的专业水平，各级人大均建立了不同形式的预算审查专家库，并定期组织专业的预算审查监督培训。此外，地方各级人大及其常委会积极创新工作机制，充分发挥人大代表的作用。

2021 年，《全国人民代表大会常务委员会关于加强中央预算审查监督的决定》颁布，强调要更好发挥全国人大代表作用，明确指出国务院财政等部门应当通过座谈会、通报会、专题调研、办理议案建议和邀请全国人大代表视察等方式，在编制预算、制定政策、推进改革过程中，认真听取全国人大代表意见建议，主动回应全国人大代表关切。全国人民代表大会有关专门委员会、常务委员会有关工作机构应当加强与全国人大代表的沟通联系，更好发挥代表作用。健全预算审查联系代表工作机制。2022 年《全国人民代表大会常务委员会工作报告》指出，人大代表是国家权力机关的组成人员，代表人民参加行使国家权力，在发展全过程人民民主中发挥着重要作用。常委会遵循和把握代表工作规律，不断提高代表工作水平，密切国家机关同人大代表的联系，密切人大代表同人民群众的联系，发挥代表作为党和国家联系人民群众的桥梁作用。由此可见，发挥人大代表在预算审查监督中的作用，成为当前人大监督工作的一项重要课题。

1. 举办预算专题培训班，提高代表履职能力

要充分发挥人大代表在预算审查监督中应有的职能和作用，就需要抓好人大代表培训工作。由于相当部分人大代表不是财政及相关专业出身，对预算审查监督不是内行，因此需要加强人大代表对预算理论知识的学习，使其切实掌握审查预算编制、预算执行、决算审查、监督理论知识。目前，全国及各级地方人大财经委员会定期举办预算管理知识业务培训，使得人大代表既拥有较全面的预算、财政、审计、会计、法律等素养，又能对预算支出和政策进行审查监督，提高审查监督的技能。例如，2022 年 4 月，北京市人大常委会财经办、预算工委在前期开展座谈交流、走访调研、问卷调查的基础上，采取"集中培训、专题培训、定向指导、反馈应用"的工作机制，有计划、有步骤、有重点地开展工作培训和业务指导，提升区级人大（包括区级

财经代表）预算审查监督能力和水平。

2. 建立提前介入机制，参与预算论证与编制

让人大代表从一开始就参与预算编制，既能够广开言路、集思广益，又能够督促政府把钱用在"刀刃"上，让纳税人的每一分钱都用到该用的地方去。在预算草案初审前，河北省人大财经委邀请省人大代表赴各市县参加专题调研，听取代表对财政预算管理和预算编制的意见建议。北京市人大常委会提出部门要在预算编制前，邀请人大代表参与项目和支出政策论证的要求。广东省人大常委会制定专项提前介入机制。每年在省财政部门编制下一年度预算草案前，广东省人大常委会都会选择经济社会某一方面的热点难点问题进行调研，根据调研结果提出有关专项资金预算安排的意见和建议，并组织省人大代表视察省财政厅，专项提前介入预算编制监督，督促政府将人大代表对预算资金安排的意见建议落实到预算中去。这一做法实现预算审查监督关口前移，一定程度上改变了过去政府已经编制好预算后人大才提出意见建议，政府难以当年采纳的状况。

3. 对预算报告进行预审，提高预算审查监督质量

人大代表对预算报告进行预审，可以增进代表对预算和政府投资计划安排的理解和支持。与此同时，政府部门充分听取并吸收采纳人大代表的意见和建议，也促进了预算和政府投资项目计划编制更加科学、合理。深圳市人大常委会自 2013 年 12 月起，就开始在代表大会召开前专门组织人大代表对"政府账本"进行预审。多年来，这项工作取得了显著效果，不仅大大提高了人大计划预算审查的含金量，也为人大代表与政府搭建了沟通交流的平台。山西省人大常委会在调研基础上牵头组织相关专委会负责人及人大代表等进行预先审查，审查过程中，重点就预算贯彻党中央和省委重大决策部署情况、专项资金的安排和使用情况、转移支付预算执行和政策实施情况、重点支出和重大投资项目执行情况及绩效目标实现情况进行审查。

4. 建立预算审查联系代表机制，充分发挥代表的重要作用

2018 年 3 月，全国人大常委会办公厅印发《全国人大预算审查联系代表工作办法》，在 35 个代表团、近 3000 名代表中，选取有相关专业背景和工作

经验的代表 152 名，确定为全国人大预算审查联系代表，建立了预算审查联系代表工作机制。这一做法是首次对全国人大代表按照专业类别分组，推进预算审查监督工作与代表工作融合发展，进一步保障代表对预算的知情权、参与权、表达权和监督权。因此，建立预算审查联系代表机制的初衷和目的，就是要在预算编制、预算执行和预算审查监督工作中，听取代表意见建议，更好发挥代表的重要作用。

各级人大及其常委会在其指引下也积极探索建立了预算审查联系代表机制。海南省人大常委会在各代表团中选择一名较为熟悉财经工作的代表作为联络员，其主要职责是在代表大会收集各代表团关于预算草案的意见建议，参与人大财经委在大会前组织的预算审查，闭会后从代表中收集预算审查监督的信息等。在初步审查部门预算和预算草案时，邀请部分代表联络员参加，发挥代表联络员熟悉财政工作、贴近基层、了解民意的优势，为部门预算审查提供更多建设性的意见；大会期间，邀请代表联络员参加财经委的预算集中审查，听取并将其所在团代表的审议意见充实到预算审查报告中，使审查报告建议更具针对性。陕西省人大常委会建立了由 36 名具有财政、审计、会计、国资监管等工作背景的省人大代表组成的预算审查监督代表专业小组，形成会前、会中、会后全过程预算审查监督工作机制，保障了人大代表依法行使预算知情权、建议权和监督权。湖南省人大常委会选取 71 名省人大代表作为预算审查联系代表，代表大会会议期间，预算审查联系代表积极履职、带头作引导性发言。重庆市人大各代表团推选专业代表担任预算审查监督联络员，发挥好专业代表在大会及闭会期间开展预算审查监督的重要作用。

5. 开发代表移动审查监督系统，提升预算审查监督便利性

为更广泛地听取和了解人大代表对预算编制、预算执行和预算审查监督等工作的意见建议，并为人大代表依法履职创造条件，各地人大纷纷建立人大代表财政预算信息网络服务平台，广泛听取和了解人大代表的意见、建议。通过预算联网监督等网络服务平台，及时向人大代表提供相关材料和信息，为其依法履职提供保障。新时代预算联网监督系统的广泛应用，极大提升了人大代表预算审查监督的便利性。四川省人大常委会开发了代表移动审查监督系统，并向来自各代表团的预算审查联系代表配发了内置该应用系统的平板电脑

作为移动审查监督终端。代表们通过该移动终端，可以随时随地查询预算决算信息、预算审查监督信息，参与预算审查监督工作，提出相关意见建议。

专栏 9-1　浙江杭州人大成立人大财经审查小组夯实财经监督的专业力量

　　长期以来，人大财经监督中普遍存在着代表参与专业门槛较高、大会审查时间窗口较短、专责监督力量较弱的现象，影响了财经监督工作的实效。为了有效缓解这一难题，杭州人大立足代表主体作用发挥，积极为代表参与监督构建平台，创新开展预算草案"三审"制工作，将大会期间的时点性审查，延伸到预算草案编制过程中开展"代表预审"。为对照党中央和全国人大加强财经工作的系列要求，杭州市人大在 2022 年换届之际，首次成立了由52 位人大代表组成的财经审查小组，以夯实财经监督的专业力量。杭州人大通过建立财经审查小组的方式，提升代表监督的专业性。在此次小组成员中，14 人有财务类背景（从事财务、审计、税务工作或有会计师、审计师职称），10 人有工程类背景（各级工程师），10 人有经济类背景（各级经济师或企业负责人），充分发挥人大代表学有专长优势，突出人大代表联系广泛的特点。该小组代表作为人大财经监督的骨干力量，在杭州市十四届人大一次会议期间积极参与了计划、预算两报告两草案审查，共提出了 36 条意见交由大会计划预算审查委员会审查。

　　下一步，杭州人大将以全过程财经监督践行全过程人民民主要求，从四个方面有效发挥财经审查小组的作用：一是提升履职能力，做好财经审查业务培训，帮助人大代表更好开展监督；二是强化信息服务，借助人大财经综合监督系统信息提供、数据分析、预警提示的作用，保障人大代表履职的知情权；三是构建履职平台，深化预算草案"三审"制等代表履职平台建设，畅通闭会期间人大代表与政府部门的意见交换渠道，保障人大代表履职的参与权；四是提升履职实效，做好人大代表审议意见从提出、落实到反馈的闭环监督，进一步保护和激发代表履职的积极性。

　　资料来源：杭州人大财经审查小组. 发挥人大代表主体作用 夯实财经监督工作力量［EB/OL］（2022-04-06）. http：//zj. people. com. cn/n2/2022/0406/c370990-35210731. html.

二、发挥专家智库在预算监督中的作用

（一）人大专家智库建设的必要性①

建立人大预算审查监督专家智库咨询制度，是推进国家治理体系和治理能力现代化的重要抓手，是实现国家治理体系和治理能力现代化的重要体现，是落实《预算法》和人大监督职权的有效举措，也是增强人大预算监督能力，实现实质性监督的现实需要。

财政是国家治理的基础和重要支柱，财政预算体现着国家经济社会发展的大政方针和任务部署，反映政府活动的范围和方向。预算审查监督的外在表现是监督和规范财政项目或资金，内在要求是约束和引导政府权力的运作。由于政府预算的专业性、技术性强，人大预算工作既是经济工作，又是政治工作，涉及经济调节、社会管理、公共服务、民生改善等方方面面，需要复合型人才的支持配合。而人大代表委员又来自各行各业，特别是在全口径审查、全过程监管的背景下，对预算审查监督的要求在逐步提高。因此，成立人大审查监督专家智库，建立人大预算监督专家智库咨询制度，挑选一批政治意识强、业务水平高、热心人大工作的专家学者、领军人物和业务骨干，参与人大预算监督工作，创造条件让相关专家参与预算决策过程，发挥其监督公共财政和预算权利的作用，有利于广泛联系组织带动多个行业的专业人才，凝聚强大的预算立法、监督的专业力量；有利于增强预算审查监督能力，提升人大预算监督工作的科学化、专业化、规范化水平；有利于发挥引领作用，带动人大预算工作机构持续加强自身建设；有利于全面提升政府效能，增强政府公信力和执行力，加快推进国家治理体系和治理能力现代化。

（二）建立人大监督专家智库的法律法规及制度依据

党的十八大之前，一些地方人大就开始了人大预算专家库的探索实践。

---

① 王建鸣．借智借势 群策群力 助推人大财经预算监督工作创新发展［J］．中国人大，2019（4）：47-48.

如早在 2008 年，福州市人大常委会为加强预算审查监督工作，专门聘请了 33 名专家，其中包括部分市人大代表、县级人大及政协有关专家，高校，省市专业部门的专家学者，成立了人大预算审查专家库。① 但有关建立人大预算监督专家智库咨询制度的法律法规，以及将发挥人大专家智库在预算监督中的作用正式写入文件，应该是在党的十八大后。

2015 年，中共中央《关于加强中国特色新型智库建设的意见》指出，人大要加强智库建设，开展人民代表大会制度和中国特色社会主义法律体系理论研究。2017 年《关于建立预算审查前听取人大代表和社会各界意见建议的机制的意见》明确指出要完善听取有关方面专家意见建议制度。要认真听取有关专家、研究机构对预算和预算审查监督工作的意见建议，发挥好其建言献策的重要作用。每年 12 月，由预算工作委员会组织召开专家座谈会，邀请财政预算、税收、财会、投资、金融、审计、法律等方面专家学者和企业代表，结合中央经济工作会议精神，就经济社会发展、财税政策、预算改革、预算审查等提出意见建议。国务院有关部门到会听取意见建议。2018 年《关于人大预算审查监督重点向支出预算和政策拓展的指导意见》又强调每年在政府预算草案编制前，应当通过召开座谈会、通报会等多种形式，认真听取本级人大代表、专家智库等社会各界关于重点支出、重大投资项目、重大支出政策等方面的意见建议。2021 年十三届全国人大四次会议通过修改的《中华人民共和国全国人民代表大会组织法》第三十六条规定，各专门委员会可以根据工作需要，任命专家若干人为顾问；顾问可以列席专门委员会会议，发表意见。

各地方人大也纷纷加强专家智库建设，将向专家智库咨询制度化。如 2016 年 12 月，北京市第十四届人民代表大会常务委员会第三十二次会议通过的《北京市预算审查监督条例》总则第四条规定，市人大常委会预算工作机构依法履行审查预算草案、预算调整方案、决算草案和监督预算执行等方面的具体工作职责时，可以聘请第三方机构对预算监督有关事项协助开展工作。第五条规定市人大常委会可以聘请预算监督顾问，参加财经委员会相关的预算审查监督和调研等活动，就有关专业性问题提出咨询意见。2021 年北

---

① 戴晓铧. 福州：成立预算审查专家库［J］. 人民政坛，2008（11）：1.

京市《关于进一步加强北京市各级人大对政府债务审查监督的实施意见》指出，各级党委、人大及其常委会、政府做好贯彻落实工作，要积极发挥人大预算监督研究基地的智库作用，探索引入第三方评价等方法，增强监督实效。2021 年《北京市人民代表大会常务委员会关于加强市级预算审查监督的决定》强调要强化智库基地支撑作用。市人大常委会、有关专门委员会和工作机构在开展有关预算方面的立法和预算审查监督工作中，根据需要，可以委托人大预算监督研究基地、社会中介机构在开展立项论证、专题调研、跟踪监督、专题评估、部门预算初步审查等方面，提供专业咨询服务，发挥人大预算监督研究基地、社会中介机构等专业力量优势，提高立法、监督能力和水平。不断完善人大预算监督研究智库基地工作机制，加快培育一批高质量的人大预算审查监督专业社会中介机构，逐步形成面向全市各级人大及其常委会、有关专门委员会和各级人大代表开展预算审查监督工作进行专业支撑的服务机制，提高整体预算审查监督水平。

综上，我国人大预算监督的智库建设有了较为完备的法律法规依据。

（三）新时代专家智库预算监督作用的发挥

近年来，围绕着立项论证、专题调研、跟踪监督、专题评估、绩效评价、预算初步审查等重点工作，设立咨询委员会、专家委员会、专家库、专家顾问团等，是各地方人大及其常委会的通行做法。专家智库一方面充分发挥自身的理论和实践优势，提供具体的财经预算业务支持，并在监督内容、监督方式和手段、监督环节上想办法出实招；另一方面注重发挥带头人和领衔人的示范、辐射、带动作用，起到扩散效应、放大效果，更好地发挥参谋决策作用。专家智库充分运用先进理念、超前思维、战略眼光，发挥自身专长，通过多种形式，为人大预算监督工作建言献策。

专栏 9 - 2　地方人大积极与高校智库合作助力新时代人大预算监督

（一）北京市人大常委会与在京高校共建人大预算监督研究基地

2019 年 9 月，北京市人大常委会与中央财经大学、首都经济贸易大学签署合作框架协议，共同建立北京市人大预算监督研究基地，形成了人大预算监督的"双基地"模式。市人大常委会主任李伟在启动会上表示，建立北京市人大预算监督研究基地，是落实党中央和市委关于人大预算审查监督重点拓展改革要求的具体措施，是市人大首次探索与高校合作，推进北京人大预算监督工作的重要一步。要坚持党的领导，立足我国国情和首都实际，将研究基地真正建设成为地方人大的思想库、智囊团。李伟主任强调，市人大相关委员会和常委会工作机构要做好服务保障，充分运用人大预算监督联网平台，通过智库基础性数据资源、政策信息和研究成果共享，支持研究基地做"真学问"，聚焦首都经济和社会发展重大问题，在财经立法、计划和预算监督方面主动给智库出题目、交任务，为智库建设创造条件。基地的学者要做"实学问"，深入实践、深入基层、深入群众，针对实践中存在的突出问题分析原因、找准症结、寻求对策，为市人大常委会、专委会和人大代表的履职，为管好用好人民的"钱袋子"提供智力支持。希望双方发挥各自优势，紧密合作、资源共享、大胆创新，坚持问题导向，深入研究完善人大审查监督制度和工作机制，为推进依法行政、依法理财，推进治理体系和治理能力现代化做出更大贡献。

此后，市人大每年向两校人大研究基地交任务，两校研究基地发挥各自优势，积极整合校内资源，统筹各专业力量，针对人大关注重点开展课题研究，形成了一大批高质量、接地气的成果。同时，两校的多名专家学者受聘担任北京市、区两级的经济及预算监督顾问，积极参与人大对预算决策与编制、执行与调整、决算与审计、绩效与评价以及专题调研、预算初审、专业咨询、业务培训等工作。形成了扎根中国大地办高水平大学的生动实践。通过这种合作模式，深化了校地合作、推进了优势互补，进一步激励学校坚守教育报国的初心和使命。

目前，除北京之外，四川、山东、辽宁、云南、湖南等地人大也与西南财经大学、山东大学、辽宁大学、云南财经大学、湖南大学、湖南财政经济学院等共建了有关人大预算审查监督的研究中心（基地）。

（二）重庆市九龙坡区人大常委会专家智库

2022年4月28日，重庆市九龙坡区人大常委会专家智库正式成立，这也是重庆首个综合性区县人大专家智库。首批74名受聘专家正式上岗，他们来自九龙坡市、区、镇三级人大代表和全市机关企事业单位、高等院校、科研院所、党校等单位的有关专业人员，既有全市知名专家学者，也有当地行业权威代表，其中具有研究生学历以上的有43人、占57%，博士达15人；具有副高以上职称的占76%；非人大代表的专家有53人。智库成立后74名专家按照专业所长，被编入监察和法制、财政经济、教育科学文化卫生、社会建设、人事代表、预算、城市建设与环境保护7个专家组，聘期为3年。

据介绍，在聘期内，专家们作为人大的"人才库""智囊团"，主要有6项工作任务：应邀对提请九龙坡区人大常委会审议的事关全区改革发展的重大事项及改革发展过程中的重点领域，开展咨询服务，提出可行性建议和科学依据；应邀参与提请区人大常委会审议的有关事项的审查工作，提出专业审查意见、建议，为区人大及其常委会审查有关决议决定和重大事项提供专业咨询；应邀列席区人大常委会组织的各类视察调研、执法检查、专项评议、专题询问等活动，开展专业知识培训和业务指导，提出工作意见和建议；应邀列席区人大常委会会议、主任会议和其他专题会议等，并提出相关意见建议；应邀参加区人大制度研究会相关课题研究活动，提出工作意见和建议；完成区人大常委会交办的其他相关工作。

资料来源：根据北京日报、北京电视台的报道等资料整理；九龙坡区人大常委会专家智库成立［EB/OL］.（2022 - 04 - 29）. https：//baijiahao. baidu. com/s？id = 1731406985002183497&wfr = spider&for = pc.

三、案例分析：厦门市人大推进人大代表预算联络员制度

（一）案例基本情况

审查批准预算是《宪法》和《预算法》等法律赋予各级人大及其常委会的重要职责，是人大行使国家权力的重要体现。近年来，在各级人大的不懈努力与积极推动下，政府提交给人大审查的预决算文件越来越全面细致，人大对政府预决算的审查监督逐步从程序性向实质性转变。为进一步强化对政府预算的审查监督，厦门市人大通过建立人大代表预算联络员制度，充分发

挥人大代表在预算审查监督中的主体作用，增强了人大代表对预算的知情权、参与权和监督权，强化了预算审查监督实效。

1. 加强培训，让预算"天书"不再难懂

读懂政府账本是人大代表履职的基本功。为更好地发挥预算联络员的联通、带动作用，厦门市人大专门举办了预算审查工作培训班，帮助预算联络员掌握预算审查专业知识，提升预算审查能力和水平。为强化培训的针对性，特别邀请了财政部厦门监管局和市财经委、市财政局、市审计局等部门具有扎实理论基础及丰富实践经验的同志，围绕国家财政预算改革总体方向与要求、厦门市预算安排和编制的总体要求与思路、近年来预算执行审计中发现的预算编制及执行的问题、市人大财经委对加强全市预算审查监督工作的总体思路与要求等，分别作了专题介绍。

2. 提前介入，为大会审议做好准备

预算报告往往数据多、图表复杂，在人代会短短的时间里，如何让代表读懂看透审查好，一直是摆在各级人大面前的一个难题。有了预算联络员后，从预算编制开始，厦门市人大就邀请他们全程参与，一方面有利于将代表意见提前传达给政府相关部门，及时调整预算安排；另一方面，让预算联络员先熟知政府预算编制与执行的基本情况，便于在人代会期间给相关代表团代表解惑释疑，提高预算审查的针对性和有效性。

预算联络员制度建立的当年，市人大财经委牵头组织召开预算审查座谈会，邀请预算联络员参加，听取财政、税务等部门关于当年预算执行情况和下一年度预算安排情况的专题汇报，提前介入预算草案预先审查工作。预算联络员围绕党委决策部署和群众关心关注的热点难点等方面的问题向各部门发问，详细了解预算资金安排的背景、重点投向等，政府部门对预算联络员的提问逐一进行回应，并表示将结合人大代表的意见建议认真加以改进，不断完善预算编制工作。预算联络员提前介入预算审查工作，有助于在人民代表大会期间更好地引导代表审议预算报告，为强化预算监督实效打下坚实基础。

3. 当好"领头羊"，引导各代表团审议预算账本

预算联络员制度建立的初衷和目的，就是让预算联络员解读并引导所在

代表团审议预算报告及草案，并收集本代表团代表关于预算的审议意见和建议。据统计，制度建立的当年，各代表团代表在预算联络员的引导和带动下，围绕预算草案和预算报告进行深入审议，代表提出的有关财政预算的意见和建议数量相比上一年增长约31%，审议质量也大大提高。审议中，有的代表表示，具有财经知识并提前介入人大预先审查的代表联络员在分组审议预算草案和报告时，对草案和报告的数据进行解读，帮助代表找准预算审议重点，有针对性地提出建议和意见，使预算草案和预算报告上的数字不再生涩难懂，便于其他代表了解整个预算草案和预算报告的内涵，有效提高了审议质量。

4. 参与绩效评价，保证财政支出效益

预算绩效是预算监督工作的重要组成部分。对预算资金支出绩效进行监督，是人大依法行使监督权的重要体现。为强化政府预算绩效评价工作的权威性和透明度，自预算审查员制度建立以来，厦门市人大围绕市委决策部署和群众关心关注的重大财政支出、重点民生项目预算管理情况，每年推荐与项目专业领域相关的预算联络员参与项目绩效评价各项活动，并从专业角度提出针对性的意见建议，有利于强化人大代表对财政资金使用的监督职能，增强财政资金使用效益，也有助于提高政府理财的民主性和社会参与度。据统计，近几年市人大推荐的预算联络员共参与了保障房建设和运营、教育支出政策、人才专项资金等26个重点项目的绩效评价工作，进一步提升了绩效评价质量，助推厦门全方位、全过程、全覆盖预算绩效管理体系建设。

（二）案例评析

充分发挥人大代表作用，是做好人大及其常委会工作的关键，是保障人民当家作主的重要一环。厦门市人大通过建立人大代表预算联络员制度，有效保障人大代表依法行使职权，这一工作实践也对各级人大更好发挥代表作用带来启示。

1. 强化服务保障，提高代表素质

人大代表为人民代言，其履职能力的高低，直接关系代表作用发挥程度，影响人大工作成效。建立预算审查员制度以来，厦门市人大通过强化代表预算知识培训、让预算联络员提前介入预算草案预先审查等方式，有效增强了人大代表履职能力和水平。

2. 密切同代表联系，形成工作合力

推进预算监督由程序性向程序性和实质性并重转变，必须加强同代表的联系，发挥代表作用，提高预算监督质量。预算联络员制度的实行，增进了人民群众、人大代表、预算联络员、各代表团、人大财经委和政府部门等各方面的沟通和理解，既让政府预算安排得到人大代表的理解和支持，也有助于政府将人大代表的意见建议及时吸纳到预算编制及执行中，形成良性互动。

3. 坚持与时俱进，注重增强实效

进一步探索新时代人大代表工作的规律和措施，不断增强代表工作实效，是保障人大及其常委会依法行使职权的有效途径。实践中，厦门市人大不断探索发挥预算联络员的作用，积极推荐相关专业领域预算联络员参与政府项目绩效评价，激发代表管好政府"钱袋子"的责任感与使命感，促进政府预算更加公开透明，也增强了人大监督实效。[①]

四、进一步发挥人大代表及专家智库的预算监督作用

2015 年，修正的《预算法》实施之后，人大及其常委会的预算监督职能得以强化，创新的预算审查监督机制助力了人大代表及专家智库参与预算监督，但当前预算监督力度与民众的期待仍然存在一定的差距。欲进一步提升人大代表参与预算审查监督的实效性，归根结底要提升人大代表参与预算监督的责任感和能力，更需要创新机制本身以保障人大代表切实参与预算监督，从而提升预算审查监督的质量和水平。此外，欲进一步发挥专家智库的"外脑作用"，增强预算监督能力，还应加强对人大专家智库建设的统筹指导，完善智库成果运用转化和传播机制。

---

① 厦门市人大常委会人事代表工作室. 厦门市人大推进人大代表预算联络员制度实践 [J]. 人民政坛，2021（5）：36 – 37.

（一）进一步提升人大代表参与预算监督的能力与责任意识

第一，进一步加强并优化对人大代表有关预算知识方面的培训，提高人大代表参与预算监督的履职能力。由于人大代表结构存在层级性和差异性，培训工作应注重灵活性，采取多种措施，多渠道、多途径进行。人大财经委除了对代表联络员进行集中业务培训外，还可以通过专题研讨、工作交流座谈会等灵活的方式向人大代表们教授预算专业知识。或是以人大代表工作站为各片区根据地，组织各片区人大代表定期到站开展预算相关方面的知识培训。另外，人大代表联络员以及人大代表工作站可经常性组织人大代表去财政局或税务局调研，使代表对预算知识有更直观的认识，这不仅有利于提高人大代表参与预算监督的专业能力，更有利于培养人大代表的履职责任感，增强人大代表监督预算的意识。

第二，加强人大代表与地区选民的联络交流，强化公众对代表的监督，以提升人大代表参与预算监督的积极性与责任感。增加人大代表在社会公众面前的曝光度，可以让代表在有压力的同时获得更加积极履职的动力。因此，可以尽可能多地将预算工作通过人大代表向各选区选民进行宣传汇报。例如，可以考虑将区市各次预算编制说明会、听证会、咨询会等活动通过人大代表工作站或是代表联络员向公众宣传，让公众在获知预算审查监督活动的同时督促人大代表积极提升自身预算监督能力，尽职尽责履职参与审查监督。如此，过程中人大代表所获得的来自公众的关注与认可，亦可增加代表的责任感和荣誉感，使其更有动力、更有意识参与监督预算工作，从而形成良性循环。

第三，应当提高全民预算监督意识，营造全民监督氛围，借此助力提升人大代表的监督意识。可以通过各类媒体和多种途径，进一步加强公共财政与预算知识的宣传、培训和引导，向社会普及公共财政知识以及预算与自身的相关性，培养公众的主人翁意识，并提供更多途径与渠道，创造更多机会引导社会公众更深入地参与到公共预算中来。例如，利用预算编制执行听证会、财政知识或预算项目问卷调查、财政收支公开论坛和网络主页等形式，使更多公民参与进来，营造全民监督氛围。

（二）进一步完善人大代表参与预算监督的创新型监督机制

人大代表参与预算监督的权力能否得到切实保障，是影响其预算监督效力的首要因素。[①] 为了进一步推进人大代表参与预算监督的工作实效，应当完善各类预算审查监督机制，在创新的基础上强化人大代表的参与度。因此，具体而言，一是在全国开发并推广统一的预算联网监督系统，通过技术升级加强系统数据分析及随时随地查询的功能，以便提升人大代表切实参与监督的实效。二是构建代表联络员制度固态运作模式，在财政预算中列明经费需求，通过稳定的财政支持以维护代表联络员的稳定工作。三是完善人大代表工作站工作机制。人大代表除了应当常态化到站与民沟通外，还应充当该站点普及法律尤其是预算相关法律规范的角色，宣传与号召公众对预算工作的参与和监督，同时完善人大代表工作站官网，实现公众线上线下都能迅速及时找到人大代表，快速解决问题。四是以成文规范形式明确人大与审计等部门的合作与工作机制，避免随意性的同时亦能强化人大代表在此间的参与度。五是建立预算咨询组机制，在切实提升人大代表自身专业技能的同时，充分利用专家组的智慧和能力。六是将预算听证制度常态化，并明确纳入听证范围的项目，避免随意性，同时列明公开人大代表在听证会中的工作责任以供公众监督，让在监督压力下的人大代表积极参与预算审查工作。

（三）进一步加强人大专家智库的统筹建设与成果运用

一是加强对人大专家智库建设的统筹指导，把人大专家智库建设作为人大及其常委会发挥职能作用的一项重点工作来全面推进。建议全国及地方各级人大常委会及时研究制定出台加强人大专家智库建设的指导意见，并制定人大专家智库体系建设规划，构建完善一套体现人大特点的专家智库组织管理、研究运行、成果评估和应用转化机制，将人大专家智库建设纳入制度化轨道。

二是完善专家智库成果运用转化和传播机制。成果转化是人大专家智库

---

① 马骏，谭君久，王浦劬. 走向"预算国家"：治理、民主和改革 [M]. 北京：中央编译出版社，2011.

建设的内在要求。要建立专家智库成果质量把关以及报告制度，把高质量研究成果与人大工作有机结合起来，分类别分内容定期向同级人大常委会汇报，其中事关大局和社会热点、难点问题的，还可以常委会文件的形式抄送党委和"一府一委两院"。与此同时，拓展成果传播渠道，完善传播机制。充分利用各级人大常委会所办的报纸杂志、人大信息简报、人大门户网站、人大微信平台等大众媒体，多渠道、多元化宣传研究成果和政策主张。同时举办各种研讨会、座谈会、培训会等，不断扩大研究成果在社会上的知晓面和影响力。

第十章

新时代人大预算监督的改革成效

本章导读：人大预算监督作为人民代表大会与生俱来的职责和权力，该项监督在党和政府治国理政中的重要意义不言而喻。除此之外，它因时而变的各项发展成就，不仅彰显了我国对财政预算管理、公共财政体制建设的重视，更是有力地诠释了人民代表大会制度紧扣时代脉搏求进步的制度优势，也将更加有利于最高权力机关的治理能力及活力在新时代的迸发。本章将遵循今昔对比的基本逻辑，从人大预算监督的监督重点、监督程序、监督力度及作用效果等方面入手，通过梳理党的十八大前后相关法律规章、地方人大预算监督工作实践等的变化，就人大预算监督在新时代取得的监督成效作出分析。

第一节　预算监督重点日益聚焦

在过去，我国预算编制主要遵循以收定支、保持收支平衡的原则，人大预算审查监督重点工作集中于控制赤字规模和保持预算收支平衡状况。相应的，对支出预算和政策关注较少。党的十八大以来，各级人大预算监督工作的重点调整为对政府全口径预算决算的审查和监督，且预算审查监督重点越来越明确清晰，预算监督工作进入了一个新的阶段。

一、党的十八大前人大预算监督重点

人大预算监督，特别是地方人大预算监督在我国由来已久，早在 1954 年我国出台的首部《中华人民共和国宪法》中就有明确规定：省、直辖市、县、市等行政单位设立人民代表大会和人民委员会；地方人民代表大会是地方国家权力机关；审查和批准地方政府的财政预算和决算。1979 年《地方各级人民代表大会和地方各级人民政府组织法》和 1982 年《全国人民代表大会组织法》又规定，全国人民代表大会和地方人民代表大会审查和批准本行政区域内的国民经济和社会发展计划、预算以及预算执行情况的报告；县以上地方人大常委会根据本级人民政府的建议，决定对本行政区域内的国民经济和社会发展计划、预算的部分变更。这标志着人大预算监督获得了法律授权。有关人大预算审查监督的重点，体现在法律法规及国务院相关制度文件中。

到 1994 年前后，为缓解中央财政压力，我国开始着手分税制改革，在划分事权的基础上，重新划分中央与地方的财政支出范围。分税制改革给国家及地方的财政预算管理提出了新的挑战和要求，此时，《中华人民共和国预算法》也应运而生。《预算法》第三条规定各级预算应当做到收支平衡，第六十六条指出全国人民代表大会及其常务委员会对中央和地方预算、决算进行监督。县级以上地方各级人民代表大会及其常务委员会对本级和下级政府预算、决算进行监督。乡、民族乡、镇人民代表大会对本级预算、决算进行监督。除此之外，并未对人大预算监督的重点进行规定，1995 年实施的《中华人民共和国预算法实施条例》亦未明确人大预算监督的重点。2007 年实施的《中华人民共和国各级人民代表大会常务委员会监督法》对此有了改变，第十八条规定了常务委员会对决算草案和预算执行情况报告，重点审查下列内容：一是预算收支平衡情况；二是重点支出的安排和资金到位情况；三是预算超收收入的安排和使用情况；四是部门预算制度建立和执行情况；五是向下级财政转移支付情况；六是本级人民代表大会关于批准预算的决议的执行情况。除前款规定外，全国人民代表大会常务委员会还应当重点审查国债余额情况；县级以上地方各级人民代表大会常务委员会还应当重点审查上级财政补助资金的安排和使用情况。

二、党的十八大以来人大预算监督重点拓展

党的十八大以来，从 2014 年修正的《预算法》立法规定到《关于人大预算审查监督重点向支出预算和政策拓展的指导意见》和《全国人民代表大会常务委员会关于加强中央预算审查监督的决定》等党中央文件要求都使得人大监督预算重点逐渐向支出预算和政策拓展，监督的内容越来越清晰。

（一）修改预算法，清单式列出审查监督重点

进入 21 世纪后，我国的财政经济形势持续好转，综合国力显著增强。特别是党的十八届三中全会提出国家治理体系和治理能力的现代化，以及将财政定位于国家治理的基础和重要支柱，中国的发展进入一个崭新的时代，建设现代预算制度，做好财政预算管理责任重大。不仅如此，人民的认知水平和综合素质也在整体跃升，参政议政、关注国家经济及社会建设的意识和能力也逐步增强，公众对国家的财政预算收入和支出问题开始高度关注，要求享有财政预算更广泛的知情权、参与权和监督权。与此相适应，在依法治国的背景下，我国于 2014 年对 1995 年实施的《中华人民共和国预算法》进行了修正，《预算法》将以往预算改革的成功实践以法的形式加以明晰，以使预算监督和管理具有法律依据，并结合我国的财政结构和预算管理的特点以及预算改革的方向，做了具有前瞻性的规定以使预算改革也具有法律依据。《预算法》对人大预算管理职权及监督工作的重点做了具体的规定。

《预算法》清单式地列出了人大对预算、决算草案的重点审查内容，使预算审查监督有了抓手。

1. 在预算审查方面

《预算法》第四十八条规定，全国人民代表大会和地方各级人民代表大会对预算草案及其报告、预算执行情况的报告，重点审查以下八个方面的内

容：（1）上一年预算执行情况是否符合本级人民代表大会预算决议的要求；（2）预算安排是否符合本法的规定；（3）预算安排是否贯彻国民经济和社会发展的方针政策，收支政策是否切实可行；（4）重点支出和重大投资项目的预算安排是否适当；（5）预算的编制是否完整，是否符合本法第四十六条的规定；（6）对下级政府的转移性支出预算是否规范、适当；（7）预算安排举借的债务是否合法、合理，是否有偿还计划和稳定的偿还资金来源；（8）与预算有关重要事项的说明是否清晰。同时，《预算法》第四十九条还明确规定了全国人大财经委以及地方人大有关专门委员会向大会主席团提出的预算草案和预算执行情况的审查结果报告应当包括四个方面的内容：（1）对上一年度预算执行和落实本级人民代表大会预算决议的情况作出评价；（2）对本年度预算草案是否符合本法的规定，是否可行作出评价；（3）对本级人民代表大会批准预算草案和预算报告提出建议；（4）对执行年度预算、改进预算管理、提高预算绩效、加强预算监督等提出意见和建议。

2. 在预算调整方面

《预算法》第六十七条规定，经全国人民代表大会批准的中央预算和经地方各级人民代表大会批准的地方各级预算，在执行中出现下列情况之一的，应当进行预算调整。

（1）需要增加或者减少预算总支出的；

（2）需要调入预算稳定调节基金的；

（3）需要调减预算安排的重点支出数额的；

（4）需要增加举借债务数额的。

3. 在决算审查方面

《预算法》第七十九条规定，县级以上各级人民代表大会常务委员会和乡、民族乡、镇人民代表大会对本级决算草案进行审查时，重点审查了十二个方面内容，具体包括：（1）预算收入情况；（2）支出政策实施情况和重点支出、重大投资项目资金的使用及绩效情况；（3）结转资金的使用情况；（4）资金结余情况；（5）本级预算调整及执行情况；（6）财政转移支付安排执行情况；（7）经批准举借债务的规模、结构、使用、偿还等情况；（8）本级预算周转金规模和使用情况；（9）本级预备费使用情况；（10）超收收入安排情况，预算稳定调节基金的规模和使用情况；（11）本级人民代表大会批准的预算决议落实情况；（12）其他与决算有关的重要情况。

（二）《关于人大预算审查监督重点向支出预算和政策拓展的指导意见》

为贯彻落实党的十八届三中全会关于加强人大预算决算审查监督职能的要求，根据党中央决策部署和《预算法》《各级人民代表大会常务委员会监督法》等法律规定，于 2018 年 3 月出台了《关于人大预算审查监督重点向支出预算和政策拓展的指导意见》，主要内容概括为 5 +1，即：（1）支出预算总量与结构审查监督；（2）重点支出与重大投资项目审查和监督；（3）部门预算审查和监督；（4）财政转移支付审查和监督；（5）政府债务审查和监督；（6）预算收入审查和监督。

该指导意见更加明确了在党的十八大以来，人大预算监督要将工作的重点拓展到支出预算和政策上的清晰目标。

（三）《全国人民代表大会常务委员会关于加强中央预算审查监督的决定》

1999 年 12 月 25 日第九届全国人民代表大会常务委员会第十三次会议通过、2021 年 4 月 29 日第十三届全国人民代表大会常务委员会第二十八次会议修订的《全国人民代表大会常务委员会关于加强中央预算审查监督的决定》用列举法的方式对中央预算全口径审查和全过程监管的重点进行了细化明确，具体包括对财政政策、一般公共预算、政府债务、政府性基金预算、国有资本经营预算、社会保险基金预算的审查监督。此外，该决定对加强中央预算编制、执行情况、预算调整方案、决算、预算绩效、预算执行和决算的审计、审计查出问题整改情况的监督工作也进行了规定。

专栏 10 –1　　《全国人民代表大会常务委员会关于加强中央预算审查监督的决定》有关全口径审查和全过程监管重点的规定

财政政策审查监督重点包括：财政政策贯彻落实国家方针政策和决策部署的情况；与经济社会发展目标和宏观调控总体要求相衔接的情况；加强中

期财政规划管理工作，对国家重大战略任务保障的情况；财政政策制定过程中充分听取人大代表与社会各界意见建议的情况；财政政策的合理性、可行性、可持续性等情况。

一般公共预算审查监督重点包括：（1）审查监督一般公共预算支出总量和结构的重点包括：支出总量和结构贯彻落实国家方针政策和决策部署的情况；支出总量及其增减的情况，财政赤字规模及其占年度预计国内生产总值比重的情况；调整优化支出结构，严格控制一般性支出，提高财政资金配置效率和使用绩效等情况。（2）审查监督重点支出与重大投资项目的重点包括：重点支出预算和支出政策相衔接的情况；重点支出规模变化和结构优化的情况；重点支出决策论证、政策目标和绩效的情况。重大投资项目与国民经济和社会发展规划相衔接的情况；重大投资项目决策论证、投资安排和实施效果的情况。（3）审查监督部门预算的重点包括：部门各项收支全部纳入预算的情况；部门预算与支出政策、部门职责衔接匹配的情况；项目库建设情况；部门重点项目预算安排和绩效的情况；新增资产配置情况；结转资金使用情况；审计查出问题整改落实等情况。（4）审查监督中央对地方转移支付的重点包括：各类转移支付保障中央财政承担的财政事权和支出责任的情况；促进地区间财力均衡及增强基层公共服务保障能力的情况；健全规范转移支付制度、优化转移支付结构的情况；专项转移支付定期评估和退出的情况；转移支付预算下达和使用的情况；转移支付绩效的情况。（5）审查监督一般公共预算收入的重点包括：预算收入安排与经济社会发展目标、国家宏观调控总体要求相适应的情况；各项税收收入与对应税基相协调的情况；预算收入依法依规征收、真实完整的情况；预算收入结构优化、质量提高的情况；依法规范非税收入管理等情况。

政府债务审查监督重点包括：一是审查监督中央政府债务，重点包括：根据中央财政赤字规模和上年末国债余额限额，科学确定当年国债余额限额，合理控制国债余额与限额之间的差额；评估政府债务风险水平情况，推进实现稳增长和防风险的长期均衡。二是审查监督地方政府债务，重点包括：地方政府债务纳入预算管理的情况；根据债务率、利息支出率等指标评估地方政府债务风险水平，审查地方政府新增一般债务限额和专项债务限额的合理性情况；地方政府专项债务偿还的情况；积极稳妥化解地方政府债务风险等情况。

政府性基金预算审查监督重点包括：基金项目设立、征收、使用和期限符合法律法规规定的情况；收支政策和预算安排的合理性、可行性、可持续性的情况；政府性基金支出使用情况；政府性基金项目绩效和评估调整等情况。

国有资本经营预算审查监督重点包括：预算范围完整、制度规范的情况；国有资本足额上缴收益和产权转让等收入的情况；支出使用方向和项目符合法律法规规定和政策的情况；国有资本经营预算调入一般公共预算的情况；政府投资基金管理的情况；发挥优化国有资本布局、与国资国企改革相衔接等情况。

社会保险基金预算审查监督重点包括：各项基金收支安排、财政补助和预算平衡的情况；预算安排贯彻落实社会保障政策的情况；推进基本养老保险全国统筹的情况；基金绩效和运营投资的情况；中长期收支预测及可持续运行等情况。

资料来源：《全国人民代表大会常务委员会关于加强中央预算审查监督的决定》。

三、新时代人大预算监督重点更清晰

一直以来，我国都把财政的预算、决算作为人大预算监督的主要内容，但党的十八大之前，相关法律规章的表述都主要限于预算、决算两大监督对象的宏观界定上，对于具体涵盖内容、审查的重要方面等并无特别要求。这一时期，人大预算审查监督主要关注赤字规模和预算收支平衡状况，对支出预算和政策关注不够，对财政资金使用绩效和政策实施效果关注不够，不利于发挥政策对编制支出预算的指导和约束作用，不利于提高人大预算审查监督的针对性和有效性。2014年《预算法》修正通过明确预算决算草案的重点审查内容，为推进实质性审查提供了实现路径，也为我国日后继续开展人大预算监督工作指明了方向。2014年《预算法》实施后，人大预算监督的监督

对象更加清晰，监督重点进一步具体化。

跨入新时代以来，特别是2018年《关于人大预算审查监督重点向支出预算和政策拓展的指导意见》出台以后，我国人大预算监督工作中支出预算的监督范畴日渐清晰，众多监督内容主次分明，监督工作的重点突出且易识别。人大预算审查监督重点向支出预算和政策拓展，是人大依法监督的深化和细化，有利于促进财政部门进一步落实依法行政、依法理财要求，真正将工作重心向支出预算和政策聚焦，提高预算管理规范化水平和政策实施效果，提高政府效能。与此同时，加强对支出预算和政策贯彻落实中央精神情况的监督，将促使财政部门进一步增强政治意识、大局意识、核心意识、看齐意识，认真负责、不折不扣执行党中央决策部署，使支出预算和政策更好地贯彻中央要求，更好服务于党和国家中心工作。此外，人大预算审查监督更加注重支出预算和政策，更加关注资金使用绩效和政策实施效果，有利于促使财政部门把提高资金使用效益放在更加突出的位置，该保的保足用好，该减的坚决减下来，同时倒逼"花钱"的相关方面，改变以往重投入轻管理、重支出轻绩效的习惯做法，确保每笔资金都花得有理有据，都用出应有的效果。

综上所述，新时代下人大预算监督对象的界定实现了从笼统到具体的转变；监督工作的开展实现了从各类预算一视同仁的广泛监督，到轻重有序地针对性监管的转变；人大预算监督的核心要义实现了从规范财政预算执行，到重点关注包括方针政策落实程度在内的财政预算结果效益的转变。我国已经基本形成了监督内容紧凑、监督重点清晰、监督范畴明确的人大预算监督体系。

第二节　预算监督程序更加完备

人大预算监督程序，简而言之就是各级人大及其常务委员会在推进人大预算监督工作时所需遵循的必要环节。人大预算监督程序的合规性、正当性、完整性和严格性对于保障人大预算监督的权威性、有效性和可持续性至关重要。

一、党的十八大前人大预算监督程序

党的十八大以前，人大预算监督工作的开展主要以《宪法》（2004）、《预算法》（1994）、《各级人民代表大会常务委员会监督法》（2006）等为法律依据。其中，《宪法》主要以权责法定的逻辑为人大实施预算监督赋权，同时强调监督程序的合法性，后两者则分别从财政预算及人大常委会监督的专门视角就预算监督相关内容进行阐述。而在审查监督事前、事中、事后的程序上，对事前人大的提前介入以及事后人大的跟踪监督的法律约束相对不够，在初步审查上有了一些要求，但仍不全面。

1989 年制定的《全国人民代表大会议事规则》第三十一条规定，全国人民代表大会举行会议一个月前，国务院有关主管部门应当就国民经济和社会发展计划及计划执行情况、国家预算及预算执行情况的主要内容，向全国人民代表大会财政经济委员会和有关专门委员会汇报，由财政经济委员会进行初步审查。

1994 年《预算法》第十二条、第十三条、第三十九条、第五十四条、第六十五条和第六十六条等进一步对各级人民代表大会及其常务委员会的预算草案、预算执行情况、预算调整方案等的审查批准权及预算、决算监督权进行了规定。第三十七条规定政府要向人大提交预算草案进行初步审查，要求：（1）国务院财政部门应当在每年全国人民代表大会会议举行的一个月前，将中央预算草案的主要内容提交全国人民代表大会财政经济委员会进行初步审查；（2）省、自治区、直辖市、设区的市、自治州政府财政部门应当在本级人民代表大会会议举行的一个月前，将本级预算草案的主要内容提交本级人民代表大会有关的专门委员会或者根据本级人民代表大会常务委员会主任会议的决定提交本级人民代表大会常务委员会有关的工作委员会进行初步审查；（3）县、自治县、不设区的市、市辖区政府财政部门应当在本级人民代表大会会议举行的一个月前，将本级预算草案的主要内容提交本级人民代表大会常务委员会进行初步审查。

此外，1999 年制定的《全国人民代表大会常务委员会关于加强中央预算审查监督的决定》规定，国务院财政部门应当及时向全国人民代表大会财政经济委员会和全国人民代表大会常务委员会预算工作委员会通报有关中央预算编制的情况，在全国人民代表大会会议举行的一个半月前，将中央预算初步方案提交财政经济委员会，由财政经济委员会对上一年预算执行情况和本年度中央预算草案的主要内容进行初步审查。但是上述法律法规及文件并没有对人大进行预算的初审工作提出更加具体的要求，也未要求人大提出初步审查意见。

二、党的十八大以来人大预算监督程序

党的十八大之后，为了进一步将《宪法》赋予的人民代表大会预算监督的权力落到实处，党和政府不断完善人大预算监督的程序设置，加快规范财政预算管理工作。通过转变思维，进行了事前、事中、事后监督的程序创新，同时还增设了监督审查结果的公开及整改反馈的细节化设置。

（一）关于事前听取人大代表意见与建议的要求

听取选民的意见是人大代表的职责和任务，人大代表是国家权力机关的组成人员，代表人民的利益和意志，依照宪法和法律赋予本级人民代表大会的各项职权，参加行使国家权力。《全国人民代表大会和地方各级人民代表大会代表法》要求，代表要积极参加统一组织的视察、专题调研、执法检查等履职活动；代表在出席本级人民代表大会会议前，应当听取人民群众的意见和建议，为会议期间执行代表职务做好准备。与原选区选民或者原选举单位和人民群众保持密切联系，听取和反映他们的意见和要求，努力为人民服务；县级以上的各级人民代表大会代表根据安排，围绕经济社会发展和关系人民群众切身利益、社会普遍关注的重大问题，开展专题调研，等等。

2014年《预算法》新增了第四十五条，对县级和乡级人大在审查预算草案前，组织人大代表听取选民和社会各界的意见进行了规定：县、自治县、不设区的市、市辖区、乡、民族乡、镇的人民代表大会举行会议审查预算草案前，应当采用多种形式，组织本级人民代表大会代表，听取选民和社会各

界的意见。

之所以对县级和乡级提出这样的要求，是因为在我国，县、乡级人大代表是直接选举产生的，听取选民和社会各界的意见是选民直接选举制度的必然要求。同时，县、乡级人大代表与选区选民关系最为直接也最为密切，这一举措在我国具有重要的意义。一是落实党的十八届三中全会决定关于加强社会主义民主政治制度建设的重要举措。全会提出，更加注重健全民主制度，丰富民主形式，从各层次各领域扩大公民有序政治参与，充分发挥我国社会主义政治制度的优越性；加强人大常委会同人大代表的联系，充分发挥代表的作用。通过建立健全代表联系机构、网络平台等形式密切代表同人民群众的联系。二是提高预算管理水平的客观要求。财政是国家治理的基础和重要支柱，关系到国计民生、社会公平和国家的长治久安。预算收入取之于民，大部分预算支出属于民生支出，与老百姓的生活息息相关，并且越往基层，预算支出与选民的关系也越为直接，提前听取选民的意见，可以获得更为广泛和真实的需求信息，及时完善预算草案，使有限的预算资金能够解决老百姓最为迫切的需求。

（二）关于进一步完善初步审查的规定

由于我国各级人民代表大会或其常务委员会会期比较短，需要审议的预算草案内容比较专业且数据较多，人大代表或常委会组成人员难以在较短的时间内进行充分的审议。因此，初步审查作为一项重要的制度安排，应当发挥其重要的基础性作用，从前述可以看出，在1994年《预算法》、1989年《全国人民代表大会议事规则》、1999年《全国人大常委会关于加强中央预算审查监督的决定》、2007年《各级人民代表大会常务委员会监督法》等都对有关初步审查作出了一些规定。经过实践，初步审查制度对提高预算审查效率和审查质量效果明显，成为预算审查和批准程序中较为成熟的一环。

在对初步审查的规定和做法进行分析总结的基础上，2014年《预算法》第二十二条，对初步审查制度在初步审查的主体、内容、方式、处理措施，以及本级政府对初步审查意见的处理和反馈等方面作出了比较系统的规定。

1. 初步审查的主体、内容及方式

2014 年《预算法》根据人民代表大会层级不同对初步审查机构分别做出规定：（1）全国人民代表大会财政经济委员会对中央预算草案初步方案及上一年预算执行情况、中央预算调整初步方案和中央决算草案进行初步审查，提出初步审查意见。（2）省、自治区、直辖市人民代表大会有关专门委员会对本级预算草案初步方案及上一年预算执行情况、本级预算调整初步方案和本级决算草案进行初步审查，提出初步审查意见。（3）设区的市、自治州人民代表大会有关专门委员会对本级预算草案初步方案及上一年预算执行情况、本级预算调整初步方案和本级决算草案进行初步审查，提出初步审查意见，未设立专门委员会的，由本级人民代表大会常务委员会有关工作机构研究提出意见。（4）县、自治县、不设区的市、市辖区人民代表大会常务委员会对本级预算草案初步方案及上一年预算执行情况进行初步审查，提出初步审查意见。县、自治县、不设区的市、市辖区人民代表大会常务委员会有关工作机构对本级预算调整初步方案和本级决算草案研究提出意见。（5）全国人民代表大会常务委员会和省、自治区、直辖市、设区的市、自治州人民代表大会常务委员会有关工作机构，依照本级人民代表大会常务委员会的决定，协助本级人民代表大会财政经济委员会或者有关专门委员会承担审查预算草案、预算调整方案、决算草案和监督预算执行等方面的具体工作。此外，为发挥人大代表在预算初步审查中的作用，《预算法》第二十二条还规定：设区的市、自治州以上各级人民代表大会有关专门委员会进行初步审查、常务委员会有关工作机构研究提出意见时，应当邀请本级人民代表大会代表参加。

2. 初步审查的时间

2014 年《预算法》第四十四条对预算草案初步审查的时间进行了规定：（1）国务院财政部门应当在每年全国人民代表大会会议举行的四十五日前，将中央预算草案的初步方案提交全国人民代表大会财政经济委员会进行初步审查。（2）省、自治区、直辖市政府财政部门应当在本级人民代表大会会议举行的三十日前，将本级预算草案的初步方案提交本级人民代表大会有关专门委员会进行初步审查。（3）设区的市、自治州政府财政部门应当在本级人民代表大会会议举行的三十日前，将本级预算草案的初步方案提交本级人民代表大会有关专门委员会进行初步审查，或者送交本级人民代表大会常务委员会有关工作机构征求意见。（4）县、自治县、不设区的市、市辖区政府应当在本级人民代表大会会议举行的三十日前，将本级预算草案的初步方案提交本级人民代表大会常务委员会进行初步审查。与此同时，《预算法》第六十九条对预算调整方案的初步审查时间进行了规定，《预算法》第七十八条对决算草案初步审查的主体、时间及反馈制度进行了规定。

3. 初步审查的反馈

2014 年《预算法》增设的第二十二条确立了初步审查反馈制度，规定：（1）对各级人大常委会、财经委员会（专门委员会、有关工作机构）提出的意见，本级政府财政部门应当将处理情况及时反馈。（2）对各级人大常委会、财经委员会（专门委员会、有关工作机构）提出的意见以及本级政府财政部门反馈的处理情况报告，应当印发本级人民代表大会代表。

（三）关于提交审查结果报告的要求

2014 年《预算法》第四十九条为新增设的提交审查结果报告的要求，内容主要包括以下几点。

1. 规定了提出审查报告的主体

全国人民代表大会财政经济委员会向全国人民代表大会主席团提出关于中央和地方预算草案及中央和地方预算执行情况的审查结果报告。省、自治区、直辖市、设区的市、自治州人民代表大会有关专门委员会，县、自治县、不设区的市、市辖区人民代表大会常务委员会，向本级人民代表大会主席团提出关于总预算草案及上一年总预算执行情况的审查结果报告。提出审查结果报告的主体与初步审查的主体是一致的，并与《全国人大议事规则》(1989)、《全国人大常委会关于加强中央预算审查监督的决定》(1999) 等法律以及有关法律问题的决定中的相关规定是一致的。

此外，《预算法》第七十八条规定，全国人民代表大会财政经济委员会和省、自治区、直辖市、设区的市、自治州人民代表大会有关专门委员会，向本级人民代表大会常务委员会提出关于本级决算草案的审查结果报告。

2. 规定了审查结果报告的内容

（1）对上一年预算执行和落实本级人民代表大会预算决议的情况作出评价；

（2）对本年度预算草案是否符合本法的规定，是否可行作出评价；

（3）对本级人民代表大会批准预算草案和预算报告提出建议；

（4）对执行年度预算、改进预算管理、提高预算绩效、加强预算监督等提出意见和建议。

上述四点可概括为两方面的内容：一是两个评价。第一、第二点是对上一年预算执行和落实本级人民代表大会预算决议的情况作出评价；对本年度预算草案是否符合本法的规定，是否可行作出评价。二是两个建议。由于审查结果报告是为人民代表大会最终作出的预算决议所做的准备工作，因此，第三、第四点是对本级人民代表大会是否同意批准预算草案和预算报告提出建议；对上一年预算执行情况和本年度未能做到或未能体现的内容提出工作要求和建议。

需要明确的是，审查结果报告是初步审查的延伸，但并不是初步审查的法律结果，初步审查机构提出初步审查意见，政府提出书面反馈后，初步审查程序就基本完成。

（四）中央规范性文件对程序的进一步要求

1. 《关于人大预算审查监督重点向支出预算和政策拓展的指导意见》

2018 年出台的《关于人大预算审查监督重点向支出预算和政策拓展的指导意见》在 2014 年《预算法》的基础上就人大预算监督程序做出更加具体化的要求。

（1）及时请示报告的要求。坚持党对人大预算审查监督工作的领导，全国人大及其常委会开展预算审查监督工作中的重要事项和重要问题要及时向党中央请示报告，地方人大及其常委会开展预算审查监督工作中的重要事项和重要问题要及时向本级党委请示报告。

（2）预算草案编制前广泛听取意见的要求。每年在政府预算草案编制前，应当通过召开座谈会、通报会等多种形式，认真听取本级人大代表、专家智库等社会各界关于重点支出、重大投资项目、重大支出政策等方面的意见建议。各级人大常委会预算工作委员会等工作机构要结合听取意见建议情况，与本级政府财政等部门密切沟通，认真研究提出关于年度预算的分析报告。

（3）重点预算项目开展专题调研的要求。全国人大及其常委会、地方各级人大及其常委会应当根据年度工作要点和监督工作计划，听取和审议政府关于重点支出预算和政策专项工作报告，开展重点支出预算和政策专题调研。

（4）探索开展预算专题审议的要求。人大财政经济委员会每年对预算草案进行初步审查时，应根据中央经济工作会议精神，结合人大常委会年度监督工作重点、人大代表和人民群众关心的热点难点问题、审计查出的突出问题等，对有关支出预算和政策开展专题审议。

（5）人大预决算决议落实情况反馈的要求。通过听取报告、开展专题调研、组织代表视察等形式，推动政府及其有关部门积极落实有关预算决算的决议。人大常委会预算工作委员会等工作机构应听取政府财政等部门落实预算决算决议的工作安排通报，并将有关情况发送本级人大代表。

2. 《全国人民代表大会常务委员会关于加强中央预算审查监督的决定》

为加强和改善中央预算的初步审查工作，2021 年修订的《全国人民代表大会常务委员会关于加强中央预算审查监督的决定》作出以下规定。

（1）国务院财政部门应当及时向全国人民代表大会财政经济委员会和全国人民代表大会常务委员会预算工作委员会通报有关中央预算编制的情况。

（2）预算工作委员会应当结合听取全国人大代表和社会各界意见建议情况，与国务院财政等部门密切沟通，研究提出关于年度预算的分析报告。

（3）在全国人民代表大会会议举行的四十五日前，国务院财政部门应当将中央预算草案初步方案提交财政经济委员会，由财政经济委员会对中央预算草案初步方案进行初步审查，并就有关重点问题开展专题审议，提出初步审查意见。

（4）财政经济委员会开展初步审查阶段，全国人民代表大会有关专门委员会围绕国家方针政策和决策部署，对相关领域部门预算初步方案、转移支付资金和政策开展专项审查，提出专项审查意见。专项审查意见中增加相关支出预算的建议，应当与减少其他支出预算的建议同时提出，以保持预算的平衡性、完整性和统一性。

（5）有关专门委员会的专项审查意见，送财政经济委员会、预算工作委员会研究处理，必要时作为初步审查意见的附件印发全国人民代表大会会议。

专栏 10 - 2　北京人大：创新以"年审 + 季审""四问该不该"等制度机制

（一）审议通过《北京市人民代表大会常务委员会关于加强市级预算审查监督的决定》

2021 年 4 月，全国人大常委会审议通过修订的《全国人民代表大会常务委员会关于加强中央预算审查监督的决定》（以下简称《关于加强中央预算审查监督的决定》），将党的十八大以来，党中央关于加强人大预算审查监督职能的系列重要部署、改革举措、成功经验和有效做法上升为法律规定，进一步完善了《预算法》及 1999 年《全国人民代表大会常务委员会关于加强中央预算审查监督的决定》的预算审查监督法律框架体系，确保改革与法治同步推进，对地方人大加强预算审查监督法治建设、做好新时代人大预算审查监督工作具有很强的指导意义。北京市人大认真贯彻落实《关于加强中央预算审查监督的决定》精神，于当年 12 月审议通过了《北京市人民代表大会常务委员会关于加强市级预算审查监督的决定》（以下简称《关于加强市级预算审查监督的决定》），这既是落实全国人大《关于加强中央预算审查监督的决定》的重要举措，同时，也是对《北京市预算审查监督条例》的一个及时补充。表决通过的市人大常委会关于加强市级预算审查监督的决定，总结固化本市预算监督工作"年审 + 季审，四问该不该"（钱该不该花、该不该政府花、该不该花这么多、该不该当下花）等制度机制，同预算审查监督条例形成"一条例一决定"的法规制度框架。市区两级人大要抓好贯彻落实，提高预算监督的针对性、有效性，推动本市预算管理制度改革不断深化。

（二）建立预算监督工作"年审＋季审，四问该不该"制度机制

北京市《关于加强市级预算审查监督的决定》对预算编制审查强调市级部门应当邀请有关专委会、人大代表参与。聚焦完善"年审"＋"季审"制度，在预算初审中，对财委会开展重点专题审议评估、专委会落实"四问该不该"要求对对口部门预算进行初审作出规定。在预算执行监督中，提出有关专委会应当落实"季审"要求，做好对预算执行情况的跟踪监督；对"两重"项目执行情况建立提醒告知制度。对预算调整审查监督，提出健全新出台增加财政收支的重要政策措施和预算收支结构发生重要变化情况的通报机制。对决算审查监督，明确财经委可以进行专题审议，有关专委会可以对对口部门决算开展初审。

一般公共预算收支情况、政府性基金收支情况、国有资本经营预算收支情况、社保基金收支情况……近百个报表、两千六百多个收支项目、两万余个数据指标、一尺厚的文件材料，这是每年市人代会批准预算报告时，代表要审阅的文件体量，加上一些材料"事"和"钱"关系表述不够清晰，曾让一些非财经领域代表"看不懂、读不完"，感叹"借我一双慧眼"。

为了推动政府编制好预算报告，解决好每项民生工作"事该怎么干、钱该怎么花"的问题，发挥好政府、市场、社会作用，安排好项目轻重缓急次序，本届市人大常委会提出预算审查"四问该不该"指南，并逐步发展成为工作理念、经验做法、报告体例和工作机制。

一问"钱该不该花"：推动民生该花的钱补足到位

"钱该不该花"既是市人大及其常委会预算监督关注的问题，也是审议相关议题时研究的问题。市人大及其常委会今年组织 12539 人次市人大代表参加调研座谈和议题审议活动，带着"四问该不该"提出意见建议，推动政府梳理"该干的事""该花的钱"，让群众"七有""五性"需求得到更好保障。

例如，解决群众"急难愁盼"问题的钱舍得花。"一人失能，全家受累"。长期护理问题是全市约四十万失能半失能老年人的痛点，是群众普遍关注的"急难愁盼"问题。本届市人大及其常委会通过议案督办、审议报告、专题调研等方式，推动市区政府整合财政拨款、非财政拨款、部门存量

资金等各类资金资源，不遗余力啃下这块"硬骨头"。年初在市十五届人大四次会议上批准通过的预算报告，要求按照每人每月 200 元至 600 元标准，为全市 14 万重度失能老年人发放护理补贴 6 亿元。而在 11 月召开的市十五届人大常委会第三十五次会议上，结合专题询问长期护理保险制度试点情况，推动政府对标对表国家有关构建"以居家长期护理为基础、社区长期护理为依托、机构长期护理为支撑的养老护理体系"的目标，梳理"该干的事""该花的钱"，以实现城乡居民应保尽保、积极发展家庭护理型养老床位为重点，推进各项优质服务资源向老年人的身边、家边和周边聚集，把该花的钱补足到位。参加专题询问的施颖秀代表说，"为了老年人幸福生活，政府舍得花钱。比如，代表指出安宁疗护院数量不足，政府答复每区将至少新建一个安宁院。"

二问"该不该政府花"：坚持财政支出公共性、公平性、公益性

预算监督工作，监督的是"钱"，推动的是"事"，理顺的是政府、市场、社会关系。市人大代表带着"四问该不该"参加立法监督调研，推动政府解决好各方角色"错位"问题，使市场在资源配置中起决定性作用，更好发挥政府作用和社会作用，更好满足人民对美好生活向往。

例如：坚持财政支出公共性，避免滥用"政策倾斜"。一些支出本应由市场主体承担，却以"政策倾斜"为由转嫁给政府，这是预算监督中屡审屡有的问题。杜海霞代表参加公共文化服务保障条例立法调研，发现有的部门直接出资帮助市场主体开展戏剧演出、文化宣传、表演活动，造成对其他市场主体的不平等待遇。在"季审"时，她把相关事例作为典型，建议政府进一步划清政府和市场边界，营造公平有序市场环境和营商环境。"市场的事情交由市场主体，政府要做好市场秩序的监管者和公共服务的提供者。这样更有利于激发市场主体活力，增强经济发展动力。"

三问"该不该花这么多"：推动重复支出的钱统筹管理

重复支出也是屡审屡有问题，今年"季审"就发现不少部门存在信息化项目重复建设问题。市人大财经委建议财政部门建章立制，从源头减少重复投入。推动各部门在编制预算报告时，加强项目前后、部门内部、部门之间、市区之间"事"和"钱"的统筹。

例如：加强部门之间财政支出统筹。市人大财经委发现，围绕"人工智能"一个非关键技术，五个科研单位相同路径重复研究，建议加大整合统筹力度。市人大农村委也发现，都市型现代农业发展政策统筹力度不够，重复投入与投入不足问题并存，建议市区强化政策集成和资金协同，建立涉农资金统筹整合长效机制。

四问"该不该当下花"：推动民生急需的事向前推进

从围绕市委"战疫"部署制定实施"强化公共卫生法治地方立法修法计划"，到落实国家"三孩"政策修订计划生育条例，地方立法推动"当下该办的事""当下该花的钱"的落实。市人大代表带着"四问该不该"指南，积极推动地方立法与法规实施，保障党中央决策部署和市委工作要求落实。

例如：推动法规各项规定的落实。今年开展的突发公共卫生事件应急条例执法检查，紧扣法规有关疫情防控"四方责任"展开，五千多名市、区人大代表参加。针对织密基层公共卫生网底这个"当下该办的事"，推动"一刻钟公共卫生服务圈"以及基层应急能力建设。根据新修订计划生育条例关于"本市对提供普惠托育服务的机构给予补助""生育夫妻享受规定的奖励与社会保障等待遇"等规定，推动政府完善相关补贴标准和发放方式，保障了"三孩"政策落实。

在"钱该不该花、该不该政府花、该不该花这么多、该不该当下花"的审视下，一笔笔民生该花的钱补足到位、一项项重复支出的钱统筹管理、一件件不该政府花钱的事重新论证、一批批民生急需的事向前推进、一个个民生保障细化标准形成，预算编制更加科学，"事"和"钱"关系更加清晰，人民群众的幸福生活更可度量、更有预期。

市人大预算工委主任刘星表示，"四问该不该"既是工作理念、指南、做法、经验，也是市人大财经委、预算工委预算监督报告的视角和切入点。今年"季审"活动中，市人大财经委按照"四问该不该"＋"问题清单"体例形成初审报告，反馈给政府研究办理，进一步理顺预算报告中"事"和"钱"的关系，切实增强正式提交大会审查的预算报告的可读性和可审性（见图 10-1）。

北京市人大常委会以"年审"+"季审"为主要形式以"四问该不该"为切入点 预算审查制度图示
（以2022年市级预算初审季为例）

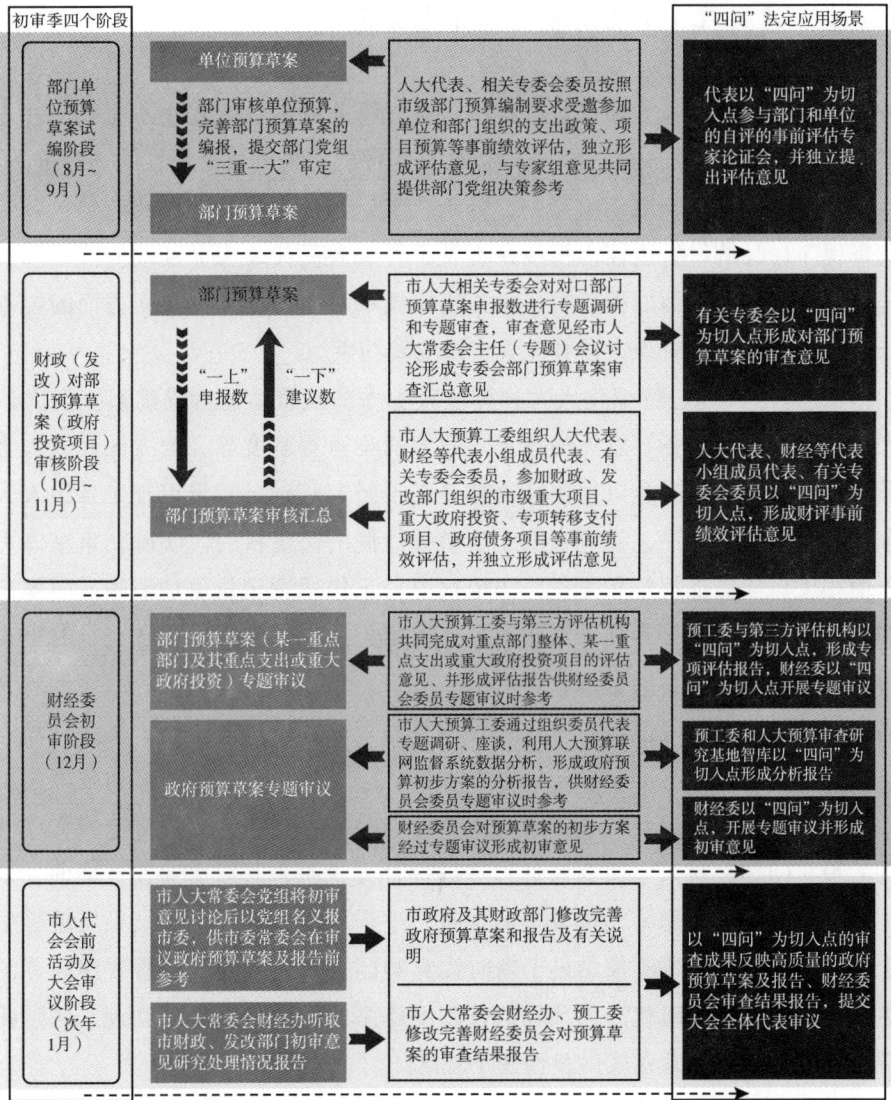

初审季四个阶段		"四问"法定应用场景
部门单位预算草案试编阶段（8月~9月）	单位预算草案 部门审核单位预算，完善部门预算草案的编报，提交部门党组"三重一大"审定 部门预算草案	人大代表、相关专委会委员按照市级部门预算编制要求受邀参加单位和部门组织的支出政策、项目预算等事前绩效评估，独立形成评估意见，与专家组意见共同提供部门党组决策参考	代表以"四问"为切入点参与部门和单位的自评的事前评估专家论证会，并独立提出评估意见
财政（发改）对部门预算草案（政府投资项目）审核阶段（10月~11月）	部门预算草案 "一上"申报数 "一下"建议数 部门预算草案审核汇总	市人大相关专委会对对口部门预算草案申报数进行专题调研和专题审查，审查意见经市人大常委会主任（专题）会议讨论形成专委会部门预算草案审查汇总意见 市人大预算工委组织人大代表、财经等代表小组成员代表、有关专委会委员，参加财政、发改部门组织的市级重大项目、重大政府投资、专项转移支付项目、政府债务项目等事前绩效评估，并独立形成评估意见	有关专委会以"四问"为切入点形成对部门预算草案的审查意见 人大代表、财经等代表小组成员代表、有关专委会委员以"四问"为切入点，形成财评事前绩效评估意见
财经委员会初审阶段（12月）	部门预算草案（某一重点部门及其重点支出或重大政府投资）专题审议 政府预算草案专题审议	市人大预算工委与第三方评估机构共同完成对重点部门、某一重点支出或重大政府投资项目的评估意见，并形成评估报告供财经委员会委员专题审议时参考 市人大预算工委通过组织委员代表专题调研、座谈，利用人大预算联网监督系统数据分析，形成政府预算初步方案的分析报告，供财经委员会委员专题审议时参考 财经委员会对预算草案的初步方案经过专题审议形成初审意见	预工委与第三方评估机构以"四问"为切入点，形成专项评估报告，财经委以"四问"为切入点开展专题审议 预工委和人大预算审查研究基地智库以"四问"为切入点形成分析报告 财经委以"四问"为切入点，开展专题审议并形成初审意见
市人代会会前活动及大会审议阶段（次年1月）	市人大常委会党组将初审意见讨论后以党组名义报市委，供市委常委会在审议政府预算草案及报告前参考 市人大常委会财经办听取市财政、发改部门初审意见研究处理情况报告	市政府及其财政部门修改完善政府预算草案和报告及有关说明 市人大常委会财经办、预工委修改完善财经委员会对预算草案的审查结果报告	以"四问"为切入点的审查成果反映高质量的政府预算草案及报告、财经委员会审查结果报告，提交大会全体代表审议

图10-1 北京市人大常委会"年审+季审""四问该不该"预算审查制度图示

资料来源：根据薛睿杰，孟伟."四问该不该"把好预算关 人民美好生活有保障［EB/OL］.（2022-08-09）.https：//baijiahao.baidu.com/s? id=1740664190100910922&wfr=spider&for=pc.以及相关资料整理。

三、新时代人大预算监督程序更完善

以往我国对于人大预算监督程序存在以下问题：监督程序不完整，并未覆盖预算管理的大部分环节，没能以监督程序的完备形成持续性的监督链条；各个监督程序之间联系不够紧密，分割严重，无法形成全链条式监督；各个监督程序自身的设置也较为粗浅，不易于各级人民代表大会及政府清晰理解程序设计的内涵从而加强落实；相关法律规章对监督程序在落实方面的要求较模糊，无法形成对人大预算监督实践的硬约束。

《预算法》通过精细化人大预算监督程序的设置，完善提前组织人大代表听取选民和社会各界意见的规定，完善初步审查制度等，为人民代表大会及其常委会审查批准全口径预算决算奠定了坚实基础。初步审查是各级人大预算审查的法定程序，是应当由立法机关行使的法定权力。明确初审主体可以使相关机构更加规范和完备，法定权力与工作职责定位更加清晰。而规定初步审查提交时限等有利于为初步审查的相关工作机构提供更加充足的审查时间，确保政府预算的合理、合规与高效。监督程序由粗到细、程序性监督向实体性监督的转变使得新时代人大预算监督的程序从严格性、实践性和完备性等方面得以完善。《关于人大预算审查监督重点向支出预算和政策拓展的指导意见》立足新时代我国财政预算管理的新特点和人大预算监督程序薄弱的现实问题，对人大预算监督程序进行补充说明，其以贯穿预算事前、事中、事后的全局性思维，增设事前报告、过程跟踪监控、事后结果反馈等多个重要监督环节，这不仅彰显了新时代党和国家对人大预算监督程序完善的重视，也诠释了新时代人大预算监督制度体系的设计从宏观到微观、从强化规范引导到重视实践落实的良性变革理念。

总而言之，新时代以来，我国持续规范完善人大预算监督程序，切实保障在财政政策制定和实施中、政府预算编制和执行中，将党中央重大方针和省委决策部署贯彻好、落实好。首先，党和国家高度重视人大预算监督程序的精细化、具体化补充完善，同时以全面接受人大预算监督为基调，通过具体化相关法律法规的设定，将人大预算监督纳入预算管理的各个环节，现已基本形成监督链条完整、各环节时间等硬性要求明确、各环节工作内容具体且操作性强的人大预算监督程序体系。其次，党和国家以"防范＋化解"预算管理问题的思维，增设预算审议前广纳建议、财政年度内发现问题及时上报等预防性的人大预算事前监督环节，同时特别提出审查结果报告的出具、公开和反馈要求，使得人大预算监督程序兼具事前预防、事中监管、事后督促整改的综合作用。此外，党的十八大之后，一直在积极探索一种能够更加灵活地落实预算监督程序的模式。特别是 2018 年《关于人大预算审查监督重点向支出预算和政策拓展的指导意见》出台以来，专题审议、专题调研等更具针对性的人大预算监督形式以及人大财经委员会、预算监督专门委员会等的组建，更加专业化的预算监督机构设置，拓宽了人大预算监督工作开展的路径。行权方式的多样化探索将有利于增加监督程序的灵活性，从而促进人大预算监督向实质性监督转变。

第三节　预算监督力度日益加强

人大预算监督力度是一个综合指标，可以从监督的范围、监督的细化、监督的反馈、监督的方式等方面进行综合衡量。鉴于人大预算监督力度更贴近人大预算监督实践，因此对人大预算监督力度的考量与前两者主要着眼于顶层制度设计的思路有所不同，在重点关注法律法规及制度文件相关规定的基础上，也会关注人大及其常委会在预算监督工作实践中的探索和变革。

一、党的十八大前人大预算监督

1994 年《预算法》并未对我国预算管理范围进行规定，因此财政资金可以分为预算内资金和预算外资金两种。2011 年起，我国全面取消预算外资金，将所有政府性收入纳入预算管理，但纳入预算管理的资金还没有完全实现全口径，相应的，人大预算监督的范围并没有完全覆盖所有的财政收支。此外，1994 年《预算法》未对"报送各级人民代表大会审查和批准的预算草案"提出细化要求，也未对人大预算监督结果的整改反馈提出要求。

在监督的方法方面，《各级人民代表大会常务委员会监督法》明确了人大常务委员会预算监督可以采取的方式有：一是听取和审议人民政府的专项工作报告；二是听取和审议预算的执行情况报告；三是法律法规实施情况的检查；四是规范性文件的备案审查；五是询问和质询；六是特定问题调查等。1994 年《预算法》第六十七条规定各级人民代表大会和县级以上各级人民代表大会常务委员会有权就预算、决算中的重大事项或者特定问题组织调查；第六十八条规定各级人民代表大会和县级以上各级人民代表大会常务委员会举行会议时，人民代表大会代表或者常务委员会组成人员，依照法律规定程序就预算、决算中的有关问题提出询问或者质询，受询问或者受质询的有关的政府或者财政部门必须及时给予答复。但在实践过程中，除了常规性的方式，如听取报告、听取意见建议、备案审查等，运用得较多，约束性较强、严肃性、权威性更高的方式，如质询、特定问题调查等使用得较少。

二、党的十八大以来人大预算监督

党的十八大以来，人大预算监督范围逐步实现从预算内收支到全口径预算，再到地方政府债务、国有资产的全覆盖；人大预算监督细化到四本账支出功能分类的项级科目，经济性质分类的款级科目；审查监督的视野从资金分配使用的合规性扩展至资金使用结果和绩效；对审计查出突出问题整改情况开展跟踪监督，建立了人大预算监督的报告反馈制度；创新监督的方式方法并加强其在实践中的灵活应用，全方位、多维度、立体式地提高了人大预算监督的力度。

（一）监督范围扩大

党的十八大提出要加强对政府全口径预算决算的审查和监督。2014 年《预算法》第四条规定政府的全部收入和支出都应当纳入预算，第五条指出预算包括一般公共预算、政府性基金预算、国有资本经营预算、社会保险基金预算。自此，人大预算监督的范围也从一般公共预算逐渐覆盖到上述四本预算。随着政府一般债务纳入一般公共预算管理、专项债务纳入政府性基金预算管理，政府债务也随预算进入人大的监督范围。

2017年12月，中共中央办公厅印发《关于建立国务院向全国人大常委会报告国有资产管理情况制度的意见》，要求建立健全人大国有资产报告监督机制，从而将各种形式的国有资产陆续纳入全国及地方人大监督范围。2018年《关于人大预算审查监督重点向支出预算和政策拓展的指导意见》明确将政府债务列为人大对支出预算和政策开展全口径审查和全过程监管的五大主要内容之一。2021年7月，中共中央办公厅印发《关于加强地方人大对政府债务审查监督的意见》，对政府债务审查监督的各个环节作了具体规定。由此可见，我国人大预算监督的范围逐步扩大至国有资产，以及地方政府债务。

（二）监督内容的细化

预算、预算执行情况、决算是政府预算编制、执行及结果的体现，是人大审查监督的基础，预算不够细化、透明度不高，代表委员很难看懂弄清，直接影响审查监督质量。为解决预算决算细化问题，《预算法》做了如下规定：第三十七条要求在预算编制时，各级预算支出应当按其功能和经济性质分类编制。在报送人大审查的预算细化程度上，第四十六条增加规定，要求报送各级人大审查和批准的预算草案应当细化。本级一般公共预算支出，按其功能分类应当编列到项；按其经济性质分类，基本支出应当编列到款。本级政府性基金预算、国有资本经营预算、社会保险基金预算支出，按其功能分类应当编列到项。第七十五条要求报人大审批的决算草案应当与预算相对应，按预算数、调整预算数、决算数分别列出。一般公共预算支出应当按其功能分类编列到项，按其经济性质分类编列到款。第三十八条规定，一般性转移支付应当按照国务院规定的基本标准和计算方法编制，专项转移支付应当分地区、分项目编制。

（三）监督审计查出问题整改

为加强和改进人大预算审查监督，推动审计查出问题整改，2015年《关于改进审计查出突出问题整改情况向全国人大常委会报告机制的意见》明确指出，在全国人大常委会听取和审议审计工作报告后的 6 个月内，全国人大常委会会议听取审计查出突出问题的整改情况报告。2020 年 6 月，全国人大常委会办公厅印发实施《关于进一步加强各级人大常委会对审计查出突出问题整改情况监督的意见》，明确提出了五个方面的主要措施以进一步加强人大常委会对审计查出突出问题整改情况的监督，更好地发挥人大常委会的监督作用。2021 年修订的《全国人民代表大会常务委员会关于加强中央预算审查监督的决定》对加强审计查出问题整改情况的监督工作做出指示，要求全国人民代表大会常务委员会对审计查出突出问题整改情况开展跟踪监督。综合运用听取和审议专项工作报告、专题询问等方式开展跟踪监督，加大监督力度，增强监督效果，推动建立健全整改长效机制，完善预算管理制度。

（四）监督方式多样化

在巩固完善现有方法基础上，《关于人大预算审查监督重点向支出预算和政策拓展的指导意见》创新方式方法，提高审查监督的针对性和有效性。一是深入开展专题调研。全国人大及其常委会、地方各级人大及其常委会应当根据年度工作要点和监督工作计划，听取和审议政府关于重点支出预算和政策专项工作报告，开展重点支出预算和政策专题调研，提出有针对性、前瞻性和可行性的意见建议。二是探索就重大事项或特定问题组织调查。根据预算法，各级人大和县级以上各级人大常委会可以就预算、决算中的重大事项或特定问题组织调查。三是探索开展预算专题审议。人大财政经济委员会每年对预算草案进行初步审查时，应根据中央经济工作会议精神，结合人大常委会年度监督工作重点、人大代表和人民群众关心的热点难点问题、审计查出的突出问题等，对有关支出预算和政策开展专题审议。人大有关的专门委员会可以结合开展执法检查、听取政府专项工作报告等，对相关领域部门预算草案、相关重点支出和重大投资项目、有关转移支付资金和政策开展调查研究，更好发挥人大专门委员会的专业特点和优势。

专栏 10-3　辽宁省人大常委会首次启用特定问题调查权

《预算法》第八十四条明确规定了各级人民代表大会和县级以上各级人

民代表大会常务委员会有权就预算、决算中的重大事项或者特定问题组织调查。《各级人民代表大会常务委员会监督法》第七章对特定问题调查进行了规定。特定问题调查是一种法定监督方式，于法有据。《关于人大预算审查监督重点向支出预算和政策拓展的指导意见》在"总体要求"中提出"坚持以人民为中心的发展思想"。辽宁省十分重视民生问题，结合自身发展中的问题和实际情况，创新监督方式，开展特定问题调查。

2018 年 7 月 25 日，辽宁省十三届人大常委会第四次会议表决通过省人大常委会关于成立政府支出预算结构和政府性债务问题调查委员会的决定。这是《各级人民代表大会常务委员会监督法》施行以来，辽宁省人大常委会首次行使特定问题调查权，是辽宁省人大常委会依法行使监督权、创新监督方式的新尝试，对政府支出预算结构和政府性债务进行特定问题调查，在全国尚属首次。

一、依法成立特定问题调查委员会

按照中办《关于人大预算审查监督重点向支出预算和政策拓展的指导意见》的规定，地方各级人大及其常委会就重大事项或特定问题组织调查，要向本级党委请示报告，及时向中共辽宁省委进行请示，得到同意之后，依照法定程序依法成立特定问题调查委员会。政府支出预算结构和政府性债务问题调查委员会由 1 名主任委员、2 名副主任委员和 9 名委员组成，其中，7 名委员是由熟悉财经预算方面的常委会组成人员、专委会组成人员和常委会工作机构负责人组成，另外 2 名委员是具有财经工作经验的省人大代表。此外，根据工作需要聘请 4 位专家。调查委员会下设办公室。调查任务结束，调查委员会自动终止。调查委员会采取汇报、座谈、调阅有关材料和实地调研等方式开展工作。

二、开展特定问题调查的重要意义

从支出预算结构上看，辽宁省的民生领域还存在很多短板，在岗职工平均工资在全国排名靠后，养老基金收支缺口较大。另外，还存在政府债务问题，由于政府仍然存在高负债拉动经济增长的观念，地方政府债务风险加剧。基于存在的问题，特定问题调查委员会对这些问题进行深入调查，切实管好用好纳税人的"钱袋子"，督促地方政府不断优化支出预算结构，集中有限财力解决民生、工资和养老金发放等重要问题；督促地方政府硬化预算约束，将债务纳入预算管理，化解累积的债务风险。

三、坚持问题导向，突出重点

辽宁省人大财经委主任委员、常委会预算工委主任范国增在经验交流时指出，重点对以下四种情况进行剖析检查。一是项目支出预算特别是年初预算未落实到具体项目的打捆、砍块资金使用情况；二是年初预算资金已经安排到项目上，但尚未执行或执行进度较慢的项目资金；三是中央补助资金安排使用情况以及对下级转移支付资金的使用情况；四是地方政府性债务特别是隐性债务的规模和结构情况、地方政府融资平台规范和清理情况、地方政府性债务风险情况。

辽宁省人大常委会有关负责人表示，实施人大预算审查监督工作的重点向支出预算和政策拓展，是贯彻落实党的十九大精神和党中央关于加强人大预算审查监督职能的重要举措，是依法加强和改进人大预算审查监督工作的内在要求，是提高财政资金使用绩效和政策实施效果的客观需要。

资料来源：汤丽蓉. 辽宁人大成立调查委员会的"来龙"与"去脉"[J]. 法治与社会，2018（10）：16-17；范国增. 尝试运用特定问题调查监督方式推动人大预算审查监督重点向支出预算和政策拓展 [EB/OL]. (2018-10-17). http：//www. npc. gov. cn/zgrdw/npc/zt/2018-10/17/content_ 2062435. htm.

三、新时代人大预算监督力度加强

新时代以来，人大预算监督的范围越来越广，人大预算监督的内容越来越细化，使得人大及其常委会在加强预算审查监督方面有了着力点，监督力度不断加强。针对我国预算管理中存在的"屡审屡犯、屡改屡犯"的现象，加强全国人民代表大会常务委员会对审计查出突出问题整改情况开展跟踪监督，从而加大监督力度，克服财政预算工作中的顽疾，增强监督效果。这对于改善财政预算管理，提高管理效率，保证公共资金的使用效率和效果是非常重要的。对审计结果应用和整改落实情况追踪的高度重视，也为人大实施强有力的预算监督提供了扎实的支撑，形成监督合力。

预算监督方式是保障预算监督内容和预算监督过程的工具。监督方式的实际运用影响着预算监督实施的力度，影响着预算监督内容和预算监督过程能否落到实处，深入实质。党的十八大之后，以习近平同志为核心的党中央高度重视人大预算监督工作的改革完善，不断激励地方各级人民代表大会及其常务委员会积极开展加强人大预算监督力度的个性化探索。各地方人大根据实际情况，灵活运用询问、质询、特定问题调查等监督手段，回应社会关切，充分发挥人大监督的警示作用。

此外，人大预算监督是一项专业性和技术性都很强的工作，扎实推进人大预算监督工作的开展则要求人大及其常务委员会既要有实施人大预算监督的权力，也要具备做好人大预算监督的能力。然而，在党的十八大之前，我国人大预算监督专业队伍缺位，人大预算监督能力不足，一定程度上阻碍了监督力度的加强。在党的十八大之后，人大及其常委会在实践中不断加强自身能力建设，提高自身预算监督能力。各级人大积极推进，一是加强人大代表的学习培训，重点是学习党的路线方针政策和法律法规方面的知识，提高人大代表的监督能力。二是优化人大常委会和专委会组成人员的知识结构、年龄结构，提高全体委员的履职能力，在此基础上增加专职委员人数，特别是要注意增加精通法律和熟悉财经工作的专职委员人数，提高依法监督水平。三是健全各级人大及其常委会监督机构的设置，强化人大监督的组织力量和保障机制。

第四节 预算监督效能持续提升

党的十八大以来，中央提出全面深化改革，赋予了人大预算监督新任务，提出了新的更高的要求，人大预算审查监督也从"被动监督"转向"主动监督"，从"坐而论道"转向"有效监督"，实现了从"程序性监督"向"实质性监督"的转变，监督作用增强。

一、党的十八大前人大预算监督效能

人大对预算的程序性和实质性审查监督，综合体现在预算的编制、审批、执行和决策全过程。党的十八大以前，由于预算审查的时间短、代表的专业水平有限、预算审查的重点不突出等，使得审查监督流于程序，审查监督工作难以从程序性审查监督向实质性审查监督转变。

按照 1994 年《预算法》第三十七条的规定，政府财政部门应在本级人民代表大会会议举行的一个月前，将本级预算草案的主要内容提交本级人民代表大会常务委员会或专门委员会进行初步审查。但在实践中，这个时间常常保证不了，导致委员们短时间内需要对众多单位的预算进行审查，难度很大，这就使得人大常委会的审查流于形式。另外，人大代表通常在召开会议时，才能看到预算的有关资料，而人民代表大会会议的持续时间短，议程多，对预算的审议不够充分。

预算审查质量一方面取决于代表的权利和责任意识，另一方面取决于审查人员的专业水平。党的十八大以前，由于我国各级人民代表大会中真正熟悉预算业务的代表不多，因而实质性的问题可能会审查不到位。此外，在地方各级人大中，除常委会领导和少数驻会的委员外，大部分人大代表是兼职的，其很难有充足的时间做好做实预算决算审议工作，在闭会期间更是很难有足够的时间保障全程参与对本级预算执行情况的监督。此外，由于预算草案涉及政府施政的方方面面，且专业性较强，因此在实践中容易出现人大代表审查预算草案时抓不到重点，比较泛化，或受所代表利益群体的影响，审查站位高度及审查视角全局性不够等问题。

二、党的十八大以来人大预算监督效能提升

党的十八大以来，人大预算监督更加致力于改变过去存在的信息不对称、审查流于程序、事后监督、监督重点不突出等问题，日益重视全口径监督、全过程监督、结果导向监督等，并强化对审计查出问题整改的监督力度，正

在努力实现由程序性审查监督向实质性审查监督转变。

（一）预算决策和编制充分体现民情民意

2014 年《预算法》第三十二条规定，各级预算应当根据年度经济社会发展目标、国家宏观调控总体要求和跨年度预算平衡的需要，参考上一年预算执行情况、有关支出绩效评价结果和本年度收支预测，按照规定程序征求有关方面意见后，进行编制。2017 年实施的《关于建立预算审查前听取人大代表和社会各界意见建议的机制的意见》，明确要求全国人大财政经济委员会等专门委员会和常委会预算工作委员会，以及国务院财政等部门应当在国务院部署编制下年度预算草案后，通过开展调查研究、召开座谈会和通报会等多种形式，听取人大代表和社会各界关于预算的意见建议，并要求地方各级人大也结合本地情况，建立健全该机制。《关于人大预算审查监督重点向支出预算和政策拓展的指导意见》进一步明确，每年在政府预算草案编制前，应当通过召开座谈会、通报会等多种形式，认真听取本级人大代表、专家智库等社会各界关于重点支出、重大投资项目、重大支出政策等方面的意见建议。建立完善预算审查前听取人大代表和社会各界意见建议的工作机制有利于改变过去信息不对称的问题，使人大代表提前了解预算编制的有关问题，为审查和批准预算提前做好准备。

（二）融入专业力量充裕审查时间以加强初步审查作用

2014 年《预算法》新增了初步审查和具体程序及时间要求，第四十四条规定，国务院财政部门应当在每年全国人民代表大会会议举行的四十五日前，将中央预算草案的初步方案提交全国人民代表大会财政经济委员会进行初步审查。县级以上政府财政部门应当在本级人民代表大会会议举行的三十日前提交预算草案的初步方案。与 1994 年《预算法》的相关规定相比，提交进行初步审查的内容由"预算草案的主要内容"变为"预算草案的初步方案"，提交初步审查的时限由"一月前"变为"四十五日前"。由此可见，《预算法》给予了人大财政经济委员会更充足的审查时间，有利于加强对预算草案实质性问题的审查。

（三）审查监督重点突出有抓手可操作

突出重点，是实质性审查监督的关键。《关于人大预算审查监督重点向支出预算和政策拓展的指导意见》就预算审查监督重点向支出预算和政策拓展，人大开展全口径审查和全过程监管的五项主要内容进行了规定，包括支出预算的总量与结构、重点支出与重大投资项目、部门预算、财政转移支付和政府债务。2021年《全国人民代表大会常务委员会关于加强中央预算审查监督的决定》要求加强预算绩效的审查监督工作。各部门、各单位应当实施全面预算绩效管理，强化事前绩效评估，严格绩效目标管理，完善预算绩效指标体系，提升绩效评价质量。加强绩效评价结果运用，促进绩效评价结果与完善政策、安排预算和改进管理相结合，推进预算绩效信息公开，将重要绩效评价结果与决算草案同步报送全国人民代表大会常务委员会审查。全国人民代表大会常务委员会加强对重点支出和重大项目绩效目标、绩效评价结果的审查监督。必要时，召开预算绩效听证会。

三、新时代人大预算监督效能提升

新时代以来，人大预算审查监督重点逐步由收支平衡状况向支出预算和政策拓展，更加关注预算安排是否体现中央和省委、市委的决策部署，是否体现以人民为中心的发展思想，是否体现提高财政资金使用效益的工作要求，坚持从财政政策、支出结构、方式和资金使用绩效等方面加强审查，跟踪监督预算执行特别是绩效预算管理情况，进一步提高预算的政策性、合理性和有效性，增强人大预算监督的作用。

人大提前介入预算编制工作，变被动为主动，推进监督关口前移。常委会每年选择若干个社会热点问题，组织人大代表和常委会组成人员开展调研，在财政预算编制前，及时向财政及相关部门提出意见建议。一方面，可以及时纠正政府在预算编制中可能存在的偏差，保证政府施政目标的顺利实现；另一方面，可以确保政府财政行为符合公共财政要求，使社会公共资源满足人民需要，也使预算报告获得更多认同。支持和监督政府把有限的财政资金优先解决群众反映最强烈的、关乎百姓福祉的突出问题，促进政府公共财政资金的使用效益，切实增强人大预算监督作用。

人大加强预算绩效监督是严格执行宪法和预算法等法律规定的内在要求，是支持和推动全面实施预算绩效管理改革的现实需要，是新形势下健全完善人大预算审查监督制度的重要内容。人大预算绩效监督重点关注财政资金贯彻落实中央决策部署以及省委工作安排、与年度经济社会发展目标及宏观调控要求一致性、可持续性以及实现支出绩效和政策目标的效果等情况，既关注预算安排是否合法合规，又对财政资金支出的效率、效益及效果进行监督，推动了人大预算审查监督从程序性监督向实质性监督转变，已成为人大预算审查监督的一项重大抓手，并取得显著成效。

参 考 文 献

[1] 阿图·埃克斯坦. 公共财政学 [M]. 张愚山, 译. 北京: 中国财政经济出版社, 1983.

[2] 北京市人大常委会. 这场专题询问有"辣味"——市人大常委会专题询问市级预算执行和其他财政收支审计查出问题整改情况 [Z/OL]. 北京人大, 2022 (1).

[3] 本书编写组. 人民当家作主: 人民代表大会制度的运行和发展 [M]. 北京: 人民出版社, 2020.

[4] 蔡芳宏. 法制框架下的地方人大预算监督机制问题分析 [J]. 财政监督, 2020 (11): 52 - 60.

[5] 陈奕敏. 参与式预算的路径与前景 [N]. 学习时报, 2014 - 12 - 29.

[6] 陈震宁. 强化人大依法监督工作质效的实践与思考 [J]. 人大研究, 2020 (11): 4 - 9.

[7] 陈治. 人大预算审查监督重点拓展改革: 理论逻辑与实践反思 [J]. 财政科学, 2019 (11): 30 - 40.

[8] 程湘清. 改革开放以来人大监督制度发展足迹 [J]. 中国人大, 2008 (21): 38 - 42.

[9] 储建国. 人大代表如何更好地收集民意 [J]. 人民论坛, 2016 (10): 6.

[10] 戴晓铧. 福州: 成立预算审查专家库 [J]. 人民政坛, 2008 (11): 1.

[11] 邓力平. "以人民为中心"发展思想与新时代人大对预算国资监督 [J]. 财政研究, 2018 (11): 2 - 10.

[12] 邓茜. 地方人大预算审查监督重点转型及路径 [J]. 地方财政研究, 2019 (10): 45 - 50.

[13] 樊丽明,等.中国政府预算改革发展年度报告2019:聚焦中国人大预算监督改革 [M].北京:中国财政经济出版社,2020.

[14] 樊丽明,石绍宾.中国人大预算监督40年:进程、趋向与逻辑 [J].财政研究,2021 (2):36-43.

[15] 樊丽明,史晓琴,石绍宾.我国地方人大预算监督评价:理论、指标及应用 [J].管理世界,2022,38 (2):100-115,7.

[16] 福州市鼓楼区南街街道人大工委课题组.推进人大预算联网监督工作的思考 [EB/OL].(2018-07-17).http://www.fjrd.gov.cn/ct/1300-141043.

[17] 高培勇,蒋震.新常态下的中国财政:若干趋势性变化 [J].财政研究,2016 (6):2-15.

[18] 高志刚.论人大监督司法评估机制的构建 [J].学习与探索,2020 (12):69-75.

[19] 杭州人大财经审查小组.发挥人大代表主体作用 夯实财经监督工作力量 [EB/OL].(2022-04-06).https://www.sohu.com/a/535839223_120578424.

[20] 何双伶.基层亮招|管好政府重大项目投资钱袋子 [N].浙江日报,2019-03-30.

[21] 洪开开.党的十八大以来人大监督工作的理论、实践与思考 [J].人大研究,2019 (2):4-12.

[22] 胡锦涛.在首都各界纪念全国人民代表大会成立五十周年大会上的讲话 [M].北京:人民出版社,2004.

[23] 黄炎培.八十年来 [M].北京:文史资料出版社,1982.

[24] 江苏省政府预算报告制度改革研究 [C]//中国财政学会2019年年会暨第22次全国财政理论研讨会交流论文集(第四册),2019:15-28.

[25] 江西省人大常委会预算工作委员会.砥砺奋进求实效 真抓实干敢作为 持续深化和拓展人大审计整改督办工作 [J].审计与理财,2021 (5):4-6.

[26] 江泽民.关于坚持和完善人民代表大会制度(1990年3月18日),人民代表大会制度重要文献选编(三) [M].北京:中国民主法治出版社、

中央文献出版社，2015.

　　［27］金灿灿．人大预算监督"重点拓展"的逻辑分析与路径考察［J］.地方财政研究，2019（7）：26－31.

　　［28］静安区人大财经委，常委会预算工委．推进人大预算监督提质增效的思考［J］.上海人大月刊，2021（10）：49－50.

　　［29］九龙坡区人大常委会专家智库成立［EB/OL］.（2022－04－29）.https：//baijiahao. baidu. com/s？id＝1731406985002183497&wfr＝spider&for＝pc.

　　［30］李英．地方政府预算调整之谜——基于人大监督的解释［J］.地方财政研究，2018（4）：53－59.

　　［31］李嘉．长春市人大常委会贯彻落实中央关于人大预算审查监督重点向支出预算和政策拓展的思路和做法［J］.吉林人大，2018（10）：28－30.

　　［32］李燕．从人大预算审查结果报告看全过程人民民主生动实践［J］.中国财政，2022（9）：14－18.

　　［33］李一花．人大预算监督：从权利制约到国家治理现代化 澎湃商学院－澎湃新闻［EB/OL］.（2020－09－17）.https：//m. sohu. com/a/419038222_260616.

　　［34］李忠峰．向绩效管理要财力——山东济南创建预算绩效"五方协同精准联控"机制纪实［N］.中国财经报，2019－11－14.

　　［35］栗战书．加强理论武装增强"四个意识"推动新时代人大制度和人大工作完善发展——在深入学习贯彻习近平总书记关于坚持和完善人民代表大会制度的重要思想交流会上的讲话［J］.中国人大，2018（19）：6－11.

　　［36］栗战书．在第十三届全国人大常委会第十四次会议上的讲话［J］.中国人大，2019（21）：8－9.

　　［37］廖晓军．规范完善人民代表大会预算审查监督制度依法加强对政府全口径预算决算审查监督［N］.人民日报，2014－10－28（012）.

　　［38］林继平．温岭人大开展预算绩效监督的实践与思考［J］.人大研究，2019（12）：48－51.

　　［39］刘佳，舒颖．人大预算联网监督标准化的"四川样本"［J］.中国人大，2021（9）：52－53.

［40］刘来宁．地方人大预算监督二十年回顾与展望［J］．人大研究，1999（10）：6-10．

［41］刘永标．拓展预算审查监督的制度空间——温岭参与式预算三审制的实践与思考［J］．人大研究，2021（1）：33-36．

［42］刘志．建立健全联合联动监管机制 稳步提升财政预算监管工作成效［J］．财政监督，2019（6）：44-46．

［43］六盘水市审计局．六盘水市人民政府关于2020年度市级预算执行和其他财政收支审计查出问题整改情况的报告［EB/OL］．（2021-10-28）．http：//sjj. gzlps. gov. cn/sjgz/sjjggb/zgqk/202112/t20211202_71897544. html.

［44］卢扬帆，邓紫晴．人大加强预算绩效监督的理论导引和实践优化［J］．地方财政研究，2021（9）：49-56，67．

［45］吕进科，殷旭晶．部门预算分项审查的"温州探索"［J］．浙江人大，2020（8）：34-37．

［46］罗敏．创新型预算审查监督视域下人大代表参与预算监督之困境与优化［J］．财政科学，2019（11）：5-14．

［47］马蔡琛，赵笛．人大预算绩效监督的时代挑战与路径选择［J］．财政监督，2022（2）：27-33．

［48］马金华，张皓宇，张继云．我国省级人大预算审查监督的实践进展、现实问题与改进建议——基于新《预算法》实施的分析［J］．财政监督，2021（1）：65-72．

［49］马骏，谭君久，王浦劬．走向"预算国家"：治理、民主和改革［M］．北京：中央编译出版社，2011．

［50］马媛．基于财政的视角：新时代国家治理能力提升问题研究［D］．西安：陕西师范大学，2018．

［51］毛泽东选集［M］．北京：人民出版社，1991．

［52］浦兴祖．人大制度优势与国家治理效能［J］．探索与争鸣，2019（12）：11-13．

［53］A. 普雷姆詹德．预算经济学［M］．周慈铭，等译．北京：中国财政经济出版社，1989．

［54］全国人大常委会副委员长彭真在六届全国人大常委会第二十次会议上的讲话［N］. 人民日报，1987－03－17.

［55］全国人大常委会预算工委负责人就《关于加强地方人大对政府债务审查监督的意见》答记者问［J］. 中国人大，2021（15）：12－13.

［56］确保党中央决策部署落地落实——人大推进预算审查监督重点拓展改革［EB/OL］.（2018－10－22）. http：//www. npc. gov. cn/npc/c721/201810/26d20139690f47a9a50f658177a59229. shtml.

［57］山东省人大常委会预算工作委员会课题组. 山东省人大预算联网监督的实践与思考［J］. 山东人大工作，2021（12）：18－19.

［58］申剑敏. 治理型国家：中西比较视野下的概念范型与理论适用［J］. 甘肃行政学院学报，2019（3）：118－125.

［59］史耀斌. 深化财税体制改革全面贯彻实施预算法［J］. 行政管理改革，2019（1）：4－10.

［60］史云瑞. 强化人大国有资本经营预算监督权的路径研究［J］. 财会研究，2021（6）：10－16.

［61］四川省审计厅. 关于四川省2020年度省级预算执行和其他财政收支审计查出问题整改情况的报告［EB/OL］.（2021－11－23）. https：//www. sc. gov. cn/10462/sjgk/2021/11/26/2904145661344040b38d95e6e3d660bf. shtml.

［62］孙梦爽. 人大预算审查监督不断创新发展［J］. 中国人大，2021（18）：31－32.

［63］汤丽蓉. 辽宁人大成立调查委员会的"来龙"与"去脉"［J］. 法治与社会，2018（10）：16－17.

［64］唐珍梅. 人大预算监督制度的由来及发展［J］. 内蒙古人大，2020（1）：31－33.

［65］童伟，雷志嫦. 全方位多主体推进绩效与预算管理一体化［N］. 中国财经报，2020－11－28.

［66］万其刚. 审计查出问题整改与国家治理现代化［J］. 中国发展观察，2016（1）：59－61.

［67］汪德华，李苗．人大预算审查监督重点向支出预算和政策拓展——改革经验与推进建议［J］．财经问题研究，2019（8）：80－86.

［68］王晨．做好新时代人大预算审查监督重点拓展改革工作［N］．人民日报，2018－12－04（006）.

［69］王方渝．发挥人大代表作用　围绕大局服务人民——云南省人大常委会密切联系人大代表的实践探索［J］．社会主义论坛，2022（4）：25－26，38.

［70］王建鸣．借智借势 群策群力 助推人大财经预算监督工作创新发展［J］．中国人大，2019（4）：47－48.

［71］王金虎．人大对政府预算开展全口径审查、全过程监管［N］．光明日报，2021－09－22（003）.

［72］王金秀，石绍宾，肖鹏，等．管好政府"钱袋子"人大预算监督再加力［J］．财政监督，2021（11）：34－47.

［73］王金秀，肖鹏，周振，等．新时代人大预算审查监督如何提质增效？［J］．财政监督，2020（6）：32－38.

［74］王金秀，杨翟婷．完善人大联网监督，健全预算监督体系［J］．经济研究参考，2021（8）：5－15，54.

［75］王金秀，杨翟婷．以人大预算监督推动中国治理现代化［J］．财政科学，2019（11）：15－20.

［76］王凌智．新时代强化全国人大中央预算审查监督的思考［J］．预算管理与会计，2022（3）：26－31.

［77］王萍，杨光红．海淀人大：坚持中关村创新精神 谱写工作新篇章［J］．中国人大，2021（10）：47－48.

［78］王淑杰．议会监督预算能力研究——兼论我国人大预算监督［J］．财经论丛，2009（3）：28－33.

［79］王淑杰．政府预算的立法监督模式研究［D］．北京：中央财经大学，2008.

［80］吴园林．我国省级人大预算监督制度建设40年：改革及其完善［J］．经济研究参考，2019（19）：88－104.

［81］习近平.坚定不移走中国特色社会主义法治道路 为全面建设社会主义现代化国家提供有力法治保障［J］.求是,2021（5）:4-15.

［82］习近平.决胜全面建成小康社会 夺取新时代中国特色社会主义伟大胜利——在中国共产党第十九次全国代表大会上的报告［N］.人民日报,2017-10-28.

［83］习近平.在第13届全国人民代表大会第一次会议上的讲话［M］.北京:人民出版社,2018.

［84］习近平.在庆祝全国人民代表大会成立六十周年大会上的讲话［J］.求是,2019（18）.

［85］习近平.在新的起点上深化国家监察体制改革［J］.当代党员,2019（6）:4-6.

［86］习近平.在中国共产党第十九次全国代表大会上的报告［M］.北京:人民出版社,2017.

［87］夏锦文.国家治理体系和治理能力现代化的中国探索［J］.理论导报,2019（11）:37-39.

［88］厦门市人大常委会人事代表工作室.厦门市人大推进人大代表预算联络员制度实践［J］.人民政坛,2021（5）:36-37.

［89］肖鹏,刁伟涛,周振,等.如何加强地方人大对政府债务的审查监督?［J］.财政监督,2021（17）:42-49.

［90］谢素芳.北京人大:监督覆盖预算全过程［J］.中国人大,2013（22）:44-47.

［91］徐奉臻.从两个图谱看国家治理体系和治理能力现代化［J］.人民论坛,2020（1）:68-70.

［92］许安标.坚持正确监督、有效监督——新时代加强改进人大监督工作的实践与探索［J］.中国法律评论,2021（5）:1-16.

［93］许聪.省级人大预算监督权力考察——以30个地方预算监督条例（决定）为基础［J］.财政研究,2018（10）:92-104.

［94］薛睿杰.用"四问该不该"把好预算关让人民美好生活更有保障——北京市十五届人大常委会预算审查监督工作创新经验调研报告［J］.

人大研究，2022（4）：22－25.

［95］晏维龙．把握治理的核心要义，推进党和国家监督体系和监督能力现代化［J］．审计与经济研究，2020，35（1）：1－3.

［96］阳虹．地方人大预算审查监督应把握和注意的问题探微［J］．公共经济与政策研究，2019（2）：83－89.

［97］杨菲菲．河北：人大国资监督乘上"互联网快车"［J］．中国人大，2018（10）：30.

［98］杨柳．各地推进建立实施国有资产管理情况报告制度［N］．人民日报，2018－05－14.

［99］杨祥时．实现人大预算审查监督重点向支出预算和政策拓展的思考与对策［J］．财政监督，2020（10）：57－64.

［100］喻功伟．强化监督职能 提升监督效能 做深做细人大对审计查出突出问题整改的监督——省人大常委会加强审计整改监督综述［J］．时代主人，2020（6）：18－19.

［101］袁力志，李超，孟伟．湖南人大：满意度测评促审计整改落地见效［J］．中国人大，2021（10）：29－30.

［102］张景．人大预算联网监督工作刍议 江苏人大网［EB/OL］．（2018－01－08）.http：//www.jsrd.gov.cn/rdlt/gztt/201801/t20180108_484040.shtml.

［103］赵青．地方人大预算监督的制度变迁［J］．法制与经济（下旬），2012（4）：171－172.

［104］郑亚吉．人大预算联网监督的广东实践与探索［J］．中国人大，2017（15）：22－23.

［105］周克清，周雨，朱帅营．地方预算联网监督存在的问题与对策建议［J］．经济研究参考，2021（10）：34－42.

［106］周克清，朱帅营，周雨．我国预算联网监督系统框架的建设与优化路径［J］．财政监督，2021（22）：50－55.

［107］周莹．关于加强人大对审计整改工作监督的思考［J］．吉林人大，2020（12）：46－47.

［108］周莹．人大预算监督与审计整改监督关系初探［J］．吉林人大，

2021（4）：18 – 19.

［109］专家学者解读人大预算审查监督重点向支出预算和政策拓展：促进预算更好体现和落实党中央决策部署［N］. 经济日报，2018 – 03 – 17.

［110］左宏宇，鲁申昊. 联动监督促整改 强化运用显成效［J］. 上海人大月刊，2021（8）：30.

［111］北京人大网，http：//www. bjrd. gov. cn/。

［112］财政部官网，http：//www. mof. gov. cn/。

［113］辞海官网，https：//www. cihai. com. cn/。

［114］光明网，https：//www. gmw. cn/。

［115］广东人大网，http：//www. rd. gd. cn/。

［116］国家法律法规数据库，https：//flk. npc. gov. cn/index. html。

［117］杭州市人民政府官网，http：//www. hangzhou. gov. cn/art/2020/8/12/art_812255_54371291. html。

［118］江苏淮安人大网，http：//rd. huaian. gov. cn/。

［119］民主与法治网站，http：//www. mzyfz. com/。

［120］上海人大网，http：//www. spcsc. sh. cn/。

［121］司法部行政法规库，http：//xzfg. moj. gov. cn/search2. html？PageIndex = 1。

［122］四川人大网，http：//www. scspc. gov. cn/。

［123］温州人大网，http：//www. wzrd. gov. cn/。

［124］中国人大网，http：//www. npc. gov. cn/。

［125］Schumpeter, Joseph A. "The Crisis of Tax State". In Richard Swedberg（eds）. Joseph A. Schumpeter：The Economics and Sociology of Capitalism［M］. Princeton：Princeton University Press，1991.

［126］Pelizzo R, Stapenhurst R. Tools for Lecislative Oversight：An Empirical Investigation, World Bank Policy Research Working Paper 3388［R］. 2004：45.

［127］Kooiman J. Social – political Governance：Overview, Reflection and Design［J］. Public Management Review，1999（1）：67 – 92.